Gesellschaft für Rechtsvergleichung (Hrsg.)

Das brasilianische Gesellschaftsrecht

Übersetzt und eingeleitet von Francisco Florence

Fünfte Auflage

Nomos

Die Deutsche Nationalbibliothek verzeichnet diese Publikation in der Deutschen Nationalbibliografie; detaillierte bibliografische Daten sind im Internet über http://dnb.d-nb.de abrufbar.

ISBN 978-3-8329-7829-7

5. Auflage 2012

Vorwort des Herausgebers

Seit der 2004 erschienenen 4. Auflage dieses Buches ist das brasilianische Gesellschaftsrecht wiederum an verschiedenen Stellen und insbesondere durch die Zulassung von ihm traditionell fremden Einpersonengesellschaften (Gesetz Nr. 12.441 vom 11. Juli 2011 betreffend die Einpersonen-GmbH; abgedruckt und übersetzt auf S. 282 ff.) sowie im Bereich der Rechnungslegung und der Hauptversammlungsteilnahme verändert worden. Dies hat die Neubearbeitung des Bandes erforderlich gemacht. Wie bereits bei den Vorauflagen hat Herr Rechtsanwalt Francisco Florence, São Paulo, diese Aufgabe übernommen. Die Gesellschaft für Rechtsvergleichung ist ihm hierfür zu großem Dank verpflichtet. Die Gesellschaft hofft, mit der Neuauflage allen Interessierten den Zugang zum brasilianischen Kapitalgesellschaftsrecht zu erleichtern. Sie möchte insbesondere auch potentiellen Investoren ein aktuelles Hilfsmittel für ihre gesellschaftsrechtlichen Entscheidungen zur Verfügung stellen.

Basel, im Juni 2012

Prof. Dr. Peter Jung
Leiter der Fachgruppe für vergleichendes
Handels- und Wirtschaftsrecht
der Gesellschaft für Rechtsvergleichung

Vorwort zur 5. Auflage

Seit der 4. Auflage dieses Buches im Jahr 2004 sind bedeutende Neuerungen in der gesellschaftsrechtlichen Gesetzgebung eingetreten, die die Herausgabe dieser 5. Auflage rechtfertigen.

Wie bei der Ausarbeitung der 4. Auflage hat Prof. Dr. Peter Jung, Ordinarius für Privatrecht an der Universität Basel (Schweiz) und Mitglied des Vorstandes der deutschen "Gesellschaft für Rechtsvergleichung" nicht nur eine Revision der Übersetzung vorgenommen, sondern auch das Inhaltsverzeichnis und Sachverzeichnis ausgearbeitet. Wir danken ihm für diesen wertvollen Beitrag.

Frau Monika Ludescher hat sich mit dem Rohentwurf der Übersetzung befasst und verdient unsere Dankbarkeit für die Durchführung dieser Aufgabe, der sie sich mit Sorgfalt gewidmet hat.

Der Bank Bradesco danken wir für die finanzielle Förderung der Veröffentlichung dieses Werkes.

Prefácio da 5ª. Edição

Desde a 4ª. Edição deste livro no ano de 2004 foram introduzidas importantes modificações na legislação societária, a justificarem esta 5ª. Edição.

Como na preparação da 4ª. Edição, o Professor Peter Jung, da Universidade de Basel, na Suiça, e Membro da "Sociedade de Direito Comparado" da Alemanha, se encarregou não só da revisão da versão, como do índice das matérias e do índice das palavras. Agradecemos a êle por essa valiosa contribuição.

A Senhora Monika Ludescher se incumbiu da pré-minuta da versão e merece nossa gratidão pela execução dêsse trabalho, ao qual se dedicou com muito apuro.

Ao Banco Bradesco agradecemos a colaboração para viabilizar a publicação desta obra.

São Paulo, im Juni 2012

Francisco Florence

Inhalt

EINLEITUNG

A. Übersicht über die wesentlichsten Vorschriften des brasilianischen Gesellschaftsrechts

I. Die Aktiengesellschaft

1. Arten

Das Gesetz unterscheidet zwischen "offenen" und "geschlossenen" Gesellschaften.

Offene Gesellschaften sind die, deren Wertpapiere zum Handel an der Börse oder im geregelten Freiverkehr zugelassen sind. Sie sind im allgemeinen strengeren Formvorschriften und in bestimmten Angelegenheiten den Vorschriften der durch Gesetz 6.385 vom 7.12.1976 geschaffenen Wertpapierkommission (WPK) unterworfen. Die offenen Aktiengesellschaften dürfen ihre Wertpapiere nur an der Börse handeln, wenn sie bei der Wertpapierkommission zugelassen sind.

Offene Aktiengesellschaften können nur in geschlossene umgewandelt werden, wenn sie die Aktien ihrer Aktionäre gemäß bestimmten Regeln für die Bewertung der Aktien zurückkaufen.

Die Satzung geschlossener Gesellschaften kann für bestimmte Fälle qualifizierte Mehrheiten vorsehen; d. h. es wird indirekt eine Sperrminorität erlaubt. Besonderheiten für die geschlossene Gesellschaft bestehen insbesondere auch hinsichtlich der Pflichtdividende (s. u.).

2. Kapital und Gründung

Ein Mindestkapital ist wie bisher nicht vorgeschrieben. Die Gesellschaft kann ein genehmigtes Kapital laut Satzung haben. Zur Gründung genügen zwei (früher sieben) Zeichner.

3. Organe

Oberstes Organ der Gesellschaft ist wie bisher die Hauptversammlung. Sie ist insbesondere für die Wahl der Verwalter[1] der Gesellschaft zuständig, die sie auch jederzeit abberufen kann; die Wahl und etwaige Abberufung der Vorstandsmitglieder können jedoch durch die Satzung dem Verwaltungsrat zugewiesen werden. Die ordentliche Hauptversammlung kann zusammen mit der außerordentlichen Hauptversammlung stattfinden und in einer einheitlichen Niederschrift festgehalten werden.

Die Verwaltung der Gesellschaft liegt in Händen des Verwaltungsrats ("Conselho de Administração") und/oder des Vorstands ("Diretoria"). Für geschlossene Gesellschaften

1 Unter dem Begriff "Verwalter" werden hier und im Folgenden die Mitglieder des Vorstands und des Verwaltungsrats verstanden (s. im folgenden Absatz).

ist der Verwaltungsrat nicht obligatorisch (außer bei gemischtwirtschaftlichen Gesellschaften).

Eine besondere Ausgestaltung hat der Überwachungsrat ("Conselho Fiscal") gefunden. Er ist zwar grundsätzlich obligatorisch, doch kann die Satzung bestimmen, ob er dauernd in Funktion ist oder nur in Geschäftsjahren, in denen er auf Antrag von Aktionären eingesetzt wird. Ein solcher Antrag kann von Aktionären gestellt werden, die mindestens 10 % des stimmberechtigten oder 5 % des nicht stimmberechtigten Kapitals vertreten. Praktisch kann eine Gesellschaft also, wenn eine streitbare Minderheit dieses Umfanges nicht vorhanden ist, ohne Überwachungsrat arbeiten.

Der Vorstand besteht aus mindestens zwei, der Überwachungsrat aus mindestens drei und höchstens fünf Mitgliedern. Zu Mitgliedern des Überwachungsrats können nur natürliche, in Brasilien wohnhafte Personen gewählt werden, die ein abgeschlossenes Universitätsstudium absolviert oder wenigstens drei Jahre das Amt eines Verwalters oder Überwachungsrats ausgeübt haben.

Auch die Mitglieder des Vorstands und Verwaltungsrats müssen natürliche Personen (nicht unbedingt Brasilianer) sein; erstere mit Wohnsitz in Brasilien, letztere können auch im Ausland ansässig sein, sofern sie über einen Bevollmächtigten in Brasilien verfügen, der mit Zustellungsbefugnis ausgestattet wird, damit sie im Zusammenhang mit den aktienrechtlichen Bestimmungen in Brasilien verklagt werden können. Die Vollmacht muss eine Gültigkeitsdauer vorsehen, die bis mindestens drei Jahre nach Beendigung des entsprechenden Mandats läuft. Die Mitglieder des Verwaltungsrats müssen, die Vorstandsmitglieder können Aktionäre sein. Maximal ein Drittel der Zahl der Mitglieder des Verwaltungsrats können zu Vorstandsmitgliedern gewählt werden.

Der Verwaltungsrat entscheidet mit einfacher Stimmenmehrheit. Die Satzung bestimmt das Minimum und Maximum der Mitglieder und ob der Vorsitzende von der Hauptversammlung oder durch den Verwaltungsrat gewählt wird.

Neu ist die Bestimmung, die der Satzung erlaubt, Vertreter der Arbeitnehmer in den Verwaltungsrat aufnehmen zu können, die durch eine von dem Unternehmen vorbereitete Wahl in Zusammenarbeit mit den zuständigen Gewerkschaften direkt gewählt werden.

Der Stimmminderheit ist auch gemäß Artikel 141 eine Teilnahme an dem Verwaltungsrat im Rahmen eines Wahlverfahrens mit mehrfacher Stimmabgabe eingeräumt.

Es wird weiterhin über einen evtl. Interessenkonflikt des Mitgliedes des Verwaltungsrats bestimmt, sowie über andere Einzelheiten, z.B. hinsichtlich der Amtsübernahme und Angabe des Domizils der Mitglieder zum Zweck von Mitteilungen und Zustellungen.

Die Funktion und Verantwortung des Überwachungsrats ist wesentlich ausgedehnt, um zu ermöglichen, dass er seine Aufgabe als Prüfer der ordnungsmäßigen Rechnungslegung der Gesellschaft wahrnehmen kann. Man hat dem einzelnen Mitglied des Überwachungsrates das Recht eingeräumt, die Handlungen der Verwalter zu überwachen sowie die Erfüllung der satzungs- und gesetzesmäßigen Pflichten zu überprüfen (siehe Art. 161 bis 165).

Die einzelnen Mitglieder sind zudem verpflichtet, den Verwaltungsorganen und notfalls der Hauptversammlung die von ihnen aufgedeckten Fehler, Betrugsfälle oder Straftaten anzuzeigen und die für die Gesellschaft zweckmäßigen Maßnahmen vorzuschlagen.

Die Organe der Gesellschaft sind auf Ersuchen des Überwachungsrates bzw. eines einzelnen seiner Mitglieder verpflichtet, diesem im Rahmen seiner Überwachungsaufgabe alle erforderlichen Erklärungen oder Auskünfte einschließlich besonderer Finanzausweise und buchhalterischer Informationen zu liefern.

Ein einzelnes Mitglied verfügt außerdem über das Recht, Erklärungen und Auskünfte von ggf. eingesetzten unabhängigen Wirtschaftsprüfern sowie die Feststellung von spezifischen Tatsachen zu verlangen.

Die oben erwähnte Zuständigkeit eines einzelnen Mitglieds des Überwachungsrates zeigt die Sorge des Gesetzgebers, die Rechte der Minderheitsaktionäre zu schützen.

Die Mitglieder des Überwachungsrats einer offenen Aktiengesellschaft sind je nach den Bestimmungen der Wertpapierkommission verpflichtet, ihre Position als Aktionäre in der Gesellschaft anzugeben (Art. 165-A.).

Eine solche Verpflichtung sollte sich auch auf Tochtergesellschaften der Hauptgesellschaft erstrecken. Sinngemäß könnte die Bestimmung so ausgelegt werden.

4. Ziele des Gesetzes

Das Gesetz verfolgt hauptsächlich zwei Ziele: Zum einen soll der Aktienmarkt für das breite Publikum attraktiver und damit gestärkt werden. Zum anderen möchte das Gesetz zugleich einen verstärkten Minderheitenschutz gewährleisten. Diesen Zielen dienen insbesondere folgende Bestimmungen:

a) Förderung des Aktienmarkts

Der Förderung des Aktienmarkts dient die Schaffung einer breiten Palette von Papieren, die die Gesellschaft neben den Aktien zur Erlangung von Mitteln entsprechend ihren Bedürfnissen ausgeben kann. Die Aktien können ihrer Art nach Stammaktien, Vorzugsaktien mit oder ohne Stimmrecht und Genussaktien[2], und ihrer Form nach Namensaktien sein. Vorzugsaktien ohne Stimmrecht können bis zur Höhe von 50 % des Stammkapitals (bisher bis zu zwei Dritteln) ausgegeben werden. Die Kontrolle der Gesellschaft kann also bereits mit mehr als 50 % der Stammaktien ausgeübt werden. Dies soll die Bildung einer Mehrheit des stimmberechtigten Kapitals erleichtern. Die Aktien können mit oder ohne Nennwert sein; hat die Gesellschaft Aktien ohne Nennwert, kann die Satzung eine oder mehrere Klassen von Vorzugsaktien mit Nennwert vorsehen.

Eine Besonderheit sind die nicht verbrieften Aktien ("Ações escriturais"), d.h. Aktien, über die keine Urkunde ausgestellt wird. Solche Aktien werden vielmehr bei einem

[2] Genussaktien sind eine Besonderheit des brasilianischen Aktienrechts, die es schon nach früherem Recht gab. Siehe Art. 44, § 5.

Finanzinstitut, das von der Wertpapierkommission ermächtigt und in der Satzung bezeichnet sein muss, auf Einlagekonten ihrer Inhaber geführt.

Wie bisher kann die geschlossene Gesellschaft – die offene aber nicht – nach Art. 47 Genussscheine ("Partes beneficiárias") sowie Schuldverschreibungen ("Debêntures") und Zeichnungsbonis ("Bonus de subscrição") ausgeben. Insbesondere das Institut der Schuldverschreibungen ist im Gesetz ausführlich geregelt; sie können Wandelschuldverschreibungen sein, eine Wertberichtigungsklausel enthalten und unter bestimmten Voraussetzungen auch auf ausländische Währung lauten und im Ausland ausgegeben werden.

b) Minderheitenschutz

Der Minderheitenschutz drückt sich in verschiedenen Bestimmungen des Gesetzes aus. Minderheitsaktionäre, die einen bestimmten Prozentsatz des Kapitals vertreten, können einen gewissen Einfluss auf die Verwaltung nehmen. Wir verweisen auf die oben erwähnten Bestimmungen über den Verwaltungsrat und Überwachungsrat.

Wie bereits erwähnt, kann eine bestimmte Minderheit jederzeit die Einberufung des Überwachungsrats verlangen. Unter gewissen Voraussetzungen muss auf Antrag einer Minderheit oder sogar eines einzelnen Aktionärs die Hauptversammlung einberufen werden. Der überstimmte Minderheitsaktionär kann sich in bestimmten Fällen gegen Rückerstattung des Wertes seiner Beteiligung aus der Gesellschaft zurückziehen.

Ihren stärksten Ausdruck finden jedoch die mit dem Gesetz verfolgten Ziele in der Einführung einer Pflichtdividende, die auch am heftigsten in der Diskussion umstritten war. Das Gesetz hat einen Mittelweg zwischen den extremen Meinungen eingeschlagen. Will eine Gesellschaft ihre Satzung, die nichts über die Pflichtdividende besagt, zu deren Einführung ändern, darf die Pflichtdividende nicht geringer sein als 25 % des Nettogewinns. Geschlossene Gesellschaften können, wenn kein Aktionär widerspricht, eine geringere als die Pflichtdividende verteilen oder den gesamten Gewinn thesaurieren.

5. Aktionäre

Im Rahmen nicht nur des Minderheitenschutzes, sondern auch der sozialen Bedeutung der Aktiengesellschaft müssen die Bestimmungen gesehen werden, die den Verwaltern sowie dem beherrschenden Aktionär die Verpflichtung auferlegen, nicht nur das Interesse der Gesellschaft, sondern auch das der in ihr Beschäftigten und des Gemeinwesens, in dem sie tätig ist, nach bestem Wissen und Gewissen zu wahren; eine Art "Verhaltenskodex" also.

Stellung, Pflichten und Rechte der Aktionäre sind in Kapitel X (Art. 106 bis 120) behandelt, das eine Reihe wichtiger Änderungen gegenüber dem früheren Rechtszustand enthält und auf das deshalb näher eingegangen werden soll.

Die wichtigsten Punkte sind folgende:

a) Verzug des Aktionärs

Wenn ein Zeichner in Verzug ist, kann die Gesellschaft das Verfahren der gerichtlichen Zwangsvollstreckung und den Verkauf der Aktien desselben an der Börse kumulativ (nach früherem Recht alternativ) verfolgen. Nach den Motiven rechtfertigt sich die Neuerung dadurch, dass der Verkauf der Aktien nicht wie bisher die gerichtliche Zwangsvollstreckung zum Nachteil von Gläubigern verhindern soll, die "sich zahlungsunfähigen Gesellschaften gegenüber sahen, deren Aktien keinen Käufer an der Börse fanden und deren Aktionäre nicht für das gezeichnete Gesellschaftskapital hafteten" (Darlegung der Gründe, Kapitel X, Abschnitt I anlässlich des Gesetzesentwurfes des Gesetzes 6.404).

b) Betriebsbereitschaft des Ausgangsunternehmens

Art. 111, § 3 führt diesen Begriff ("término da implantação do empreendimento inicial") ein, und zwar kann die Satzung festlegen, dass die Bestimmungen der §§ 1 und 2 des Artikels (bedingter Erwerb des Stimmrechts von Vorzugsaktien ohne Stimmrecht) erst vom Zeitpunkt dieser Betriebsbereitschaft ab gelten. Eine Definition dessen, was unter "Betriebsbereitschaft des Ausgangsunternehmens" verstanden werden soll, ist allerdings nirgends enthalten. Wenn eine Gesellschaft von dieser Bestimmung Gebrauch machen will, empfiehlt es sich deshalb, gleichzeitig in der Satzung den Zeitpunkt der Betriebsbereitschaft zu konkretisieren.

c) Abschaffung von Inhaberaktien

Eine weitere Neuerung ist die Bestimmung, dass Inhaberaktien jeder Art und Klasse das Stimmrecht nicht ausüben können (Umkehrschluss aus Art. 112). Die in den Motiven gegebene Begründung leuchtet ein: "Die Verantwortung bei der Ausübung des Stimmrechts (grundlegend für den Schutz der Minderheit) ist unvereinbar mit Aktien, die ohne eine Spur zu hinterlassen von Hand zu Hand wandern" (Darlegung der Gründe, Kapitel X, Abschnitt III).[3]

d) Missbrauch des Stimmrechts

Das "Interesse der Gesellschaft" ist objektiv zu sehen und kann verschieden sein von dem Interesse der Mehrheit des Gesellschaftskapitals, so dass die Stimmabgabe der Mehrheit, wenn sie nicht dem Interesse der Gesellschaft dient, einen Missbrauch des Stimmrechts darstellt (Art. 115).

e) Beherrschender Aktionär

In den Art. 116 und 117 werden der Begriff des "beherrschenden Aktionärs" eingeführt und dessen Pflichten und Verantwortlichkeiten festgelegt. Die Stellung des beherrschenden Aktionärs erhellt sich am besten aus der Begründung zu Art. 116: "Der Art.

3 Artikel 4 des Gesetzes 8021 vom 12. April 1990 hat durch die Änderung des Artikels 20 des Gesetzes 6404/76 bestimmt, dass die Aktien Namensaktien sein müssen.

116 verleiht der Figur des beherrschenden Aktionärs im brasilianischen Recht einen eigenen Status. Dies ist eine Neuerung, durch die die rechtliche Norm auf eine Übereinstimmung mit der zugrunde liegenden wirtschaftlichen Realität abzielt. In der Tat ist allgemein bekannt, dass das Verhalten und die Einschätzung der juristischen Personen sich nach dem richtet, der sie beherrscht; aber nicht immer ist die Ausübung dieser Macht mit der entsprechenden Verantwortlichkeit verbunden oder vom Gesetz erfassbar..."

"Es ist ein Grundprinzip des Entwurfs, das die Richtschnur für die Beurteilung des Verhaltens des beherrschenden Aktionärs darstellt, dass die Ausübung der Kontrollmacht nur rechtmäßig ist, wenn die Gesellschaft damit ihren Zweck verwirklicht und ihre soziale Funktion erfüllt und wenn dabei die Rechte und Interessen aller, die mit dem Unternehmen verbunden sind (Mitarbeiter, Minderheitsaktionäre, Kapitalanleger, Angehörige der Gemeinde am Tätigkeitsort) geachtet und berücksichtigt werden." (Darlegung der Gründe, Kapitel X, Abschnitt IV).

f) Aktionärsvereinbarungen

Aktionärsvereinbarungen sind zulässig und müssen, soweit sie von Kauf und Verkauf von Aktien, von einem Vorkaufsrecht, von der Ausübung des Stimmrechts des Aktionärs / des beherrschenden Aktionärs handeln, von der Gesellschaft beachtet werden, wenn sie an ihrem Sitz hinterlegt sind. Dritten können Verpflichtungen oder Belastungen, die sich aus solchen Vereinbarungen ergeben, erst nach Eintragung in den Registern und den Aktienurkunden entgegengehalten werden. Unter den Bedingungen der Vereinbarung können die Aktionäre die Erfüllung der übernommenen Verpflichtungen im Einzelnen verlangen und durchsetzen.

Vereinbarungen über andere Punkte als die erwähnten sind möglich, genießen aber nicht den besonderen Schutz des Art. 118 (§ 6 bis 11 dieses Artikels wurden durch die neue Gesetzgebung eingefügt).

g) Vertretung eines im Ausland ansässigen Aktionärs

Ein im Ausland ansässiger Aktionär ist verpflichtet, in Brasilien einen Vertreter mit der Vollmacht zu bestellen, Zustellungen einer gegen ihn aufgrund des Gesetzes erhobenen Klage entgegenzunehmen. Die Ausübung irgendeines Aktionärsrechts durch einen Vertreter verleiht diesem kraft Gesetzes die Befugnis zur Entgegennahme gerichtlicher Zustellungen.

Laut Dienstanweisungen der Bundessteuerbehörde Nr. 167 vom 14.06.2002 und Nr. 200 vom 13.09.2002 sind nunmehr auch im Ausland ansässige juristische Personen, die über Vermögenswerte in Brasilien verfügen, verpflichtet, eine Eintragung im Nationalen Kataster des Finanzministeriums Juristischer Personen (CNPJ/MF) vorzunehmen. Die Bestellung eines Bevollmächtigten – natürliche Person mit Wohnsitz in Brasilien – zur Übernahme der Verantwortung gegenüber der Steuerbehörde mit umfassenden Befugnissen ist zwingend vorgeschrieben.

h) Vorzugsaktien

Die Anzahl von Vorzugsaktien ohne Stimmrecht darf, wie gesehen, 50 % des gesamten ausgegebenen Gesellschaftskapitals nicht übersteigen. Mit den Vorzugsaktien sind die folgenden Vorteile verbunden:

- Vorrang bei der Ausschüttung von fester oder Mindest-Dividende;
- Vorrang bei der Rückerstattung des Kapitals mit oder ohne Prämie oder
- die Kombination der beiden zuvor genannten Vorteile.

Das Gesetz regelt die weiteren Rechte der Vorzugsaktionäre, die nicht von den Kapitalerhöhungen aus Gesellschaftsmitteln ausgeschlossen werden können.

i) Golden Share

Bei der Privatisierung von staatlichen Gesellschaften ist die Errichtung eines "Golden Share" zu Gunsten des Staates zulässig, damit dieser sein Vetorecht bei Beschlüssen der Hauptversammlung ausüben kann.

j) Ausgabe von Aktien durch die offenen Aktiengesellschaften

Das Gesetz regelt außerdem die Ausgabe von Aktien durch die offenen Aktiengesellschaften und die Aufbewahrung der Zertifikate durch Finanzinstitutionen.

k) Einziehung

Vorbehaltlich einer anderen Regelung in der Satzung, wird die Einziehung von einer oder mehreren Arten von Aktien erlaubt, wenn eine für diesen besonderen Zweck einberufene Hauptversammlung dies mit Aktionären, die mindestens die Hälfte der betroffenen Aktien halten, entscheidet.

l) Genussscheine

Wie bereits erwähnt, dürfen die offenen Aktiengesellschaften keine Genussscheine ausgeben.

m) Wandelschuldverschreibung

Die Ausgabe von Wandelschuldverschreibungen ist einschließlich einer Geldwertberichtigung in gleicher Höhe wie für eine öffentliche Schuld, Devisen oder mittels anderer Koeffizienten erlaubt, sofern nicht ein gesetzliches Verbot entgegensteht.

Das Gesetz regelt die Ausgabe von diesen Titeln durch eine offene Aktiengesellschaft mit dem Zweck, der Gesellschaft weitere Finanzierungsmittel zur Verfügung zu stellen.

n) Schiedsklausel

Die Satzung kann je nach der von ihr bestimmten Regel vorsehen, dass die Meinungsverschiedenheiten zwischen den Aktionären und der Gesellschaft sowie zwischen dem beherrschenden Aktionär und der Minderheit durch ein Schiedsgericht entschieden werden können.

6. Jahresabschluss, Bilanzvorschriften, Gewinnverwendung

a) Überblick

Die Gesetzgebung widmet den Themen Jahresabschluss, Geschäftsjahr sowie Gewinne, Rücklagen und Dividenden insgesamt 31 Artikel in zwei getrennten Kapiteln. Schon darin zeigt sich die große Bedeutung, die diesen Gebieten beigemessen wird.

Der Jahresabschluss erfordert nicht nur die Bilanz sowie die Gewinn- und Verlustrechnung, sondern außerdem eine Darstellung der aufgelaufenen Gewinne oder Verluste und eine Darstellung der Herkunft und Verwendung der Mittel. Er ist durch erläuternde Anmerkungen über die im Gesetz ausdrücklich aufgeführten Punkte zu ergänzen. Der Jahresabschluss muss mit den entsprechenden Zahlen des Vorjahres veröffentlicht werden.

Der Jahresabschluss war auf der Grundlage der amtlich anerkannten Koeffizienten zwingend der Inflation anzupassen ("Correção monetária" – Geldwertberichtigung). Dieser Wertberichtigung unterlagen im Wesentlichen die Konten des Anlagevermögens und des Eigenkapitals. Die Gegenbuchungen gingen in die Gewinn- und Verlustrechnung ein. Das Ergebnis der Geldwertberichtigung des Gesellschaftskapitals war durch Beschluss der ordentlichen Hauptversammlung zu kapitalisieren.

Die Geldwertberichtigung ist inzwischen abgeschafft worden.

Detaillierte Vorschriften bestehen für die Gliederung der Bilanz und die in die einzelnen Gruppen aufzunehmenden Konten sowie hinsichtlich der anzuwendenden Bewertungsvorschriften für Aktiv- und Passivposten. Maßgebende Beteiligungen (Definition in Art. 247; einziger Paragraf) müssen nach dem Wert des Eigenkapitals bewertet werden ("equity method").

Die Satzung kann die Bildung von Rücklagen vorsehen, wenn sie deren Zweck genau definiert, die Ermittlung des ihr jährlich zuzuführenden Gewinnbetrags festlegt und eine Höchstgrenze bestimmt. Die Höhe der Gewinnrücklagen (ausgenommen die für drohende Verluste und aus nicht realisierten Gewinnen) darf das Gesellschaftskapital nicht übersteigen.

Halbjahresbilanzen und die Ausschüttung von Dividenden aus solchen sind nach Gesetz oder Satzung möglich. Dies gilt auch für Zwischenbilanzen in kürzeren Zeiträumen, wobei bestimmte Beschränkungen zu beachten sind.

Auf die Einführung der Pflichtdividende als wesentlichste Neuerung hinsichtlich der Gewinnverwendung wurde bereits hingewiesen (oben 4.2).

b) Anpassung des brasilianischen Rechnungslegungsrechts an die IFRS[4]

Heute existieren zwei globale Organisationen für die Entwicklung von Rechnungslegungsstandards, das FASB – Financial Accounting Standards Board, welches die US-

---

[4] Herrn Klaas Johnsen, Wirtschaftsprüfer, verantwortlich für *Ernst & Young Terco* in São Paulo, danken wir für die nachstehende ausgezeichnete Zusammenfassung der in Brasilien eingeführten IRFS-Bilanzvorschriften.

amerikanische Rechnungslegung, das sogenannte US GAAP, regelt und das IASB – International Accounting Standards Board, welches für die IFRS (International Financial Reporting Standards) verantwortlich ist. Mittelfristiges Ziel beider Organisationen ist es, die Unterschiede zwischen den Rechnungslegungskonzepten anzugleichen, so dass letztendlich eine einheitliche und global gültige Basis für die Rechnungslegung entsteht.

Im Zuge dieser Globalisierung haben zahlreiche Staaten ihre nationalen Rechnungslegungsvorschriften an die IFRS angepasst und so auch Brasilien. Durch das Gesetz 11.638/2007 wurden die Artikel 175 bis 188 in Kapitel XV des brasilianischen Aktiengesetzes, welche Form und Inhalt sowie Ansatz- und Bewertungsvorschriften des Jahresabschlusses regeln, geändert. Des Weiteren wurde die Verantwortlichkeit für die Entwicklung und Veröffentlichung der Rechnungslegungsgrundsätze an das CPC (Comitê de Pronunciamentos Contábeis) übertragen, welches als eigenständige Organisation agiert und die IFRS in brasilianische Normen transferiert hat.

In Brasilien war die Rechnungslegung in der Vergangenheit durch den Fiskus geprägt, so dass sich die Ansatz- und Bewertungsvorschriften in vielen Fällen an den Regeln für die steuerliche Gewinnermittlung orientierten. Dies hat sich durch die Einführung der IFRS grundlegend geändert.

Ein nach IFRS erstellter Jahresabschluss soll ein den tatsächlichen Verhältnissen entsprechendes Bild der Vermögens-, Finanz- und Ertragslage des jeweiligen Unternehmens vermitteln. Der konzeptionelle Grundsatz ist, Investoren, Aufsichtsbehörden und anderen interessierten Dritten entscheidungsrelevante Informationen zur Verfügung zu stellen.

Zu den Grundkonzepten der IFRS gehören die Kapitalerhaltung, die periodische Abgrenzung von Aufwendungen und Erträgen sowie die Annahme der Unternehmensfortführung.

Im Hinblick auf die qualitativen Anforderungen gelten die Grundsätze der Verständlichkeit, Entscheidungsrelevanz, Wesentlichkeit und Vergleichbarkeit.

Durch die Internationalisierung der Rechnungslegung sind nach IFRS erstellte Jahresabschlüsse über die Grenzen hinweg verständlich und vergleichbar. Die damit verbundene Transparenz erhöht das Vertrauen in den Kapitalmarkt und wirkt sich somit positiv auf die wirtschaftliche Entwicklung eines Landes aus.

7. Umwandlung, Inkorporation, Fusion und Spaltung

Die Bestimmungen über die Umwandlung (Formwechsel) entsprechen dem früheren Recht.

Die Inkorporation entspricht dem im deutschen Aktienrecht verwendeten Ausdruck "Verschmelzung durch Aufnahme", die Fusion dem deutschen Ausdruck "Verschmelzung durch Neugründung".

Neu gegenüber dem früheren Recht sind die Vorschriften über die Spaltung ("Cisão"). Bei der Spaltung überträgt eine Gesellschaft Teile ihres Vermögens auf eine oder mehrere andere, die bereits bestehen oder zu diesem Zweck gegründet werden. Wird das gesamte Vermögen übertragen, erlischt die aufgespaltene Gesellschaft. Bei teilweiser Übertragung wird ihr Kapital entsprechend aufgeteilt.

Inkorporation, Fusion und Spaltung haben gemeinsame Vorschriften über das bei ihnen zu beachtende Verfahren. Ihnen vorausgehen muss die Ausarbeitung eines Protokolls durch die zuständigen Verwaltungsorgane der beteiligten Gesellschaften, das die Bedingungen im Einzelnen enthalten muss, unter denen sich der Vorgang vollziehen soll. Den Hauptversammlungen der betroffenen Gesellschaften ist der Vorgang außerdem mit einer ausführlichen Begründung vorzulegen, die u.a. die neue Kapitalsituation der betroffenen Gesellschaften darlegen muss.

Bei der Inkorporation ist die übernehmende Gesellschaft, bei der Fusion die neue Gesellschaft uneingeschränkte Rechtsnachfolgerin der übernommenen bzw. fusionierten Gesellschaft. Im Falle der Spaltung muss das Protokoll die Rechte und Pflichten enthalten, in die die Gesellschaften, die Teile des Vermögens der aufgeteilten Gesellschaft übernehmen, eintreten. Betrifft die Spaltung das gesamte Vermögen der sich spaltenden Gesellschaft (Aufspaltung), treten die übernehmenden Gesellschaften in etwa nicht aufgeführte Rechte und Pflichten im Verhältnis des ihnen übertragenen Reinvermögens ein.

8. Verbundene, beherrschende und abhängige Gesellschaften ("Sociedades Coligadas, Controladoras e Controladas")

Die Materie wird in einem besonderen Kapitel ausführlich (Kapitel XX, Art. 243 bis 264) geregelt.

"Verbunden" sind Gesellschaften, wenn eine an dem Kapital der anderen mit wenigstens 10 % beteiligt ist, ohne sie zu beherrschen. "Beherrschend" ist eine Gesellschaft, die bei einer anderen (der "abhängigen") direkt oder über andere abhängige Gesellschaften ein ständiges Übergewicht bei Entscheidungen und die Befugnis hat, die Mehrheit der Verwalter zu wählen. Es kommt also nicht nur auf die formelle Rechtsposition an, sondern auch auf die tatsächlichen Verhältnisse, aufgrund der eine Beherrschung auch bei einer formellen Minderheitsbeteiligung gegeben sein kann.

Zentrale Regelungen des Gesetzes sind z.B.:

- Bewertung maßgeblicher Beteiligungen an verbundenen und abhängigen Gesellschaften nach der "Equity"-Methode (s. o. 6);
- Verbot der wechselseitigen Beteiligung zwischen einer Gesellschaft und den mit ihr verbundenen oder von ihr abhängigen Gesellschaften;
- Gebot streng gleichwertiger wechselseitiger Bedingungen bei Geschäften zwischen verbundenen, beherrschenden und abhängigen Gesellschaften, Haftung der Verwalter für Schäden aus der Nichtbeachtung dieser Bestimmung:
- Verbot der Begünstigung einer verbundenen, beherrschenden oder abhängigen Gesellschaft zum Nachteil der eigenen;

- besondere Vorschriften für die Inkorporation einer abhängigen Gesellschaft durch die beherrschende (Berechnung des Umtauschverhältnisses der den beherrschenden Aktionären gehörenden Aktien der abhängigen Gesellschaft).

Eine besondere, durch das Gesetz geschaffene Form ist die 100 %ige Tochtergesellschaft ("subsidiária integral"), die durch öffentliche Urkunde errichtet wird und als einzigen Aktionär eine brasilianische Gesellschaft hat. Dabei wird als brasilianische Gesellschaft eine in Brasilien gegründete Gesellschaft betrachtet, unabhängig von der Tatsache, ob ihre Aktionäre auch im Land wohnhafte Personen oder ansässige juristische Personen sind oder nicht.

9. Konzern

Ein Konzern ("grupo de sociedades") kann durch Vertrag zwischen der beherrschenden und den von ihr abhängigen Gesellschaften gebildet werden, aufgrund dessen sie sich verpflichten, ihre Mittel und Anstrengungen zur Durchführung der betreffenden Gesellschaftszwecke oder zur Beteiligung an gemeinsamen Geschäftstätigkeiten oder Unternehmungen zu verbinden.

Der Konzern ist nicht auf Aktiengesellschaften beschränkt. Er hat keine eigene Rechtspersönlichkeit; jede Gesellschaft behält ihre Rechtspersönlichkeit und ihr Gesellschaftsvermögen.

Die den Konzern führende Gesellschaft muss brasilianisch sein, wobei unter brasilianisch verstanden wird, dass sie in Brasilien gegründet wurde und tätig ist.

Für den Inhalt des Konzern-Vertrags sind bestimmte Mindesterfordernisse aufgestellt. Die Unterlagen über die Konzerngründung müssen in dem für den Sitz der führenden Gesellschaft zuständigen Handelsregister eingetragen und veröffentlicht werden. Danach müssen die den Konzern bildenden Gesellschaften ihre Firmen mit dem Zusatz der Konzernbezeichnung führen.

Der Konzern hat außer den Abschlüssen der einzelnen Gesellschaften konsolidierte Abschlüsse zu erstellen und zusammen mit den Abschlüssen der führenden Gesellschaft zu veröffentlichen.

10. Konsortium

Das Konsortium ("consórcio") ist eine Arbeitsgemeinschaft, die von Aktiengesellschaften und/oder sonstigen Gesellschaften zur Ausführung einer bestimmten Unternehmung gebildet wird. Die Bildung erfolgt durch Vertrag unter Beachtung der Bestimmungen des Gesetzes.

Das Konsortium hat keine Rechtspersönlichkeit. Der Konsortialvertrag und etwaige Änderungen sind beim Handelsregister des Sitzes des Konsortiums einzutragen und zu veröffentlichen.

11. Genehmigungspflichtige Aktiengesellschaften

Nach Art. 300 des Gesetzes gelten die Bestimmungen des früheren Rechts über Aktiengesellschaften, deren Tätigkeit von der Genehmigung der Regierung abhängt, weiter (Art. 59 bis 73 des insoweit abgedruckten Dekretgesetzes 2.627 vom 26.9.1940).

Diese Bestimmungen regeln das Verfahren der erforderlichen Genehmigung für nationale und ausländische Gesellschaften. Damit bleibt trotz vielfacher Einschränkungen in Sondergesetzen grundsätzlich die Definition des Art. 60 in Kraft, nach der national diejenigen Gesellschaften sind, "die in Übereinstimmung mit dem brasilianischen Gesetz organisiert sind und die im Inland den Sitz ihrer Verwaltung haben". Die neue brasilianische Verfassung hatte diese Definition grundsätzlich beibehalten (Art. 171 I), innerhalb dieses Begriffs aber den der "brasilianischen Gesellschaft nationalen Kapitals" geschaffen (Art. 171 II), der eine gewisse Vorzugsbehandlung zuteil wurde, insbesondere bei der Vergabe öffentlicher Aufträge. Art. 171 wurde allerdings durch die Verfassungsänderung Nr. 6 vom 15.08.1995 aufgehoben.

Zu welchen Tätigkeiten eine nationale Gesellschaft der Genehmigung der Regierung bedarf, hängt von der jeweiligen Gesetzgebung ab (z.B. Banken, Versicherungen, Luftfahrtgesellschaften und wenige andere). Ausländische Gesellschaften, die in Brasilien ihre Tätigkeit selbst oder durch Betriebsstätten irgendwelcher Art (wie z.B. Niederlassung, Filiale) ausüben wollen, bedürfen in jedem Falle der Genehmigung der Regierung.

Dieser Fall (Tätigkeit einer ausländischen Gesellschaft im eigenen Namen) hat aber nichts mit den Fällen zu tun, in denen ein deutscher Investor (natürliche oder juristische Person) in Brasilien eine Gesellschaft nach brasilianischem Recht errichten oder sich an einer bestehenden Gesellschaft (mehr- oder minderheitlich) beteiligen will. Solche – durchaus wünschenswerten – Kapitalanlagen sind nach wie vor zulässig und bedürfen nicht der Genehmigung der Regierung.

Obwohl keine ausdrückliche gesetzliche Bestimmung sich auf die Beteiligung von ausländischen Gesellschaftern an Handelsgesellschaften ohne eine Autorisation der Bundesregierung bezieht, ausgenommen die Vertretung gegenüber den Aktiengesellschaften, vertritt die für die Handelsregister in Brasilien zuständige Behörde (Departamento Nacional de Registro do Comércio – DNRC – Instrução Normativa Nr. 76 vom 28.12.1998) die Auffassung, dass eine solche Zustimmung nicht erforderlich ist.

II. Das Gesellschaftsrecht im brasilianischen BGB

Das am 10.01.2002 verabschiedete und am 11.01.2003 in Kraft getretene neue brasilianische Bürgerliche Gesetzbuch (Gesetz Nr. 10.406 – NCC) enthält in seinem "Buch II – Gesellschaftsrecht" die auf "Gesellschaften" im allgemeinen anwendbaren gesetzlichen Bestimmungen. Unter diesen Bestimmungen sind diejenigen über die "Beschränkten Gesellschaften" von besonderer Wichtigkeit. Sie lösen nach herrschender Meinung die bis dahin für Gesellschaften mit beschränkter Haftung geltenden Regelungen des Dekrets Nr. 3708 vom 10.01.1919 ab, obwohl diese Bestimmungen nicht ausdrücklich aufgehoben wurden, wie dies aus Gründen der Klarheit zu wünschen gewesen wäre.

Nach wie vor finden die Bestimmungen des Gesetzes Nr. 6404 vom 15.12.1976 (Aktiengesetz) auch auf Beschränkte Gesellschaften (früher: Gesellschaften mit beschränkter Haftung) Anwendung, da das Aktiengesetz von dem BGB unberührt blieb.

Die wichtigsten im NCC enthaltenen Bestimmungen bezüglich dieser Materie sind die folgenden:

1. Unternehmerische und nicht unternehmerische Gesellschaften

Anhand der Tätigkeit unterscheidet das Gesetz zwischen unternehmerischen Gesellschaften und einfachen (nicht unternehmerischen) Gesellschaften.

Zu den unternehmerischen Gesellschaften gehören zum einen diejenigen, welche als Gesellschaftszweck die Ausübung einer wirtschaftlich ausgerichteten Tätigkeit zur Herstellung oder zum Vertrieb von Gütern oder Dienstleistungen haben, und zum anderen die Aktiengesellschaften kraft Rechtsform, d.h. unabhängig von ihrem Gesellschaftszweck.

Einfache (nicht unternehmerische) Gesellschaften sind die Gesellschaften, die sich nicht in die obige Definition einbeziehen lassen, und außerdem die Genossenschaften.

2. Rechtsform

Bezüglich der Rechtsform sind die Gesellschaften aufgeteilt in:

- Einfache Gesellschaft – Sociedade simples;
- Beschränkte Gesellschaft (neue Bezeichnung der "Gesellschaft mit beschränkter Haftung") – Sociedade Limitada;
- Genossenschaft – Cooperativa;
- Aktiengesellschaft – Sociedade por Ações;
- offene Handelsgesellschaft – Sociedade em nome coletivo;
- Kommanditgesellschaft – Sociedade em comandita;
- Kommanditgesellschaft auf Aktien – Sociedade em comandita por ações.

Art. 966 bis 971 regeln die Figur des Unternehmers (empresário) und ersetzen die Normen, die für die frühere "Firma Individual" galten.

3. Regelung der Beschränkten Gesellschaften

a) Anwendbares Recht

Auf die Beschränkten Gesellschaften sind die im NCC enthaltenen spezifischen Bestimmungen anzuwenden. Bei Fehlen einer entsprechenden Bestimmung im NCC und im Gesellschaftsvertrag unterliegen diese Gesellschaften den ebenfalls im NCC enthaltenen Bestimmungen über Einfache Gesellschaften. Sofern eine subsidiäre Anwendung des Aktienrechts auf die Beschränkten Gesellschaften gewünscht ist, ist es erforderlich, im Gesellschaftsvertrag eine entsprechende Verfügung zu treffen. Das gilt insbesondere für den Fall, dass die Gesellschafter ihre Meinungsverschiedenheiten einem Schiedsgericht zuleiten wollen.

b) Firmenbezeichnung

Die Firmenbezeichnung der Beschränkten Gesellschaft muss mit dem Begriff "LIMITADA" (in vollem Wortlaut oder in der abgekürzten Form: "LTDA.") enden. Anderenfalls besteht eine solidarische und unbeschränkte Haftung. Die Firmenbezeichnung muss den Gesellschaftszweck angeben, wobei diese Bestimmung des NCC Anlass zur Kritik gibt, da die Benennung des Gesellschaftszwecks in der Firmenbezeichnung vom Handelsregister schon seit langem nicht mehr gefordert wird.

c) Gesellschaftskapital, Haftung und Mindestkapital

In der Beschränkten Gesellschaft ist das Gesellschaftskapital in Anteile aufgeteilt, die denselben oder unterschiedlichen Wert haben können, wobei die Einzahlung in Form von "Dienstleistungen" untersagt ist.

Die Haftung der Gesellschafter ist auf den Wert der gehaltenen Anteile beschränkt, jedoch haften alle solidarisch für die Einzahlung des Gesellschaftskapitals. Es ist kein Mindestkapital vorgeschrieben.

d) Kapitalerhöhung

Sofern alle Anteile des Gesellschaftskapitals eingezahlt sind, kann eine Kapitalerhöhung vorgenommen werden. Bei Kapitalerhöhungen ist das Bezugsrecht zu beachten, das innerhalb von 30 Tagen ab dem Datum des entsprechenden Beschlusses ausgeübt werden muss. Bei Stillschweigen des Gesellschaftsvertrags kann das Bezugsrecht an einen Gesellschafter (ohne Anhörung der übrigen Gesellschafter) oder an Dritte (sofern kein Widerspruch erhoben wird von Gesellschaftern, die mehr als ein Viertel des Gesellschaftskapitals vertreten) abgetreten werden.

e) Herabsetzung des Gesellschaftskapitals

Das Gesellschaftskapital kann in den folgenden Fällen herabgesetzt werden:

- wenn uneinbringbare Verluste vorhanden sind;

- wenn dasselbe eine unverhältnismäßige Höhe zum Gesellschaftszweck aufweist.

Der Beschluss der Kapitalherabsetzung (zur Rückzahlung an die Gesellschafter) ist im Bundesanzeiger und in einer Tageszeitung mit großer Auflage am Sitz der Gesellschaft zu veröffentlichen. Nach 90 Tagen (Frist für den Einspruch eventueller Gläubiger) kann die Gesellschaftsvertragsänderung über die Kapitalherabsetzung zur Registrierung eingereicht werden.

f) Abtretung von Anteilen

Ein Gesellschafter kann seine Anteile bei Stillschweigen des Gesellschaftsvertrages an einen anderen Gesellschafter (ohne Anhörung der übrigen Gesellschafter) oder an Dritte (sofern kein Widerspruch erhoben wird von Gesellschaftern, die mehr als ein Viertel des Gesellschaftskapitals vertreten) abtreten. In den Fällen einer Abtretung haftet der abtretende Gesellschafter während eines Zeitraums von zwei Jahren nach der Eintragung des entsprechenden Vertrages solidarisch mit dem übernehmenden Gesellschafter gegenüber der Gesellschaft und Dritten für die Verpflichtungen in seiner Eigenschaft als Gesellschafter.

g) Sitzungen und Versammlungen

Die Gesellschafterbeschlüsse bei Beschränkten Gesellschaften sind in Sitzungen oder in Gesellschafterversammlungen (letztere sind für Gesellschaften mit mehr als 10 Gesellschaftern zwingend vorgeschrieben) zu fassen. Die Abhaltung der Sitzung oder Versammlung kann entfallen, sofern sich alle Gesellschafter zu dem Beschluss schriftlich äußern.

Die Einberufung und Durchführung der Versammlungen sind in Übereinstimmung mit den Bestimmungen des NCC vorzunehmen, das grundsätzlich eine Veröffentlichung der Einberufung verlangt (die Veröffentlichung ist verzichtbar, sofern alle Gesellschafter bei der Versammlung anwesend sind, oder schriftlich ihre Kenntnisnahme von Ort, Datum, Uhrzeit und Tagesordnung erklären). In den vom Gesellschaftsvertrag nicht geregelten Fällen kommen die im NCC enthaltenen Verfügungen über Versammlungen zur Anwendung.

Die Durchführung einer jährlichen Hauptversammlung innerhalb von 4 Monaten nach Ablauf des Geschäftsjahres zur Genehmigung des Jahresabschlusses und der Rechnungslegung der Verwalter ist zwingend vorgeschrieben.

h) Überwachungsrat

Unbeschadet der Entscheidungsbefugnis der Gesellschafterversammlung bzw. -sitzung kann der Gesellschaftsvertrag der Beschränkten Gesellschaften die Einrichtung eines Überwachungsrats (Conselho Fiscal) vorsehen.

i) Beschlussfassung und Quoren

Im NCC sind die folgenden Quoren, die bei der Beschlussfassung der Gesellschafter zu beachten sind, festgelegt:

- Einstimmigkeit der Gesellschafter:
    - Ernennung – im Gesellschaftsvertrag oder anhand eines schriftlichen Beschlusses – eines Verwalters, der nicht Gesellschafter ist, solange das Gesellschaftskapital nicht eingezahlt ist;
    - Umwandlung der Gesellschaft (bei Stillschweigen des Gesellschaftsvertrages);
- 3/4-Mehrheit des Gesellschaftskapitals:
    - Änderung des Gesellschaftsvertrages;
    - Einverleibung, Fusion und Auflösung der Gesellschaft, oder Einstellung des Liquidationsverfahrens (für die nicht ausdrücklich erwähnte Spaltung dürfte ein entsprechendes Mehrheitserfordernis gelten);

- Ernennung eines Verwalters, der Gesellschafter ist, im Gesellschaftsvertrag;
- Absetzung eines Verwalters, der nicht Gesellschafter ist und im Gesellschaftsvertrag ernannt wurde;

- 2/3-Mehrheit des Gesellschaftskapitals:
    - Ernennung – im Gesellschaftsvertrag oder in einem getrennten Beschluss – eines Verwalters, der nicht Gesellschafter ist (wenn das gesamte Gesellschaftskapital eingezahlt ist);
    - Absetzung eines Verwalters, der Gesellschafter ist und im Gesellschaftsvertrag ernannt wurde (sofern derselbe keine anderweitigen Verfügungen trifft);
- Einfache Mehrheit des Gesellschaftskapitals:
    - Ernennung eines Verwalters, der Gesellschafter ist, in einem vom Gesellschaftsvertrag getrennt gehaltenen Beschluss;
    - Festlegung der Vergütung der Verwalter, falls dies nicht im Gesellschaftsvertrag vorgesehen ist;
    - Absetzung eines Verwalters (Gesellschafter oder nicht), der in einem vom Gesellschaftsvertrag getrennt gefassten Beschluss ernannt wurde;
    - Beantragung eines Vergleichsverfahrens;
- Mehrheit der anwesenden Stimmen für alle anderen gesetzlich und im Gesellschaftsvertrag vorgesehenen Fälle, sofern letzterer keine höhere Mehrheit fordert. Bei Stimmengleichheit gibt der von der Mehrheit der Anzahl der Gesellschafter getroffene Beschluss den Ausschlag (unabhängig von der Anzahl der Anteile).

j) Verwaltung

Die Verwaltung der Beschränkten Gesellschaften wird von einer oder mehreren natürlichen Personen ausgeübt, die im Gesellschaftsvertrag oder anhand eines von demselben getrennten Beschlusses ernannt werden. Jeder Gesellschafter kann für die Verwaltung gewählt werden. Sofern der Gesellschaftsvertrag es zulässt, können Verwalter gewählt werden, die keine Gesellschafter sind. Laut Gesetz 10.303/2001, das das Aktiengesetz geändert hat, können in Brasilien nicht ansässige Personen zu Verwaltungsratsmitgliedern ernannt werden, sofern sie einen in Brasilien ansässigen Bevollmächtigten ernennen, wobei die Laufzeit der entsprechenden Vollmacht sich auf einen Zeitraum von mindestens drei Jahren nach Ablauf des Mandats des ernannten Verwaltungsratsmitglieds erstrecken muss. Diese Bestimmung sollte auch auf die Limitada angewendet werden, da kein Grund für eine Diskriminierung besteht. Dies gilt insbesondere dann, wenn der Gesellschaftsvertrag die subsidiäre Anwendung des Aktiengesetzes vorsieht.[5]

k) Beschluss über die Ernennung von Verwaltern

Der in einem vom Gesellschaftsvertrag getrennt gehaltenen Beschluss ernannte Verwalter ist in sein Amt einzusetzen durch Unterzeichnung des entsprechenden Einsetzungsprotokolls im eigens hierfür vorgesehenen Buch. Der Beschluss muss beim zuständigen Handelsregister eingetragen werden.

---

[5] Siehe Punkt 3 a) dieses Abschnitts – Anwendbares Recht.

l) Gewinnbeteiligung der Gesellschafter

Die Beteiligung der Gesellschafter an den Ergebnissen der Gesellschaft ist im Gesellschaftsvertrag festzuhalten und kann von dem entsprechenden Verhältnis der Beteiligung am Gesellschaftskapital abweichen. Gleichwohl ist eine Klausel, die irgendeinen Gesellschafter von der Beteiligung an den Ergebnissen ausschließt, nichtig. Bei Stillschweigen des Gesellschaftsvertrages wird die Aufteilung der Beteiligung im Verhältnis der Anteile am Gesellschaftskapital vorgenommen.

m) Ausschluss eines Gesellschafters

Das NCC kennt folgende Fälle des Ausschlusses eines Gesellschafters:

- Gerichtlicher Ausschluss auf Veranlassung der Mehrheit der übrigen Gesellschafter bei einem schweren Verstoß gegen Gesellschafterpflichten oder bei nachträglich eintretender Geschäftsunfähigkeit;
- Ausschluss durch Änderung des Gesellschaftsvertrages: Sofern im Gesellschaftsvertrag der Ausschluss aus triftigem Grund vorgesehen ist, können die Gesellschafter, die die Mehrheit des Gesellschaftskapitals halten, den Ausschluss eines Gesellschafters beschließen, wenn sie der Ansicht sind, dass derselbe aufgrund unleugbar schwerwiegender Handlungen das Fortbestehen der Gesellschaft in Frage stellt. Der Ausschluss hat in einer eigens zu diesem Zweck einberufenen Sitzung oder Versammlung zu geschehen, wobei der Beschuldigte rechtzeitig hiervon in Kenntnis zu setzen ist, um sein Erscheinen und die Ausübung seines Verteidigungsrechts zu ermöglichen;
- Ausschluss ipso iure beim Konkurs eines Gesellschafters oder einer Kündigung durch den die Zwangsvollstreckung betreibenden Gläubiger eines Gesellschafters.

n) Geschäftsbücher

Die Bestimmungen des NCC schreiben zwingend die Führung der folgenden Geschäftsbücher – zusätzlich zu den für die Buchhaltung bereits vorhandenen – vor:

- Buch der Protokolle der Verwaltung (zur Niederschrift von Einsetzungsprotokollen von Verwaltern, die anhand eines vom Gesellschaftsvertrag getrennten Beschlusses ernannt werden);
- Buch der Protokolle und Gutachten des Überwachungsrats (sofern eingerichtet);
- Buch der Protokolle der Sitzungen / Versammlungen der Gesellschafter.

o) Veröffentlichungen

Nach dem NCC ist auch die Veröffentlichung bestimmter gesellschaftsrechtlicher Handlungen im Bundeslandanzeiger und einer Tageszeitung am Sitz der Gesellschaft mit großer Auflage zwingend vorgeschrieben. Hierunter fallen insbesondere:

- Einberufung zu Gesellschafterversammlungen (mit Ausnahme der Fälle, in denen alle Gesellschafter bei der Versammlung erscheinen oder schriftlich ihre Kenntnisnahme von Ort, Datum, Uhrzeit sowie der entsprechenden Tagesordnung erklären – Universalversammlung);

- Schweigt der Gesellschaftsvertrag, so sind für die Sitzungen analog die Bestimmungen über Versammlungen anzuwenden.
- Herabsetzung des Gesellschaftskapitals;
- Rücktritt eines Verwalters.

p) Geschäftsführer

Das NCC bezieht sich auf die Figur des "Geschäftsführers" (Gerente) - nicht zu verwechseln mit dem "Gesellschafter-Geschäftsführer" oder "delegierten Geschäftsführer", die heute als "Verwalter" bezeichnet werden. Als "Geschäftsführer" wird derjenige betrachtet, der ständig das Amt des Vorgesetzten (Preposto) der Gesellschaft an deren Hauptsitz, einer Niederlassung, Filiale oder Zweigstelle ausübt. Die in der Vollmachtserteilung an den Vorgesetzten enthaltenen Beschränkungen sind in ihrer Wirkung gegenüber Dritten von der Einreichung und Eintragung des entsprechenden Schriftsatzes im öffentlichen Register der Handelsgesellschaften (Handelsregister) abhängig, es sei denn, dass bewiesen ist, dass diese Beschränkungen der mit dem Vorgesetzten verhandelnden Person bekannt sind. Äquivalent hierzu und mit demselben Vorbehalt sind Änderungen oder Widerruf der Vollmacht im Handelsregister einzureichen und einzutragen.

q) Register

Die Eintragung von Handlungen der unternehmerischen Gesellschaften ist beim öffentlichen Handelsregister vorzunehmen, wohingegen die Eintragung von Handlungen einfacher (nicht unternehmerischer) Gesellschaften beim Zivilregister der juristischen Personen zu geschehen hat.

r) Durchgriff

In Fällen eines Missbrauchs der Gesellschaft, d.h. bei Zweckverfremdung oder Vermögensvermischung, kann eine "Aberkennung des Status der juristischen Person" (Durchgriffstheorie) eintreten, d.h. die eigenständige Existenz der Gesellschaft kann vom Richter mit der Folge abgelehnt werden, dass das persönliche Vermögen der Gesellschafter oder Verwalter zur Haftung für Gesellschaftsschulden herangezogen werden kann.

s) Anpassung der Gesellschaftsverträge bis zum 11.01.2005

Kraft der Bestimmung in Artikel 2.031 des NCC mussten die Vereinigungen, Gesellschaften und Stiftungen ihre Gründungsakten innerhalb einer Frist von einem Jahr, gerechnet ab dem Datum des Inkrafttretens des NCC (11.01.2003, verlängert bis zum 11.01.2005 laut Gesetz 10.838 vom 20.01.2004) an die neuen gesetzlichen Regelungen anpassen. Bereits zuvor waren aufgrund des Artikels 2.033 des NCC Änderungen der Gesellschaftsverträge von juristischen Personen sowie die Umwandlung, Einverleibung, Spaltung oder der Zusammenschluss derselben den Verfügungen des NCC unterworfen.

4. Tätigkeit von ausländischen Gesellschaften in Brasilien

Obwohl nur die ausländischen Fluggesellschaften eine Genehmigung der Bundesregierung benötigen, um in Brasilien tätig zu sein, wird in den Artikeln 1.134 bis 1.141 des brasilianischen BGB aus dem Jahre 2002 eine solche Tätigkeit ausführlich geregelt.

Beteiligungen an in Brasilien ansässigen Gesellschaften sind grundsätzlich möglich.

5. Einführung der Einpersonengesellschaft

Durch das Gesetz Nr. 12.441 vom 11 Juli 2011 hat Brasilien die EIRELI (Empresa Individual de Responsabilidade Limitada) geschaffen. Zu dem Gesetz (mit einer Übersetzung abgedruckt auf S. 282 ff.) sollen noch folgende Erläuterungen gegeben werden:

- Das Gesellschaftskapital muss mindestens dem 100fachen Betrag des in Brasilien gültigen Mindestlohnes entsprechen, der sich zum Zeitpunkt der Herausgabe dieses Buches auf Reais 622,00 beläuft, also 100 x 622,00 = R$ 62.200,00. Der Mindestlohn wird jährlich anhand des von der Bundesregierung ausgewählten Inflationsindexes angepasst, so dass das für die Gründung neuer Einpersonengesellschaften erforderliche Mindestkapital ebenfalls jährlich neu zu berechnen ist.
- Das relativ hohe Mindestkapital wird es Kleinbetrieben (z.B. kleinen Handwerksbetrieben wie Frisör- und Maniküre-Geschäften, Schneidereien usw.) erschweren, die Gesellschaftsform der EIRELI zu wählen.
- Ein Vorteil ist, dass zur Gründung einer GmbH kein zweiter Gesellschafter mehr erforderlich ist, der bisher, nur um den gesetzlichen Erfordernissen gerecht zu werden, mit einer nicht selten minimalen Beteiligung in die Gesellschaft aufgenommen werden musste.
- Der Vorteil der Trennung des Gesellschaftsvermögens vom Privatvermögen des Gesellschafters hängt jetzt davon ab, ob die mit der Insolvenz der Gesellschaft konfrontierten Gläubiger (v.a. Fiskus, Arbeitnehmer, Pensionsinstitute) ein Fehlverhalten des Gesellschafters nachweisen können. Gelingt ihnen dies, können sie nämlich auch künftig auf dieser Grundlage in das Privatvermögen des Gesellschafters vollstrecken.
- In Abstimmung mit dem Gesetz hat das "Registro Nacional das Empresas Mercantis" im Bundesanzeiger vom 22.10.2011 drei Normative Instruktionen veröffentlichen lassen, nämlich:

Nr. 116	über den Schutz und Zusammensetzung des unternehmerischen Namens sowie andere Maßnahmen,
Nr. 117	über die Verabschiedung eines Leitfadens der Handlungen der EIRELI,
Nr. 118	über den Umwandlungsprozess eines Einzelunternehmens (Empresário Individual) in eine EIRELI und umgekehrt, sowie über andere Maßnahmen.

- Eine im Ausland ansässige Person kann zweifelsohne auch dann, wenn sie selbst über keinen zugelassenen Wohnsitz in Brasilien verfügt und deshalb auch keine Steuererklärung abgeben muss, Gesellschafterin einer EIRELI sein. Diese Person muss jedoch eine in Brasilien ansässige Person als Verwalter der EIRELI ernennen und einen Bevollmächtigen im Land haben, der sie als Gesellschafterin vertritt und befugt ist, Zustellungen entgegenzunehmen.
- Die brasilianische EIRELI ähnelt der deutschen Einpersonen-GmbH. Ihre besonderen Eigenschaften müssen jedoch noch in der Praxis geklärt werden.

Zusammengefasst muss man dem Gesetzgeber ein Lob aussprechen für seine Bemühungen, ein modernes juristisches Instrument zu schaffen, um das Wirtschaftsleben des Landes zu verbessern.

6. Wertpapierkommission

Die in der 4. Auflage dieses Buches veröffentlichte Neufassung des Gesetzes Nr. 6385 über die Wertpapierkommission erfuhr durch das Gesetz 12.543 vom 08.12.2011 kleine Ergänzungen in § 4 des Art. 2, sowie in Art. 3. Es wurde des Weiteren durch das Gesetz 11.638 vom 28.12.2007 ein Artikel 10-A eingefügt, der sich aus der Notwendigkeit einer Anpassung der Rechnungslegung an die IFRS ergab (siehe dazu Seite 16).

B. Verantwortung der Gesellschaft, des Gesellschafters und des "Administradors"

Die Einführung des NCC führte zu einer anhaltenden Diskussion über die Verantwortung im allgemeinen, aber insbesondere der Gesellschaft, des Gesellschafters und des "Administradors" einer Limitada. Dies geschah auch in Anbetracht der zahlreichen Gesetze, die eine solche Verantwortung mit sich bringen.

1. Allgemeine Haftung

a) Subjektive Haftung

Die subjektive Haftung ist verbunden mit einer auf Nachlässigkeit, Fahrlässigkeit oder Unerfahrenheit beruhenden Schuld.

Artikel 186:
Derjenige, der aufgrund willkürlicher Handlung oder Unterlassung, Fahrlässigkeit oder Nachlässigkeit gegen ein Recht verstößt und einem anderen einen materiellen oder immateriellen Schaden zufügt, begeht eine rechtswidrige Handlung.

Artikel 187:
Genauso begeht der Inhaber eines Rechtes eine rechtswidrige Handlung, wenn er bei dessen Ausübung offensichtlich die diesem Recht durch seinen wirtschaftlichen oder gesellschaftlichen Zweck, den guten Glauben oder die Sittlichkeit auferlegten Grenzen überschreitet.

Artikel 927:
Derjenige, der durch eine rechtswidrige Handlung (Art. 186 und 187) einem anderen Schaden zufügt, ist zum Ersatz dieses Schadens verpflichtet.

b) Objektive Haftung

Die objektive Haftung ist verbunden mit einem Risiko und nicht mit einem Schaden.

Artikel 927 - Einziger Paragraf:
Es besteht eine verschuldensunabhängige Verpflichtung zum Schadensersatz, wenn dies das Gesetz ausdrücklich vorsieht oder wenn die von dem Schadensverursacher normalerweise ausgeübte Tätigkeit aufgrund ihrer Beschaffenheit die Rechte eines anderen gefährden kann.

Artikel 931:
Unter Berücksichtigung anderer in besonderen Gesetzen vorgesehener Fälle, haften Einzelunternehmer und Gesellschaften verschuldensunabhängig für den Ersatz von Schäden, die Verbrauchern durch die Herstellung, Errichtung, Montage, Bearbeitung, Vorstellung oder Verpackung von Produkten oder aufgrund von unzureichenden oder unpassenden Informationen über deren Nutzung und Risiken zugefügt wurden.

§ 1: Ein Produkt ist fehlerhaft, wenn es nicht die von ihm rechtmäßig zu erwartende Sicherheit bietet, wobei Umstände wie die Vorstellung, die Nutzung, die annehmbar zu erwartenden Risiken und die Zeit der Markteinführung maßgeblich zu berücksichtigen sind.

§ 2: Ein Produkt gilt nicht als fehlerhaft, wenn ein anderes besserer Qualität auf den Markt gebracht wurde.

§ 3: Der Hersteller, Erbauer, Produzent oder Importeur kann nur dann nicht haftbar gemacht werden, wenn er beweist, dass er das Produkt nicht auf den Markt gebracht hat, das von ihm auf den Markt gebrachte Produkt keinen Fehler aufweist oder dass ausschließlich die Schuld des Verbrauchers oder eines Dritten vorliegt.

2. Haftung der Gesellschafter von Gesellschaften mit beschränkter Haftung

a) Grundsatz

Artikel 1.052:
Bei der Gesellschaft mit beschränkter Haftung ist die Haftung eines jeden Gesellschafters auf den Wert seiner Anteile beschränkt; alle haften jedoch gesamtschuldnerisch für die Einzahlung des Gesellschaftskapitals.

b) Ausnahmen

Artikel 50:
Im Falle des Missbrauchs der juristischen Persönlichkeit in Gestalt einer Zweckverfremdung oder Vermögensvermischung kann der Richter auf Antrag der Partei oder der Staatsanwaltschaft, wenn diese am Prozess beteiligt ist, entscheiden, dass die Auswirkungen von bestimmten Verpflichtungsbeziehungen auf das private Vermögen der Verwalter oder der Gesellschafter der juristischen Person übergreifen.

Artikel 1.080:
Beschlüsse, die gegen den Gesellschaftsvertrag oder das Gesetz verstoßen, führen zur unbeschränkten Haftung derjenigen, die diesen Beschlüssen ausdrücklich zustimmen.

3. Haftung der Verwalter von Gesellschaften außerhalb der Bestimmungen des NCC

Der Verwalter kann noch verantwortlich werden in den folgenden Fällen, die schon vor der Einführung des NCC galten und auf die hier nur der Vollständigkeit halber hingewiesen werden soll:[6]

Die ab 2012 eingefügten wichtigeren Änderungen sind hier ebenfalls berücksichtigt:

- Gesetzdekret 7661/41 (Konkursgesetz – Art. 6 und 50) – widerrufen durch Gesetz 11.101/2005-Recuperação judicial
- Gesetzdekret 5452/43 (Arbeitsgesetzbuch – aufgrund der maßgebenden Rechtsprechung ist der Gesellschafter verantwortlich, falls das Vermögen der Gesellschaft nicht ausreichend ist, um die Forderungen der Arbeitnehmer zu befriedigen – zahlreiche Änderungen.
- Gesetz 5172/66 (Nationales Abgabengesetzbuch – Art. 134, Ziffer VII, Art. 135, Ziffer III)
- Gesetz 8078/90 (Verbraucherschutzgesetz – Art. 13, 14 und 28)
- Gesetz 8620/93 (Sozialversicherung – Umfang Art. 13)
- Gesetz 8884/94 (Antitrustgesetz – Art. 18 und 20) – wesentlich geändert durch das Gesetz 12.529/2011
- Gesetz 9279/96 (Unlauterer Wettbewerb – Art. 195)
- Gesetz 9605/98 (Umweltschutzgesetz – Art. 3 und 4)
- Das neue Forstschutzgesetz (Código Florestal) wird in Kürze vom Parlament verabschiedet.

São Paulo, im Juni 2012

Francisco Florence

6 Der volle Wortlaut der hier erwähnten Gesetze ist auf der Site www.planalto.gov.br veröffentlicht.

Lei nº 6.404 de 15.12.1976, com as modificações das Leis 8021/90, 9249/95, 9430/96, 9457/97, Emenda Constitucional nº 6 de 15.08.1995, Leis 10.194/2001 e 10.303/2001, assim como o novo Código Civil – Lei 10406/2002, e ainda Leis 11.638/2007, 11.941/2009 e 12.431/2011

Gesetz Nr. 6.404 vom 15.12.1976 mit den Änderungen gemäß der Gesetze 8021/90, 9249/95, 9430/96, 9457/97, Verfassungsänderung Nr. 6 vom 15.08.1995, Gesetze 10.194/2001 und 10.303/2001, sowie des neuen Bürgerlichen Gesetzbuches – Gesetz 10406/2002 sowie der Gesetze 11.638/2007, 11.941/2009 und 12.431/2011[7]

Dispõe sobre as sociedades por ações

Bestimmungen über die Aktiengesellschaften

Capítulo I

Características e Natureza da Companhia ou Sociedade Anônima[8]

Kapitel I

Merkmale und Rechtsnatur der Aktiengesellschaft oder Gesellschaft mit Inhaberaktien

Características

Art. 1 – A companhia ou sociedade anônima terá o capital dividido em ações, e a responsabilidade dos sócios ou acionistas será limitada ao preço de emissão das ações subscritas ou adquiridas.

Merkmale

Art. 1 – Die Aktiengesellschaft oder Gesellschaft mit Inhaberaktien hat ein in Aktien eingeteiltes Kapital; die Haftung der Aktionäre ist auf den Ausgabepreis der gezeichneten oder erworbenen Aktien beschränkt.

Objeto Social

Art. 2 – Pode ser objeto da companhia qualquer empresa de fim lucrativo, não contrário à lei, à ordem pública e aos bons costumes.

Gesellschaftszweck

Art. 2 – Zweck der Aktiengesellschaft kann jedes auf Gewinnerzielung gerichtete Unternehmen sein, das nicht gegen das Gesetz, die öffentliche Ordnung oder die guten Sitten verstößt.

---

7 Der volle Wortlaut der hier erwähnten Gesetze ist auf der Site www.planalto.gov.br veröffentlicht.

8 Alle in diesem Gesetz vorhandenen Ausdrücke "sociedade anônima" sollten eigentlich durch "sociedade por ações" ersetzt werden, da die Inhaberaktie abgeschafft worden ist.

§ 1º – Qualquer que seja o objeto, a companhia é mercantil e se rege pelas leis e usos do comércio.

§ 1 – Unabhängig vom Gesellschaftszweck ist die Aktiengesellschaft eine Handelsgesellschaft und richtet sich nach den Handelsgesetzen und Handelsbräuchen.

§ 2º – O estatuto social definirá o objeto de modo preciso e completo.

§ 2 – Die Satzung hat den Gesellschaftszweck genau und umfassend anzugeben.

§ 3º – A companhia pode ter por objeto participar de outras sociedades; ainda que não prevista no estatuto, a participação é facultada como meio de realizar o objeto social, ou para beneficiar-se de incentivos fiscais.

§ 3 – Der Gesellschaftszweck kann in der Beteiligung an anderen Gesellschaften bestehen; auch wenn dies in der Satzung nicht vorgesehen ist, ist eine Beteiligung möglich, wenn sie der Erfüllung des Gesellschaftszwecks oder der Inanspruchnahme von Steuervergünstigungen dient.

Denominação

Firma

Art. 3 – A sociedade será designada por denominação acompanhada das expressões "companhia" ou "sociedade anônima", expressas por extenso ou abreviadamente, mas vedada a utilização da primeira ao final.

Art. 3 – Die Gesellschaft wird durch eine Firma gekennzeichnet, die ausgeschrieben oder abgekürzt die Worte "companhia" oder "sociedade anônima" enthalten muss; der Ausdruck "companhia" darf jedoch nicht am Ende der Firma gebraucht werden.

§ 1º – O nome do fundador, acionista, ou pessoa que, por qualquer outro modo, tenha concorrido para o êxito da empresa, poderá figurar na denominação.

§ 1 – Der Name eines Gründers, eines Aktionärs oder eines Dritten, der auf irgendeine Weise zum Erfolg des Unternehmens beigetragen hat, kann Bestandteil der Firma sein.

§ 2º – Se a denominação for idêntica ou semelhante à de companhia já existente assistirá à prejudicada o direito de requerer a modificação, por via administrativa (art. 97) ou em juízo, e demandar as perdas e danos resultantes.

§ 2 – Falls die Firma der Gesellschaft einer bereits bestehenden Aktiengesellschaft gleicht oder ähnelt, hat die Benachteiligte das Recht, auf dem Verwaltungsweg (Art. 97) oder gerichtlich deren Abänderung zu verlangen; für die erlittenen Verluste und Schäden kann sie Schadenersatz fordern.

Companhia Aberta e Fechada

Art. 4 – Para os efeitos desta Lei, a companhia é aberta ou fechada conforme os valores mobiliários de sua emissão estejam ou não admitidos à negociação no mercado de valores mobiliários.

§ 1º – Somente os valores mobiliários de emissão de companhia registrada na Comissão de Valores Mobiliários podem ser negociados no mercado de valores mobiliários.

§ 2º – Nenhuma distribuição pública de valores mobiliários será efetivada no mercado sem prévio registro na Comissão de Valores Mobiliários.

§ 3º – A Comissão de Valores Mobiliários poderá classificar as companhias abertas em categorias, segundo as espécies e classes dos valores mobiliários por ela emitidos negociados no mercado, e especificará as normas sobre companhias abertas aplicáveis a cada categoria.

§ 4º – O registro de companhia aberta para negociação de ações no mercado somente poderá ser cancelado se a companhia emissora de ações, o acionista controlador ou a sociedade que a controle, direta ou indiretamente, formular oferta pública para adquirir a totalidade das ações em circulação no mercado, por preço justo, ao menos igual ao valor de avaliação da companhia, apurado com base nos critérios, adotados de forma isolada ou combinada, de patrimônio líquido contábil, de patrimônio líquido avaliado a preço de mercado, de fluxo de caixa descontado, de comparação por múltiplos, de cotação das ações no mercado de valores mobiliários, ou com base em outro critério aceito pela

Offene und geschlossene Aktiengesellschaften

Art. 4 – Im Sinne dieses Gesetzes ist die Aktiengesellschaft offen oder geschlossen, je nachdem, ob die von ihr ausgegebenen Wertpapiere zum Handel auf dem Wertpapiermarkt zugelassen sind oder nicht.

§ 1 – Nur die Wertpapiere, die von einer bei der Wertpapierkommission eingetragenen Aktiengesellschaft ausgegeben wurden, können auf dem Wertpapiermarkt gehandelt werden.

§ 2 – Ohne vorherige Eintragung bei der Wertpapierkommission ist eine öffentliche Wertpapierverteilung auf dem Markt nicht durchführbar.

§ 3 – Die Wertpapierkommission kann die offenen Aktiengesellschaften in Kategorien einstufen, je nach Art und Klasse der von ihr ausgegebenen und auf dem Markt gehandelten Wertpapiere, und sie hat die Bestimmungen über offene Aktiengesellschaften näher auszuführen, die auf jede Kategorie anwendbar sind.

§ 4 – Die Eintragung einer offenen Aktiengesellschaft zum Aktienhandel auf dem Markt kann nur dann zurückgenommen werden, wenn die Aktien ausgebende Gesellschaft, der Hauptaktionär bzw. die sie unmittelbar oder mittelbar beherrschende Gesellschaft ein öffentliches Angebot zum Erwerb sämtlicher sich auf dem Markt im Umlauf befindlichen Aktien zu einem angemessenen Preis unterbreitet, der mindestens dem Schätzwert der Aktiengesellschaft gleicht, der auf Grundlage der einzeln oder kombiniert angewendeten Kriterien des buchhalterischen Eigenkapitals, des zum Marktpreis bewerteten Eigenkapitals, des abgezinsten Kassenflusses, des Mehrfachvergleichs, der

Comissão de Valores Mobiliários, assegurada a revisão do valor da oferta, em conformidade com o disposto no art. 4-A.

Notierung der Aktien auf dem Wertpapiermarkt oder auf Grundlage sonstiger, von der Wertpapierkommission angenommenen Kriterien ermittelt wurde, wobei die Überprüfung des Angebotswertes in Übereinstimmung mit den Vorschriften des Art. 4-A. gewährleistet bleibt.

§ 5º – Terminado o prazo da oferta pública fixado na regulamentação expedida pela Comissão de Valores Mobiliários, se remanescerem em circulação menos de 5% (cinco por cento) do total das ações emitidas pela companhia, a assembléia geral poderá deliberar o resgate dessas ações pelo valor da oferta de que trata o § 4°, desde que deposite em estabelecimento bancário autorizado pela Comissão de Valores Mobiliários, à disposição dos seus titulares, o valor de resgate, não se aplicando, nesse caso, o disposto no § 6° do art. 44.

§ 5 – Sollten sich nach Ablauf der Frist zum öffentlichen Angebot, die in dem von der Wertpapierkommission herausgegebenen Regelwerk festgesetzt wurde, weniger als 5 % (fünf Prozent) der insgesamt von der Aktiengesellschaft ausgegebenen Aktien im Umlauf befinden, kann die Hauptversammlung die Einziehung dieser Aktien zu dem in § 4 aufgeführten Angebotspreis beschließen, sofern sie den Einziehungspreis bei einem von der Wertpapierkommission zugelassenen Bankinstitut zur Verfügung der entsprechenden Inhaber hinterlegt, wobei in diesem Falle die Vorschriften von Art. 44 § 6 nicht zur Anwendung gelangen.

§ 6º – O acionista controlador ou a sociedade controladora que adquirir ações da companhia aberta sob seu controle que elevem sua participação, direta ou indireta, em determinada espécie e classe de ações à porcentagem que, segundo normas gerais expedidas pela Comissão de Valores Mobiliários, impeça a liquidez de mercado das ações remanescentes, será obrigado a fazer oferta pública, por preço determinado nos termos do § 4°, para aquisição da totalidade das ações remanescentes no mercado.

§ 6 – Der Hauptaktionär oder die beherrschende Gesellschaft, der/die Aktien der unter seiner/ihrer Kontrolle stehenden offenen Aktiengesellschaft erwirbt, die zu einer Erhöhung seiner/ihrer unmittelbaren oder mittelbaren Beteiligung bei einer bestimmten Aktienart und -klasse zu einem Prozentsatz führen, der gemäß den von der Wertpapierkommission herausgegebenen Normen die Marktliquidität der verbleibenden Aktien verhindert, ist verpflichtet, ein öffentliches Angebot zu einem gemäß § 4 festgesetzten Preis zum Erwerb der auf dem Markt verbleibenden Aktien zu unterbreiten.

Art. 4-A. – Na companhia aberta, os titulares de, no mínimo, 10% (dez por cento) das ações em circulação no mercado poderão requerer aos administradores da companhia que convoquem assembléia

Art. 4-A. – Bei der offenen Aktiengesellschaft können die Inhaber von mindestens 10 % (zehn Prozent) der auf dem Markt im Umlauf befindlichen Aktien bei den Verwaltern der Gesellschaft beantragen, dass

especial dos acionistas titulares de ações em circulação no mercado, para deliberar sobre a realização de nova avaliação pelo mesmo ou por outro critério, para efeito de determinação do valor de avaliação da companhia, referido no § 4º do art. 4º.

sie eine besondere Versammlung der Inhaber von auf dem Markt im Umlauf befindlichen Aktien einberufen, um über die Durchführung einer Neubewertung nach demselben oder einem sonstigen Kriterium zwecks Bestimmung des in Art. 4, § 4 genannten Schätzwertes der Gesellschaft zu beschließen.

§ 1º – O requerimento deverá ser apresentado no prazo de 15 (quinze) dias da divulgação do valor da oferta pública, devidamente fundamentado e acompanhado de elementos de convicção que demonstrem a falha ou imprecisão no emprego da metodologia de cálculo ou no critério de avaliação adotado, podendo os acionistas referidos no "*caput*" convocar a assembléia quando os administradores não atenderem, no prazo de 8 (oito) dias, ao pedido de convocação.

§ 1 – Der Antrag ist binnen einer Frist von 15 (fünfzehn) Tagen nach Bekanntmachung des öffentlichen Angebotswertes entsprechend begründet und mit Überzeugungselementen versehen, die den Mangel oder die Ungenauigkeit bei Anwendung der Kalkulationsmethode oder beim angewandten Bewertungskriterium belegen, einzureichen, wobei die im Eingang zu diesem Artikel angeführten Aktionäre die Versammlung einberufen können, wenn die Verwalter nicht innerhalb einer Frist von 8 (acht) Tagen dem Einberufungsantrag entsprechen sollten.

§ 2º – Consideram-se ações em circulação no mercado todas as ações do capital da companhia aberta menos as de propriedade do acionista controlador, de diretores, de conselheiros de administração e as em tesouraria.

§ 2 – Als auf dem Markt im Umlauf befindliche Aktien werden sämtliche Aktien des Kapitals der offenen Aktiengesellschaft betrachtet, abzüglich derjenigen, die dem beherrschenden Aktionär, den Vorstandsmitgliedern oder den Mitgliedern des Verwaltungsrats gehören, und eigene Aktien, die sich im Portfeuille befinden.

§ 3º – Os acionistas que requererem a realização de nova avaliação e aqueles que votarem a seu favor deverão ressarcir a companhia pelos custos incorridos, caso o novo valor seja inferior ou igual ao valor inicial da oferta pública.

§ 3 – Die Aktionäre, die die Durchführung einer Neubewertung fordern, und diejenigen, die dafür stimmen, haben die Gesellschaft bezüglich der angefallenen Kosten zu entschädigen, falls der neue Wert gleich oder niedriger als der Anfangswert des öffentlichen Angebots ist.

§ 4º – Caberá à Comissão de Valores Mobiliários disciplinar o disposto no art. 4º e neste artigo, e fixar prazos para a eficácia

§ 4 – Es obliegt der Wertpapierkommission, die Bestimmungen von Art. 4 und in diesem Artikel zu regeln und die Fristen

desta revisão.

für die Wirksamkeit dieser Überprüfung festzulegen.

Capítulo II

Capital Social

Kapitel II

Grundkapital

Seção I

Valor

Abschnitt I

Höhe

Fixação no Estatuto e Moeda

Art. 5 – O estatuto da companhia fixará o valor do capital social, expresso em moeda nacional.

Parágrafo único – A expressão monetária do valor do capital social realizado será corrigida anualmente (art. 167).

Festlegung in der Satzung und Währung

Art. 5 – Die Satzung hat die Höhe des Grundkapitals, ausgedrückt in Landeswährung, festzulegen.

Einziger Paragraf – Die in Geld ausgedrückte Höhe des geleisteten Grundkapitals ist jährlich zu berichtigen (Art. 167).[9]

Alteração

Art. 6 – O capital social somente poderá ser modificado com observância dos preceitos desta Lei e do estatuto social (arts. 166 a 174).

Änderung

Art. 6 – Das Grundkapital kann nur unter Beachtung der Vorschriften dieses Gesetzes und der Satzung geändert werden (Art. 166 bis 174).

Seção II

Formação

Abschnitt II

Bildung

Dinheiro e Bens

Art. 7 – O capital social poderá ser formado com contribuições em dinheiro ou

Geld- und Sacheinlagen

Art. 7 – Das Grundkapital kann durch Bareinlagen oder jede Art von Vermö

9 Die Geldwertberichtigung ist durch das Gesetz Nr. 9069 vom 29.06.1995 abgeschafft worden.

em qualquer espécie de bens suscetíveis de avaliação em dinheiro.

gensgegenständen, die in Geld bewertbar sind, gebildet werden.

Avaliação

Art. 8 – A avaliação dos bens será feita por 3 (três) peritos ou por empresa especializada, nomeados em assembléia geral dos subscritores, convocada pela imprensa e presidida por um dos fundadores, instalando-se em primeira convocação com a presença de subscritores que representem metade, pelo menos, do capital social, e em segunda convocação com qualquer número.

§ 1º – Os peritos ou a empresa avaliadora deverão apresentar laudo fundamentado, com a indicação dos critérios de avaliação e dos elementos de comparação adotados e instruído com os documentos relativos aos bens avaliados, e estarão presentes à assembléia que conhecer do laudo, a fim de prestarem as informações que lhes forem solicitadas.

§ 2º – Se o subscritor aceitar o valor aprovado pela assembléia, os bens incorporar-se-ão ao patrimônio da companhia, competindo aos primeiros diretores cumprir as formalidades necessárias à respectiva transmissão.

§ 3º – Se a assembléia não aprovar a avaliação, ou o subscritor não aceitar a avaliação aprovada, ficará sem efeito o projeto de constituição da companhia.

§ 4º – Os bens não poderão ser incorporados ao patrimônio da companhia por valor

Bewertung

Art. 8 – Die Bewertung der Sacheinlagen hat durch 3 (drei) Sachverständige oder durch ein spezialisiertes Unternehmen zu erfolgen, die in einer in der Presse einberufenen und von einem der Gründer geleiteten Hauptversammlung der Zeichner ernannt werden, bei deren erster Einberufung Zeichner, die mindestens die Hälfte des Grundkapitals vertreten, anwesend sein müssen und die bei zweiter Einberufung ohne Rücksicht auf die Zahl der Anwesenden stattfindet.

§ 1 – Die Sachverständigen oder das bewertende Unternehmen müssen ein begründetes Gutachten unter Angabe der angewandten Bewertungsmaßstäbe und Vergleichsgrundlagen, sowie versehen mit den Unterlagen über die bewerteten Vermögensgegenstände vorlegen; sie müssen bei der Versammlung, die das Gutachten zur Kenntnis nimmt, anwesend sein, um von ihnen geforderte Auskünfte zu erteilen.

§ 2 – Nimmt der Zeichner den von der Versammlung genehmigten Wert an, gehen die Sacheinlagen in das Vermögen der Aktiengesellschaft über; die ersten Vorstandsmitglieder haben den für den Eigentumsübergang notwendigen Formerfordernissen nachzukommen.

§ 3 – Billigt die Versammlung die Bewertung nicht oder nimmt der Zeichner die gebilligte Bewertung nicht an, entfaltet der Gründungsentwurf der Gesellschaft keine Wirkung.

§ 4 – Die Sacheinlagen können zu keinem höheren als dem dem Zeichner gewährten

acima do que lhes tiver dado o subscritor.

§ **5º** – Aplica-se à assembléia referida neste artigo o disposto nos §§ 1º e 2º do art. 115.

§ **6º** – Os avaliadores e o subscritor responderão perante a companhia, os acionistas e terceiros, pelos danos que lhes causarem por culpa ou dolo na avaliação dos bens, sem prejuízo da responsabilidade penal em que tenham incorrido; no caso de bens em condomínio, a responsabilidade dos subscritores é solidária.

Transferência dos Bens

Art. 9 – Na falta de declaração expressa em contrário, os bens transferem-se à companhia a título de propriedade.

Responsabilidade do Subscritor

Art. 10 – A responsabilidade civil dos subscritores ou acionistas que contribuírem com bens para a formação do capital social será idêntica à do vendedor.

Parágrafo único – Quando a entrada consistir em crédito, o subscritor ou acionista responderá pela solvência do devedor.

Wert in das Vermögen der Gesellschaft übergehen.

§ **5** – Auf die in diesem Artikel erwähnte Versammlung finden die Vorschriften des Art. 115, §§ 1 und 2 Anwendung.

§ **6** – Die Bewerter und der Zeichner haften gegenüber der Gesellschaft, den Aktionären und Dritten für Schäden, die sie ihnen fahrlässig oder vorsätzlich bei der Bewertung der Sacheinlagen verursacht haben, unbeschadet ihrer strafrechtlichen Verantwortung. Im Falle von Miteigentum an den Sacheinlagen haften die Zeichner gesamtschuldnerisch.

Übertragung der Sacheinlagen

Art. 9 – Ohne ausdrückliche gegenteilige Erklärung gehen die Sacheinlagen ins Gesellschaftseigentum über.

Haftung des Zeichners

Art. 10 – Die zivilrechtliche Haftung der Zeichner oder Aktionäre, die Sacheinlagen zur Bildung des Grundkapitals einbringen, entspricht der eines Verkäufers.

Einziger Paragraf – Besteht die Einlage in Forderungen, haftet der Zeichner oder Aktionär für die Zahlungsfähigkeit des Schuldners.

Capítulo III

Ações

Seção I

Número e Valor Nominal

Fixação no Estatuto

Art. 11 – O estatuto fixará o número das ações em que se divide o capital social e estabelecerá se as ações terão ou não valor nominal.

§ 1º – Na companhia com ações sem valor nominal, o estatuto poderá criar uma ou mais classes de ações preferenciais com valor nominal.

§ 2º – O valor nominal será o mesmo para todas as ações da companhia.

§ 3º – O valor nominal das ações de companhia aberta não poderá ser inferior ao mínimo fixado pela Comissão de Valores Mobiliários.

Alteração

Art. 12 – O número e o valor nominal das ações somente poderão ser alterados nos casos de modificação do valor do capital social ou da sua expressão monetária, de desdobramento ou grupamento de ações, ou de cancelamento de ações, autorizado nesta Lei.

Kapitel III

Aktien

Abschnitt I

Anzahl und Nennwert

Festlegung in der Satzung

Art. 11 – Die Satzung legt die Zahl der Aktien, in die das Grundkapital aufgeteilt ist, fest und bestimmt, ob die Aktien einen Nennwert haben oder nicht.

§ 1 – Die Satzung einer Gesellschaft mit Aktien ohne Nennwert kann eine oder mehrere Klassen von Vorzugsaktien mit Nennwert schaffen.

§ 2 – Alle Aktien einer Gesellschaft müssen den gleichen Nennwert haben.

§ 3 – Der Nennwert der Aktien einer offenen Aktiengesellschaft darf nicht niedriger als der von der Wertpapierkommission festgesetzte Mindestwert sein.

Änderung

Art. 12 – Anzahl und Nennwert der Aktien können nur bei Änderung der Höhe des Grundkapitals oder seines in Geld ausgedrückten Wertes geändert werden, sowie in Fällen der Stückelung oder Bündelung oder der nach diesem Gesetz zugelassenen Kraftloserklärung von Aktien.

Seção II

Preço de Emissão

Ações com Valor Nominal

Art. 13 – É vedada a emissão de ações por preço inferior ao seu valor nominal.

§ 1º – A infração do disposto neste artigo importará nulidade do ato ou operação e responsabilidade dos infratores, sem prejuízo da ação penal que no caso couber.

§ 2º – A contribuição do subscritor que ultrapassar o valor nominal constituirá reserva de capital (art. 182, § 1º).

Ações sem Valor Nominal

Art. 14 – O preço de emissão das ações sem valor nominal será fixado, na constituição da companhia, pelos fundadores, e no aumento de capital, pela assembléia geral ou pelo conselho de administração (arts. 166 e 170, § 2º).

Parágrafo único – O preço de emissão pode ser fixado com parte destinada à formação de reserva de capital; na emissão de ações preferenciais com prioridade no reembolso do capital, somente a parcela que ultrapassar o valor de reembolso poderá ter essa destinação.

Abschnitt II

Ausgabepreis

Aktien mit Nennwert

Art. 13 – Die Ausgabe von Aktien unter dem Nennwert ist verboten.

§ 1 – Die Zuwiderhandlung gegen die Vorschrift dieses Artikels hat die Nichtigkeit des Vorgangs oder des Geschäfts und die Haftung der Zuwiderhandelnden, umbeschadet eines möglichen Strafverfahrens zur Folge.

§ 2 – Die Einlage eines Zeichners, die den Nennwert übersteigt, stellt eine Kapitalrücklage dar (Art. 182, § 1).

Aktien ohne Nennwert

Art. 14 – Der Ausgabepreis von Aktien ohne Nennwert wird bei Gründung der Gesellschaft von den Gründern, bei Kapitalerhöhung von der Hauptversammlung oder vom Verwaltungsrat festgelegt (Art. 166 und 170, § 2).

Einziger Paragraf – Der Ausgabepreis kann so festgelegt werden, dass ein Teil zur Bildung einer Kapitalrücklage bestimmt wird; bei Ausgabe von Vorzugsaktien mit Vorrang bei der Kapitalrückerstattung kann nur der Teil diese Bestimmung haben, der den Wert der Rückerstattung übersteigt.

Seção III

Espécies e Classes

Espécies

Art. 15 – As ações, conforme a natureza dos direitos ou vantagens que confiram a seus titulares, são ordinárias, preferenciais ou de fruição.

§ 1º – As ações ordinárias da companhia fechada e as ações preferenciais da companhia aberta e fechada poderão ser de uma ou mais classes.

§ 2º – O número de ações preferenciais sem direito a voto, ou sujeitas a restrição no exercício desse direito, não pode ultrapassar 50% (cinqüenta por cento) do total das ações emitidas.

Ações Ordinárias

Art. 16 – As ações ordinárias de companhia fechada poderão ser de classes diversas, em função de:

I – conversibilidade em ações preferenciais;

II – exigência de nacionalidade brasileira do acionista; ou

III – direito de voto em separado para o preenchimento de determinados cargos de órgãos administrativos.

Parágrafo único – A alteração do estatuto na parte em que regula a diversidade de classes, se não for expressamente prevista

Abschnitt III

Arten und Klassen

Arten

Art. 15 – Nach dem Inhalt der Rechte oder Vorteile, die sie ihren Inhabern gewähren, sind die Aktien Stamm-, Vorzugs- oder Genussaktien.

§ 1 – Die Stammaktien einer geschlossenen Aktiengesellschaft und die Vorzugsaktien einer offenen oder geschlossenen Aktiengesellschaft können aus einer oder mehreren Klassen bestehen.

§ 2 – Die Zahl der Vorzugsaktien ohne Stimmrecht oder solcher, die einer Beschränkung der Ausübung dieses Rechts unterliegen, darf 50 % (fünfzig Prozent) der Gesamtzahl der ausgegebenen Aktien nicht überschreiten.

Stammaktien

Art. 16 – Die Stammaktien einer geschlossenen Aktiengesellschaft können verschiedene Klassen haben, im Hinblick auf:

I – die Umwandlungsmöglichkeit in Vorzugsaktien

II – die Erfordernis der brasilianischen Staatsangehörigkeit des Aktionärs; oder

III – das Sonderstimmrecht bei der Besetzung bestimmter Ämter in den Verwaltungsorganen.

Einziger Paragraf – Eine Satzungsänderung in dem Teil, der die verschiedenen Klassen behandelt, bedarf, sofern sie

e regulada, requererá a concordância de todos os titulares das ações atingidas.

Ações Preferenciais

Art. 17 – As preferências ou vantagens das ações preferenciais podem consistir:

I – em prioridade na distribuição de dividendo, fixo ou mínimo;

II – em prioridade no reembolso do capital, com prêmio ou sem ele; ou

III – na acumulação das preferências e vantages de que tratam os incisos I e II.

§ 1º – Independentemente do direito de receber ou não o valor de reembolso do capital com prêmio ou sem ele, as ações preferenciais sem direito de voto ou com restrição ao exercício deste direito, somente serão admitidas à negociação no mercado de valores mobiliários se a elas for atribuída pelo menos uma das seguintes preferências ou vantagens:

I – direito de participar do dividendo a ser distribuído, correspondente a, pelo menos, 25% (vinte e cinco por cento) do lucro líqüido do exercício, calculado na forma do art. 202, de acordo com o seguinte critério:

a) prioridade no recebimento dos dividendos mencionados neste inciso correspondente a, no mínimo, 3% (três por cento) do valor do patrimônio líqüido da ação; e

b) direito de participar dos lucros

nicht ausdrücklich vorgesehen und geregelt ist, der Zustimmung aller Inhaber der davon betroffenen Aktien.

Vorzugsaktien

Art. 17 – Die Vorrechte oder Vorteile der Vorzugsaktien können bestehen:

I – im Vorrang bei der Ausschüttung von Fest- oder Mindestdividenden;

II – im Vorrang bei der Rückerstattung des Kapitals, mit oder ohne Aufgeld; oder

III - in der Anhäufung der unter den Absätzen I und II behandelten Vorzüge oder Vorteile.

§ 1 – Ungeachtet des Rechts, den Betrag der Kapitalrückerstattung mit oder ohne Aufgeld zu erhalten oder nicht, werden die Vorzugsaktien ohne Stimmrecht oder mit Einschränkung dieses Stimmrechts nur dann zum Handel auf dem Wertpapiermarkt zugelassen, wenn sie mit mindestens einem der folgenden Vorzüge oder Vorteile ausgestattet sind:

I – das Recht, an der auszuschüttenden Dividende teilzuhaben, die mindestens 25 % (fünfundzwanzig Prozent) des Nettogewinns im Geschäftsjahr entspricht, der in der Form von Art. 202 gemäß nachfolgender Kriterien berechnet wird:

a) Vorrang beim Erhalt der in diesem Absatz genannten Dividenden, die mindestens 3 % (drei Prozent) des Nettowertes der Aktie entsprechen; und

b) das Recht der Beteiligung an den ausge-

distribuídos em igualdade de condições com as ordinárias, depois de a estas assegurado dividendo igual ao mínimo prioritário estabelecido em conformidade com a alínea *a*; ou

II – direito ao recebimento de dividendo, por ação preferencial, pelo menos 10% (dez por cento) maior do que o atribuído a cada ação ordinária; ou

III – direito de serem incluídas na oferta pública de alienação de controle, nas condições previstas no art. 254-A., assegurado o dividendo pelo menos igual ao das ações ordinárias.

§ 2º – Deverão constar do estatuto, com precisão e minúcia, outras preferências ou vantagens que sejam atribuídas aos acionistas sem direito a voto, ou com voto restrito, além das previstas neste artigo.

§ 3º – Os dividendos, ainda que fixos ou cumulativos, não poderão ser distribuídos em prejuízo do capital social, salvo quando, em caso de liquidação da companhia, essa vantagem tiver sido expressamente assegurada.

§ 4º – Salvo disposição em contrário no estatuto, o dividendo prioritário não é cumulativo, a ação com dividendo fixo não participa dos lucros remanescentes e a ação com dividendo mínimo participa dos lucros distribuídos em igualdade de condições com as ordinárias, depois de a estas assegurado dividendo igual ao mínimo.

schütteten Gewinnen zu gleichen Bedingungen wie bei den Stammaktien, nachdem diesen eine Dividende zugesichert wurde, die dem in Übereinstimmung mit Buchstaben a) festgesetzten Mindestvorrang gleichkommt; oder

II – das Recht auf den Erhalt einer Dividende pro Vorzugsaktie, die um mindestens 10 % (zehn Prozent) über der einer jeden Stammaktie zugeteilten liegt; oder

III – das Recht, in das öffentliche Angebot der Kontrollveräußerung zu den in Art. 254-A. vorgesehenen Bedingungen einbezogen zu werden, wobei eine Dividende zugesichert wird, die mindestens derjenigen einer Stammaktie gleicht.

§ 2 – Andere, neben den in diesem Artikel vorgesehenen Vorzüge oder Vorteile, die Aktionären ohne Stimmrecht oder mit eingeschränktem Stimmrecht gewährt werden, müssen ausdrücklich und detailliert in der Satzung enthalten sein.

§ 3 – Die Dividenden, selbst feststehende oder kumulative, dürfen nicht zum Nachteil des Grundkapitals ausgeschüttet werden, es sei denn, dass im Falle der Auflösung der Aktiengesellschaft dieser Vorteil ausdrücklich zugesichert worden ist.

§ 4 – Vorbehaltlich einer gegenteiligen Bestimmung in der Satzung, ist die Vorzugsdividende nicht kumulativ, nimmt die Aktie mit feststehender Dividende nicht an den verbleibenden Gewinnen und die Aktie mit Mindestdividende an der Verteilung von Gewinnen zu gleichen Bedingungen wie die Stammaktien teil, nachdem diesen eine Dividende in Höhe der Mindestdividende zugesichert ist.

§ 5º – Salvo no caso de ações com dividendo fixo, o estatuto não pode excluir ou restringir o direito das ações preferenciais de participar dos aumentos de capital decorrentes da capitalização de reservas ou lucros (art. 169).

§ 5 – Außer im Falle von Aktien mit fester Dividende, kann die Satzung das Recht der Vorzugsaktien auf Teilnahme an Kapitalerhöhungen aufgrund der Kapitalisierung von Rücklagen oder Gewinnen (Art. 169) weder ausschließen noch einschränken.

§ 6º – O estatuto pode conferir às ações preferenciais, com prioridade na distribuição de dividendo cumulativo, o direito de recebê-lo, no exercício em que o lucro for insuficiente, à conta das reservas de capital de que trata o § 1° do artigo 182.

§ 6 – Die Satzung kann den Vorzugsaktien mit Vorrang bei der Ausschüttung einer kumulativen Dividende das Recht einräumen, diese in einem Geschäftsjahr mit nicht ausreichendem Gewinn zu Lasten der Kapitalrücklagen gemäß Art. 182, § 1 zu erhalten.

§ 7º – Nas companhias objeto de desestatização poderá ser criada ação preferencial de classe especial, de propriedade exclusiva do ente desestatizante, à qual o estatuto social poderá conferir os poderes que especificar, inclusive o poder de veto às deliberações da assembléia geral nas matérias que especificar.

§ 7 – Bei den Aktiengesellschaften, die Gegenstand einer Entstaatlichung sind, können Vorzugsaktien besonderer Klasse gebildet werden, die ausschließlich im Eigentum der entstaatlichenden Einrichtung verbleiben, und denen die Satzung näher zu bezeichnende Befugnisse verleihen kann, einschließlich dem Vetorecht bei Beschlüssen der Hauptversammlung in den von ihr zu bestimmenden Angelegenheiten.[10]

Vantagens Políticas

Geschäftspolitische Vorteile

Art. 18 – O estatuto pode assegurar a uma ou mais classes de ações preferenciais o direito de eleger, em votação em separado, um ou mais membros dos órgãos de administração.

Art. 18 – Die Satzung kann einer oder mehreren Klassen von Vorzugsaktien das Recht zusichern, in getrennter Abstimmung ein oder mehrere Mitglieder der Verwaltungsorgane zu wählen.

Parágrafo único – O estatuto pode subordinar as alterações estatutárias que especificar à aprovação, em assembléia especial, dos titulares de uma ou mais classes de ações preferenciais.

Einziger Paragraf – Die Satzung kann bestimmte Satzungsänderungen von der Genehmigung der Inhaber einer oder mehrerer Klassen von Vorzugsaktien, die zu diesem Zwecke zu einer Sonderversammlung zusammentreten, abhängig machen.

[10] Golden Share

Regulação no Estatuto

Art. 19 – O estatuto da companhia com ações preferenciais declarará as vantagens ou preferências atribuídas a cada classe dessas ações e as restrições a que ficarão sujeitas, e poderá prever o resgate ou a amortização, a conversão de ações de uma classe em ações de outra e em ações ordinárias, e destas em preferenciais, fixando as respectivas condições.

Regelung in der Satzung

Art. 19 – Die Satzung einer Gesellschaft mit Vorzugsaktien hat die jeder Klasse dieser Aktien zugeteilten Vorteile oder Vorrechte und die Beschränkungen, denen sie unterliegen, zu enthalten und kann die Einziehung oder Rückerwerb eigener Aktien, die Umwandlung von Aktien einer Klasse in Aktien einer anderen und in Stammaktien, und dieser in Vorzugsaktien unter Festsetzung der entsprechenden Bedingungen vorsehen.

Seção IV

Forma

Art. 20 – As ações devem ser nominativas.

Abschnitt IV

Form

Art. 20 – Die Aktien müssen Namensaktien sein.

Ações não Integralizadas

Art. 21 – Além dos casos regulados em lei especial, as ações terão obrigatoriamente forma nominativa ou endossável até o integral pagamento do preço de emissão.

Nicht eingezahlte Aktien

Art. 21 – Außer in den durch besonderes Gesetz geregelten Fällen müssen die Aktien bis zur vollen Einzahlung des Ausgabepreises die Form von Namensaktien oder indossierbaren Aktien haben.

Determinação no Estatuto

Art. 22 – O estatuto determinará a forma das ações e a conversibilidade de uma em outra forma.

Parágrafo único – As ações ordinárias da companhia aberta e ao menos uma das classes de ações ordinárias da companhia fechada, quando tiverem a forma ao portador, serão obrigatoriamente

Bestimmung in der Satzung

Art. 22 – Die Satzung bestimmt die Form der Aktien und die Umwandelbarkeit von einer Form in eine andere.

Einziger Paragraf – Die Stammaktien einer offenen Aktiengesellschaft und mindestens eine Klasse der Stammaktien einer geschlossenen Aktiengesellschaft müssen, wenn sie Inhaberaktien[11] sind, auf

[11] Alle Bestimmungen über Inhaberaktien haben aufgrund der Änderung des Gesetzes Nr. 8.021 vom 12.4.1990 ihre Relevanz verloren, da seither keine Inhaberaktien mehr existieren.

conversíveis, à vontade do acionista, em nominativas endossáveis.

Verlangen des Aktionärs in Namens- oder indossierbare Aktien umwandelbar sein.

Seção V

Certificados

Abschnitt V

Aktienurkunden

Emissão

Art. 23 – A emissão de certificado de ação somente será permitida depois de cumpridas as formalidades necessárias ao funcionamento legal da companhia.

§ **1º** – A infração do disposto neste artigo importa nulidade do certificado e responsabilidade dos infratores.

§ **2º** – Os certificados das ações, cujas entradas não consistirem em dinheiro, só poderão ser emitidos depois de cumpridas as formalidades necessárias à transmissão de bens, ou de realizados os créditos.

§ **3º** – A companhia poderá cobrar o custo da substituição dos certificados, quando pedida pelo acionista.

Ausgabe

Art. 23 – Die Ausgabe von Aktienurkunden ist erst nach Erfüllung der für das rechtmäßige Tätigwerden der Gesellschaft notwendigen Formerfordernisse zulässig.

§ **1** – Die Zuwiderhandlung gegen die Bestimmung dieses Artikels hat die Kraftlosigkeit der Aktienurkunde und die Haftung der Zuwiderhandelnden zur Folge.

§ **2** – Die Urkunden für Aktien, für die die Einlagen nicht in Geld geleistet werden, können erst nach Erfüllung der für die Übertragung von Vermögensgegenständen erforderlichen Formvorschriften oder, im Falle von Forderungen, nach deren Befriedigung ausgegeben werden.

§ **3** – Die Aktiengesellschaft kann Kostenerstattung für den Ersatz von Aktienurkunden verlangen, falls diese von einem Aktionär beantragt wurde.

Requisitos

Art. 24 – Os certificados das ações serão escritos em vernáculo e conterão as seguintes declarações:

I – denominação da companhia, sua sede e prazo de duração;

II – o valor do capital social, a data do ato que o tiver fixado, o número de ações em que se divide e o valor

Erfordernisse

Art. 24 – Die Aktienurkunden sind in portugiesischer Sprache abzufassen und müssen folgende Angaben enthalten:

I – die Firma der Gesellschaft, ihren Sitz und ihre Dauer;

II – die Höhe des Grundkapitals, das Datum, an dem die Höhe festgesetzt wurde, die Zahl der Aktien, in die

nominal das ações, ou a declaração de que não têm valor nominal;	das Grundkapital aufgeteilt ist und den Nennwert der Aktien, oder die Erklärung, dass den Aktien kein Nennwert zusteht;
III – nas companhias com capital autorizado, o limite da autorização, em número de ações ou valor do capital social;	III – bei Aktiengesellschaften mit genehmigtem Kapital die Höhe des genehmigten Kapitals in Anzahl der Aktien oder dem Nennbetrag des Grundkapitals;
IV – o número de ações ordinárias e preferenciais das diversas classes, se houver, as vantagens ou preferências conferidas a cada classe e as limitações ou restrições a que as ações estiverem sujeitas;	IV – die Zahl der Stamm- und Vorzugsaktien der verschiedenen Klassen, soweit gegeben, die Vorteile oder Vorrechte jeder Klasse und die Begrenzungen der Beschränkungen, denen die Aktien unterworfen sind;
V – o número de ordem do certificado e da ação, e a espécie e classe a que pertence;	V – die laufende Nummer der Aktienurkunde und der Aktie sowie Art und Klasse, zu der sie gehört;
VI – os direitos conferidos às partes beneficiárias, se houver;	VI – die in den Genussscheinen verbrieften Rechte, falls vorhanden;
VII – a época e o lugar da reunião da assembléia geral ordinária;	VII – den Zeitpunkt und Ort der ordentlichen Hauptversammlung;
VIII –a data da constituição da companhia e do arquivamento e publicação de seus atos constitutivos;	VIII – das Datum der Gesellschaftsgründung sowie der Eintragung und Veröffentlichung ihrer Gründungsakte;
IX – o nome do acionista;	IX – den Namen des Aktionärs;
X – o débito do acionista e a época e o lugar de seu pagamento, se a ação não estiver integralizada;	X – die Verbindlichkeit des Aktionärs sowie den Zeitpunkt und Ort der Zahlung, falls die Aktie nicht voll eingezahlt ist;
XI – a data da emissão do certificado e as assinaturas de dois diretores, ou do agente emissor de certificados (art. 27).	XI – das Ausgabedatum der Aktienurkunde und die Unterschriften von zwei Vorstandsmitgliedern oder der die Aktienurkunde ausgebenden Stelle (Art. 27).
§ 1º – A omissão de qualquer dessas declarações dá ao acionista direito a indeni-	**§ 1** – Bei Fehlen einer dieser Angaben hat der Aktionär Anspruch auf Schadenersatz

zação por perdas e danos contra a companhia e os diretores na gestão dos quais os certificados tenham sido emitidos.

für die erlittenen Verluste und Schäden gegen die Gesellschaft und die Vorstandsmitglieder, in deren Amtszeit die Aktienurkunden ausgegeben worden sind.

§ 2º – Os certificados de ações emitidas por companhias abertas podem ser assinados por dois mandatários com poderes especiais, ou autenticadas por chancela mecânica, observadas as normas expedidas pela Comissão de Valores Mobiliários.

§ 2 – Die Aktienurkunden offener Gesellschaften können von zwei Sonderbevollmächtigten unterzeichnet oder, unter Beachtung der von der Wertpapierkommission erlassenen Bestimmungen, durch Facsimile-Stempel beglaubigt werden.

Títulos Múltiplos e Cautelas

Sammelurkunden und Zwischenscheine

Art. 25 – A companhia poderá, satisfeitos os requisitos do artigo 24, emitir certificados múltiplos de ações e, provisoriamente, cautelas que as representem.

Art. 25 – Sofern die Erfordernisse des Art. 24 erfüllt sind, kann die Aktiengesellschaft Sammelurkunden und vorübergehend Zwischenscheine, die die Aktien verkörpern, ausgeben.

Parágrafo único – Os títulos múltiplos das companhias abertas obedecerão à padronização de número de ações fixada pela Comissão de Valores Mobiliários.

Einziger Paragraf – Die Sammelurkunden der offenen Aktiengesellschaft unterliegen hinsichtlich der Aktienzahl der von der Wertpapierkommission festgelegten Regelung.

Cupões

Kupons

Art. 26 – Aos certificados das ações ao portador podem ser anexados cupões relativos a dividendos ou outros direitos.

Art. 26 – Den Urkunden über Inhaberaktien dürfen Kupons bezüglich Dividenden oder anderen Rechten angefügt werden.

Parágrafo único – Os cupões conterão a denominação da companhia, a indicação do lugar da sede, o número de ordem do certificado, a classe da ação e o número de ordem do cupão.

Einziger Paragraf – Die Kupons müssen die Firma der Gesellschaft, ihren Sitz, die laufende Nummer der Aktienurkunde, die Aktienklasse und die laufende Nummer des Kupons enthalten.

Agente Emissor de Certificados

Ausgabestelle der Aktienurkunden

Art. 27 – A companhia pode contratar a escrituração e a guarda dos livros de re-

Art. 27 – Die Aktiengesellschaft kann mit einem von der Wertpapierkommis-

gistro e transferência de ações e a emissão dos certificados com instituição financeira autorizada pela Comissão de Valores Mobiliários a manter esse serviço.

§ 1º – Contratado o serviço, somente o agente emissor poderá praticar os atos relativos aos registros e emitir certificados.

§ 2º – O nome do agente emissor constará das publicações e ofertas públicas de valores mobiliários feitas pela companhia.

§ 3º – Os certificados de ações emitidos pelo agente emissor da companhia deverão ser numerados seguidamente, mas a numeração das ações será facultativa.

Seção VI

Propriedade e Circulação

Indivisibilidade

Art. 28 – A ação é indivisível em relação à companhia.

Parágrafo único – Quando a ação pertencer a mais de uma pessoa, os direitos por ela conferidos serão exercidos pelo representante do condomínio.

Negociabilidade

Art. 29 – As ações da companhia aberta somente poderão ser negociadas depois de realizados 30% (trinta por cento) do preço de emissão.

sion zur Leistung solcher Dienste ermächtigten Finanzinstitut die Führung und die Aufbewahrung der Bücher für die Eintragung und Übertragung von Aktien sowie die Ausgabe der Aktienurkunden vertraglich vereinbaren.

§ **1** – Nach Abschluss des Dienstvertrages kann nur die Ausgabestelle Eintragungshandlungen vornehmen und Aktienurkunden ausgeben.

§ **2** – Der Name der Ausgabestelle muss in den Veröffentlichungen und öffentlichen Angeboten von Wertpapieren der Gesellschaft enthalten sein.

§ **3** – Die von der Ausgabestelle der Gesellschaft ausgegebenen Aktienurkunden müssen fortlaufend nummeriert sein; die Nummerierung der Aktien ist hingegen freigestellt.

Abschnitt VI

Eigentum und Umlauf

Unteilbarkeit

Art. 28 – Die Aktie ist gegenüber der Gesellschaft unteilbar.

Einziger Paragraf – Gehört die Aktie mehr als einer Person, werden die mit ihr verbundenen Rechte vom Vertreter der Miteigentümer ausgeübt.

Handelbarkeit

Art. 29 – Die Aktien einer offenen Gesellschaft dürfen erst nach Einzahlung von 30 % (dreißig Prozent) des Ausgabepreises gehandelt werden.

Parágrafo único – A infração do disposto neste artigo importa na nulidade do ato.

Einziger Paragraf – Die Zuwiderhandlung gegen die Bestimmungen dieses Artikels hat die Nichtigkeit der Handlung zur Folge.

Negociação com as Próprias Ações

Handel mit eigenen Aktien

Art. 30 – A companhia não poderá negociar com as próprias ações.

Art. 30 – Die Gesellschaft kann nicht mit eigenen Aktien handeln.

§ 1º – Nessa proibição não se compreendem:

a) as operações de resgate, reembolso ou amortização, previstas em lei;

b) a aquisição, para permanência em tesouraria ou cancelamento, desde que até o valor do saldo de lucros ou reservas, exceto a legal, e sem diminuição do capital social ou por doação;

c) a alienação das ações adquiridas nos termos da alínea "b" e mantidas em tesouraria;

d) a compra quando, resolvida a redução do capital mediante restituição, em dinheiro, de parte do valor das ações, o preço destas em bolsa for inferior ou igual à importância que deve ser restituída.

§ 1 – Unter dieses Verbot fallen nicht:

a) Einziehung, Rückerstattung oder Amortisation in den gesetzlich vorgesehenen Fällen;

b) der Erwerb zum Verbleib im Portefeuille oder zur Kraftloserklärung, jedoch nur bis zum Wert des Saldos der Gewinne oder Rücklagen und ohne Verminderung des Grundkapitals, oder Erwerb durch Schenkung;

c) die Veräußerung der nach Buchstabe "b" erworbenen und im Portefeuille gehaltenen Aktien;

d) der Kauf, wenn nach beschlossener Kapitalherabsetzung durch Rückerstattung eines Teils des Aktienwertes in Geld der Börsenpreis dieser Aktien niedriger oder gleich dem zurückzuerstattenden Betrag ist.

§ 2º – A aquisição das próprias ações pela companhia aberta obedecerá, sob pena de nulidade, às normas expedidas pela Comissão de Valores Mobiliários, que poderá subordiná-la à prévia autorização em cada caso.

§ 2 – Der Erwerb eigener Aktien durch eine offene Aktiengesellschaft unterliegt bei Strafe der Nichtigkeit den von der Wertpapierkommission erlassenen Vorschriften, die den Erwerb in jedem Einzelfall von ihrer vorherigen Zustimmung abhängig machen kann.

§ 3º – A companhia não poderá receber em garantia as próprias ações, salvo para

§ 3 – Die Gesellschaft kann ihre eigenen Aktien nicht als Garantie annehmen, es sei

assegurar a gestão dos seus administradores.

§ 4º – As ações adquiridas nos termos da alínea "b" do § 1º, enquanto mantidas em tesouraria, não terão direito a dividendo nem a voto.

§ 5º – No caso da alínea "d" do § 1.º, as ações adquiridas serão retiradas definitivamente de circulação.

denn als Sicherheit für die Amtsführung ihrer Verwalter.

§ 4 – Die nach § 1 Buchstabe "b" erworbenen Aktien sind weder dividenden- noch stimmberechtigt, solange sie im Portefeuille gehalten werden.

§ 5 – Im Falle des § 1 Buchstabe "d" sind die erworbenen Aktien endgültig aus dem Verkehr zu ziehen.

Ações Nominativas

Art. 31 – A propriedade das ações nominativas presume-se pela inscrição do nome do acionista no livro de "Registro das Ações Nominativas" ou pelo extrato que seja fornecido pela instituição custodiante, na qualidade de proprietária fiduciária das ações.

§ 1º – A transferência das ações nominativas opera-se por termo lavrado no livro de "Transferência de Ações Nominativas", datado e assinado pelo cedente e pelo cessionário, ou seus legítimos representantes.

§ 2º – A transferência das ações nominativas em virtude e transmissão por sucessão universal ou legado, de arrematação, adjudicação ou outro ato judicial, ou por qualquer outro título, somente se fará mediante averbação no livro de "Registro de Ações Nominativas", à vista de documento hábil, que ficará em poder da companhia.

§ 3º – Na transferência das ações nominativas adquiridas em bolsa de valores, o cessionário será representado, independentemente de instrumento de procuração,

Namensaktien

Art. 31 – Das Eigentum an Namensaktien wird durch Eintragung des Namens des Aktionärs im Buch "Register der Namensaktien" oder durch den Auszug unterstellt, der von einem Verwahrungsinstitut in seiner Eigenschaft als treuhänderischer Eigentümer der Aktien erteilt wurde.

§ 1 – Die Übertragung der Namensaktien erfolgt durch Eintragung im Buch "Übertragung von Namensaktien", datiert und unterschrieben von dem Zedenten und dem Zessionar oder deren gesetzlichen Vertretern.

§ 2 – Die Übertragung von Namensaktien durch Gesamtrechtsnachfolge oder Vermächtnis, Versteigerung, gerichtliche Zuteilung oder sonstige gerichtliche Handlung oder aufgrund eines sonstigen Titels kann nur durch Eintragung im Buch "Register der Namensaktien" unter Vorlage des Berechtigungsnachweises erfolgen, der dann im Besitz der Aktiengesellschaft verbleibt.

§ 3 – Bei der Übertragung von an der Börse erworbenen Namensaktien wird der Zessionar unabhängig von einer Vollmacht von der Maklergesellschaft oder

pela sociedade corretora, ou pela caixa de liquidação da bolsa de valores.

von der Clearingstelle der Wertpapierbörse vertreten.

Ações Endossáveis

Art. 32 – Revogado

Indossierbare Aktien

Art. 32 – Aufgehoben (durch Gesetz Nr. 8.021 vom 12.04.1990)

Ações ao Portador

Art. 33 – Revogado

Inhaberaktien

Art. 33 – Aufgehoben (durch Gesetz Nr. 8.021 vom 12.04.1990)

Ações Escriturais

Art. 34 – O estatuto da companhia pode autorizar ou estabelecer que todas as ações da companhia, ou uma ou mais classes delas, sejam mantidas em contas de depósito, em nome de seus titulares, na instituição que designar, sem emissão de certificados.

§ **1º** – No caso de alteração estatutária, a conversão em ação escritural depende da apresentação e do cancelamento do respectivo certificado em circulação.

§ **2º** – Somente as instituições financeiras autorizadas pela Comissão de Valores Mobiliários podem manter serviços de ações escriturais.

§ **3º** – A companhia responde pelas perdas e danos causados aos interessados por erros ou irregularidades no serviço de ações escriturais sem prejuízo do eventual direito de regresso contra a instituição depositária.

Nicht verbriefte Aktien

Art. 34 – Die Satzung der Aktiengesellschaft kann zulassen oder bestimmen, dass alle Aktien der Gesellschaft oder eine oder mehrere Klassen derselben auf Einlagekonten im Namen ihrer Inhaber bei dem in der Satzung bezeichneten Institut ohne Ausgabe von Aktienurkunden geführt werden.

§ **1** – Im Falle einer Satzungsänderung ist die Umwandlung in eine nicht verbriefte Aktie von der Vorlegung und Kraftloserklärung der entsprechenden in Umlauf befindlichen Aktienurkunde abhängig.

§ **2** – Nur von der Wertpapierkommission ermächtigte Finanzinstitute dürfen Dienstleistungen für nicht verbriefte Aktien erbringen.

§ **3** – Die Aktiengesellschaft haftet gegenüber den Beteiligten für Schäden und Verluste, die durch Fehler oder Unregelmäßigkeiten bei der Behandlung nicht verbriefter Aktien verursacht wurden, unbeschadet eines eventuellen Rückgriffsrechts gegen die Hinterlegungsstelle.

Art. 35 – A propriedade da ação escritural presume-se pelo registro na conta de depósito das ações, aberta em nome do acionista nos livros da instituição depositária.

Art. 35 – Das Eigentum an einer nicht verbrieften Aktie wird aufgrund ihrer Erfassung auf dem Depotkonto, das im Namen des Aktionärs in den Büchern der Hinterlegungsstelle eröffnet wurde, unterstellt.

§ 1º – A transferência da ação escritural opera-se pelo lançamento efetuado pela instituição depositária em seus livros, a débito da conta de ações do alienante e a crédito da conta de ações do adquirente, à vista de ordem escrita do alienante, ou de autorização ou ordem judicial, em documento hábil que ficará em poder da instituição.

§ 1 – Die Übertragung einer nicht verbrieften Aktie erfolgt durch Buchung der Hinterlegungsstelle zu Lasten des Kontos des Aktienveräußerers und zugunsten des Aktienerwerbers aufgrund eines schriftlichen Auftrags des Veräußerers oder einer gerichtlichen Ermächtigung oder Anordnung in Form eines beweiskräftigen Dokuments, das bei der Hinterlegungsstelle verbleibt.

§ 2º – A instituição depositária fornecerá ao acionista extrato da conta de depósito das ações escriturais, sempre que solicitado, ao término de todo mês em que for movimentada e, ainda que não haja movimentação, ao menos uma vez por ano.

§ 2 – Die Hinterlegungsstelle muss dem Aktionär einen Kontoauszug über das Depot der nicht verbrieften Aktie aushändigen, und zwar auf sein Verlangen zum Ende eines Monats, in dem eine Kontobewegung stattfand, und mindestens einmal im Jahr, auch wenn keine Kontobewegung stattfand.

§ 3º – O estatuto pode autorizar a instituição depositária a cobrar do acionista o custo do serviço de transferência da propriedade das ações escriturais, observados os limites máximos fixados pela Comissão de Valores Mobiliários.

§ 3 – Die Satzung kann die Hinterlegungsstelle ermächtigen, dem Aktionär die Kosten der Eigentumsübertragung von nicht verbrieften Aktien unter Beachtung der von der Wertpapierkommission festgelegten Höchstsätze aufzuerlegen.

Limitações à Circulação

Umlaufbeschränkungen

Art. 36 – O estatuto da companhia fechada pode impor limitações à circulação das ações nominativas, contanto que regule minuciosamente tais limitações e não impeça a negociação, nem sujeite o acionista ao arbítrio dos órgãos de administração da companhia ou da maioria

Art. 36 – Die Satzung einer geschlossenen Aktiengesellschaft kann Beschränkungen für den Umlauf von Namensaktien bestimmen, sofern sie solche Beschränkungen detailliert regelt und weder den Handel verhindert noch den Aktionär dem Gutdünken der Verwaltungsorgane der

dos acionistas.

Gesellschaft oder der Mehrheit der Aktionäre aussetzt.

Parágrafo único – A limitação à circulação criada por alteração estatutária somente se aplicará às ações cujos titulares com ela expressamente concordarem, mediante pedido de averbação no livro de "Registro de Ações Nominativas".

Einziger Paragraf – Wird durch Satzungsänderung eine Umlaufbeschränkung von Aktien eingeführt, so gilt sie nur für solche Aktien, deren Inhaber ausdrücklich ihr Einverständnis durch Antrag auf Eintragung im Buch "Register der Namensaktien" erklären.

Suspensão dos Serviços de Certificados

Art. 37 – A companhia aberta pode, mediante comunicação às bolsas de valores em que suas ações forem negociadas e publicação de anúncio, suspender, por períodos que não ultrapassem, cada um, 15 (quinze) dias, nem o total de 90 (noventa) dias durante o ano, os serviços de transferências, conversão e desdobramento de certificados.

Parágrafo único – O disposto neste artigo não prejudicará o registro da transferência das ações negociadas em bolsa anteriormente ao início do período de suspensão.

Vorübergehende Einstellung der Bearbeitung von Aktienurkunden

Art. 37 – Die offene Aktiengesellschaft kann durch Mitteilung an die Wertpapierbörsen, an denen ihre Aktien gehandelt werden, und durch Veröffentlichung von Anzeigen die Übertragung, Umwandlung und Stückelung von Aktienurkunden vorübergehend einstellen; die Dauer der Einstellung darf jeweils 15 (fünfzehn) Tage und insgesamt 90 (neunzig) Tage im Jahr nicht überschreiten.

Einziger Paragraf – Die Bestimmung dieses Artikels darf nicht die Eintragung der Übertragung der Aktien beeinträchtigen, die an der Börse vor Beginn der vorübergehenden Einstellung gehandelt worden sind.

Perda ou Extravio

Art. 38 – O titular de certificado perdido ou extraviado de ação ao portador ou endossável poderá, justificando a propriedade e a perda ou extravio, promover, na forma da lei processual, o procedimento de anulação e substituição para obter a expedição de novo certificado.

Verlust oder Abhandenkommen[12]

Art. 38 – Bei Verlust oder Abhandenkommen einer Inhaber- oder indossierbaren Aktie kann der Eigentümer bei Nachweis seines Eigentums und des Verlustes oder Abhandenkommens das Verfahren zur Kraftloserklärung und das Verfahren zur Ersetzung nach dem Prozessrecht mit dem

[12] Alle Bestimmungen über Inhaberaktien haben aufgrund der Änderung des Gesetzes Nr. 8.021 vom 12.4.1990 ihre Relevanz verloren, da seither keine Inhaberaktien mehr existieren.

§ 1º – Somente será admitida a anulação e substituição de certificado ao portador ou endossado em branco à vista da prova, produzida pelo titular, da destruição ou inutilização do certificado a ser substituído.

§ 2º – Até que o certificado seja recuperado ou substituído, as transferências poderão ser averbadas sob condição, cabendo à companhia exigir do titular, para satisfazer dividendo e demais direitos, garantia idônea de sua eventual restituição.

Seção VII

Constituição de Direitos Reais e Outros Ônus

Penhor

Art. 39 – O penhor ou caução de ações se constitui pela averbação do respectivo instrumento no livro de Registro de Ações Nominativas.

§ 1º – O penhor da ação escritural se constitui pela averbação do respectivo instrumento nos livros da instituição financeira, a qual será anotada no extrato da conta de depósito fornecido ao acionista.

§ 2º – Em qualquer caso, a companhia, ou a instituição financeira, tem o direito de exigir, para seu arquivo, um exemplar do instrumento de penhor.

Ziel der Ausstellung einer neuen Urkunde betreiben.

§ 1 – Die Kraftloserklärung und die Ersetzung einer Inhaber- oder blanko indossierten Aktienurkunde ist nur zulässig, wenn der Eigentümer den Nachweis der Vernichtung oder Unbrauchbarkeit der zu ersetzenden Urkunde geführt hat.

§ 2 – Bis zur Wiedererlangung oder Ersetzung der Urkunde können Übertragungen bedingt eingetragen werden, wobei die Gesellschaft vom Inhaber bei Dividendenzahlung und Erfüllung anderer Ansprüche eine angemessene Garantie für eine eventuelle Rückerstattung zu verlangen hat.

Abschnitt VII

Begründung von dinglichen Rechten und anderen Belastungen

Pfandrecht

Art. 39 – Das Pfandrecht an Aktien entsteht durch entsprechende Eintragung desselben im Register der Namensaktien.

§ 1 – Das Pfandrecht an einer nicht verbrieften Aktie entsteht durch Eintragung desselben in den Büchern des Finanzinstituts und ist auf dem Aktionär auszuhändigenden Depotkontoauszug anzugeben.

§ 2 – In jedem Fall kann die Aktiengesellschaft oder das Finanzinstitut eine Ausfertigung der Verpfändungsurkunde für das Archiv verlangen.

Outros Direitos e Ônus

Art. 40 – O usufruto, o fideicomisso, a alienação fiduciária em garantia e quaisquer cláusulas ou ônus que gravarem a ação deverão ser averbados:

I – se nominativa, no livro de "Registro de Ações Nominativas";

II – se escritural, nos livros da instituição financeira, que os anotará no extrato da conta de depósito fornecida ao acionista;

Parágrafo único – Mediante averbação nos termos deste artigo, a promessa de venda da ação e o direito de preferência à sua aquisição são oponíveis a terceiros.

Andere Rechte und Belastungen

Art. 40 – Der Nießbrauch, der Fideikommiss[13], die Sicherungsübereignung oder sonstige Belastungen der Aktie sind zu vermerken:

I – bei Namensaktien in dem Buch "Register der Namensaktien";

II – bei nicht verbrieften Aktien in den Büchern des Finanzinstituts, das die Belastung auf dem dem Aktionär auszuhändigenden Depotkontoauszug zu vermerken hat.

Einziger Paragraf – Durch Vermerk gemäß diesem Artikel können ein Verkaufsversprechen und ein Vorkaufsrecht Dritten entgegengehalten werden.

Seção VIII

Custódia de Ações Fungíveis

Art. 41 – A instituição autorizada pela Comissão de Valores Mobiliários a prestar serviços de custódia de ações fungíveis pode contratar custódia em que as ações de cada espécie e classe da companhia sejam recebidas em depósito como valores fungíveis, adquirindo a instituição depositária a propriedade fiduciária das ações.

§ 1º – A instituição depositária não pode dispor das ações e fica obrigada a devolver ao depositante a quantidade de ações recebidas, com as modificações resultantes de alterações no capital social ou no número de ações da companhia emissora,

Abschnitt VIII

Verwahrung von vertretbaren Aktien

Art. 41 – Das durch die Wertpapierkomission zur Verwahrung von vertretbaren Aktien ermächtigte Finanzinstitut kann Verwahrungsverträge abschließen, nach denen Aktien jeder Art und Klasse der Aktiengesellschaft als vertretbare Wertpapiere in Depot genommen werden, wobei das Verwahrungsinstitut das treuhänderische Eigentum an den Aktien erwirbt.

§ 1 – Das Verwahrungsinstitut kann nicht über Aktien verfügen und ist verpflichtet, dem Hinterleger die gleiche Anzahl von erhaltenen Aktien unter Berücksichtigung der Änderungen des Gesellschaftskapitals oder der Zahl der von der Gesellschaft

[13] Testamentklausel, durch die eine Art Nachlassverwalter eingesetzt wird (vgl. Art. 1.951 des "Código Civil" (das brasilianische BGB) von 2002).

independentemente do número de ordem das ações ou dos certificados recebidos em depósito.

§ 2º – Aplica-se o disposto neste artigo, no que couber, aos demais valores mobiliários.

§ 3º – A instituição depositária ficará obrigada a comunicar à companhia emissora:

I – imediatamente, o nome do proprietário efetivo quando houver qualquer evento societário que exija a sua identificação; e

II – no prazo de até 10 (dez) dias, a contratação da custódia e a criação de ônus ou gravames sobre as ações.

§ 4º – A propriedade das ações em custódia fungível será provada pelo contrato firmado entre o proprietário das ações e a instituição depositária.

§ 5º – A instituição tem as obrigações de depositária e responde perante o acionista e terceiros pelo descumprimento de suas obrigações.

Representação e Responsabilidade

Art. 42 – A instituição financeira representa, perante a companhia, os titulares das ações recebidas em custódia nos termos do art. 41, para receber dividendos e ações bonificadas e exercer direito de preferência para subscrição de ações.

ausgegebenen Aktien zurückzugeben, unabhängig von der laufenden Nummer der in Depot genommenen Aktien oder Urkunden.

§ **2** – Die Vorschriften dieses Artikels finden, soweit zutreffend, auf die übrigen Wertpapiere Anwendung.

§ **3** – Das Verwahrungsinstitut ist verpflichtet, der ausstellenden Aktiengesellschaft mitzuteilen:

I – unverzüglich den Namen des tatsächlichen Eigentümers, wenn irgendwelche gesellschaftsrechtlichen Gegebenheiten vorliegen, die dessen Identität erfordern und

II – innerhalb einer Frist von 10 (zehn) Tagen die vertragliche Vereinbarung der Verwahrung und die Schaffung von Aufschlägen oder Belastungen hinsichtlich der Aktien.

§ **4** – Das Eigentum an unter vertretbarer Verwahrung befindlichen Aktien wird durch den zwischen dem Aktieneigentümer und dem Verwahrungsinstitut abgeschlossenen Vertrag nachgewiesen.

§ **5** – Das Institut hat die Verpflichtungen eines Verwahrers und haftet gegenüber dem Aktionär und Dritten für die Nichterfüllung seiner Verpflichtungen.

Vertretung und Haftung

Art. 42 – Übergeben die Eigentümer ihre Aktien gemäß Art. 41 einem Finanzinstitut zur Verwahrung, so werden sie beim Empfang von Dividenden und Gratisaktien, sowie bei der Ausübung von Bezugsrechten und Aktienzeichnung gegenüber der Gesellschaft von diesem vertreten.

§ 1º – Sempre que houver distribuição de dividendos ou bonificação de ações e, em qualquer caso, ao menos uma vez por ano, a instituição financeira fornecerá à companhia a lista dos depositantes de ações recebidas nos termos deste artigo, assim como a quantidade de ações de cada um.

§ 1 – Bei jeder Dividendenausschüttung oder Ausgabe von Gratisaktien, aber zumindest einmal im Jahr hat das Finanzinstitut der Gesellschaft eine Liste der Hinterleger der gemäß diesem Artikel erhaltenen Aktien unter Angabe der Anzahl der Aktien der einzelnen Hinterleger auszuhändigen.

§ 2º – O depositante pode, a qualquer tempo, extinguir a custódia e pedir a devolução dos certificados de suas ações.

§ 2 – Der Hinterleger kann jederzeit die Verwahrung aufheben und die Rückgabe seiner Aktienurkunden verlangen.

§ 3º – A companhia não responde perante o acionista nem terceiros pelos atos da instituição depositária das ações.

§ 3 – Die Gesellschaft haftet weder gegenüber dem Aktionär noch gegenüber Dritten für Handlungen der Depotstelle.

Seção IX

Abschnitt IX

Certificado de Depósito de Ações

Bescheinigung der Hinterlegung der Aktien

Art. 43 – A instituição financeira autorizada a funcionar como agente emissor de certificados (art. 27) pode emitir título representativo das ações que receber em depósito, do qual constarão:

I – local e a data da emissão;

II – o nome da instituição emitente e as assinaturas de seus representantes;

III – a denominação “Certificado de Depósito de Ações”;

IV – a especificação das ações depositadas;

V – a declaração de que as ações depositadas, seus rendimentos e o valor recebido nos casos de resgate ou amortização somente serão entregues ao titular do certificado de

Art. 43 – Ein zur Ausgabe von Aktienurkunden ermächtigtes Finanzinstitut (Art. 27) kann über die in Depot genommenen Aktien eine Bescheinigung ausgeben, die folgende Angaben enthalten muss:

I – Ort und Datum der Ausgabe;

II – den Namen der Ausgabestelle und die Unterschriften ihrer Vertreter;

III – die Bezeichnung “Bescheinigung über die Hinterlegung von Aktien”;

IV – die Beschreibung der hinterlegten Aktien;

V – die Erklärung, dass die hinterlegten Aktien, ihre Erträge und der in den Fällen der Einziehung oder Amortisation erhaltene Betrag dem Inhaber der Hinterlegungsbescheinigung nur

depósito, contra apresentação deste;

VI – o nome e a qualificação do depositante;

VII – o preço do depósito cobrado pelo banco, só devido na entrega das ações depositadas;

VIII – o lugar da entrega do objeto do depósito.

§ 1º – A instituição financeira responde pela origem e autenticidade dos certificados das ações depositadas.

§ 2º – Emitido o certificado de depósito, as ações depositadas, seus rendimentos, o valor de resgate ou de amortização não poderão ser objeto de penhora, arresto, seqüestro, busca ou apreensão, ou qualquer outro embaraço que impeça sua entrega ao titular do certificado, mas este poderá ser objeto de penhora ou de qualquer medida cautelar por obrigação do seu titular.

§ 3º – Os certificados de depósito de ações serão nominativos, podendo ser mantidos sob o sistema escritural.

§ 4º – Os certificados de depósito de ações poderão, a pedido do seu titular, e por sua conta, ser desdobrados ou grupados.

§ 5º – Aplicam-se ao endosso do certificado, no que couber, as normas que regulam o endosso de títulos cambiários.

gegen deren Vorlage ausgehändigt werden;

VI – den Namen und die Angaben zur Person des Hinterlegers;

VII – die von der Bank für die Einlieferung berechnete Gebühr, falls bei Aushändigung der hinterlegten Aktien geschuldet;

VIII – den Ort der Aktienhinterlegung.

§ 1 – Das Finanzinstitut haftet für Herkunft und Echtheit der Bescheinigungen über die hinterlegten Aktien.

§ 2 – Nach Ausgabe der Hinterlegungsbescheinigung können die hinterlegten Aktien, ihre Erträge und der Einziehungs- oder Amortisationsbetrag nicht Gegenstand eines Pfandes, eines Arrestes, einer Einziehung, einer Durchsuchung oder Beschlagnahme, oder einer anderen Beschwerde sein, die die Übergabe an den Eigentümer der Bescheinigung hindert; die Bescheinigung selbst kann jedoch wegen einer Verpflichtung ihres Eigentümers gepfändet oder in anderer Weise belastet werden.

§ 3 – Die Bescheinigungen über die Aktienhinterlegung werden namentlich ausgestellt, sie können nach einem buchhalterischen System geführt werden.

§ 4 – Die Bescheinigungen über Aktienhinterlegung können auf Verlangen ihres Eigentümers und auf seine Kosten gestückelt oder gebündelt werden.

§ 5 – Auf die Indossierung von Hinterlegungsbescheinigungen finden, sofern zutreffend, die Vorschriften über die

Indossierung von Akzepten entsprechende Anwendung.

Seção X

Resgate, Amortização e Reembolso

Resgate e Amortização

Art. 44 – O estatuto ou a assembléia geral extraordinária pode autorizar a aplicação de lucros ou reservas no resgate ou na amortização de ações, determinando as condições e o modo de proceder-se à operação.

§ 1º – O resgate consiste no pagamento do valor das ações para retirá-las definitivamente de circulação, com redução ou não do capital social; mantido o mesmo capital, será atribuído, quando for o caso, novo valor nominal às ações remanescentes.

§ 2º – A amortização consiste na distribuição aos acionistas, a título de antecipação e sem redução do capital social, de quantias que lhes poderiam tocar em caso de liquidação da companhia.

§ 3º – A amortização pode ser integral ou parcial e abranger todas as classes de ações ou só uma delas.

§ 4º – O resgate e a amortização que não abrangerem a totalidade das ações de uma mesma classe serão feitos mediante sorteio; sorteadas ações custodiadas nos termos do art. 41, a instituição financeira especificará, mediante rateio, as resgatadas ou amortizadas, se outra forma não estiver

Abschnitt X

Einziehung, Amortisation und Rückerstattung

Einziehung und Amortisation

Art. 44 – Die Satzung oder eine außerordentliche Hauptversammlung kann die Verwendung von Gewinnen oder Rücklagen zur Einziehung oder Amortisation von Aktien unter Festlegung der Bedingungen und des Verfahrens zulassen.

§ 1 – Die Einziehung besteht in der Zahlung des Wertes der Aktien, um sie endgültig mit oder ohne Kapitalherabsetzung aus dem Verkehr zu ziehen; bleibt das Kapital unverändert, werden die verbleibenden Aktien ggf. mit neuem Nennwert ausgestattet.

§ 2 – Die Amortisation besteht in der vorzeitigen Auszahlung der Beträge an die Aktionäre, die diese im Falle einer Liquidation der Gesellschaft erhalten würden. Das Grundkapital wird in diesem Fall nicht herabgesetzt.

§ 3 – Die Amortisation kann ganz oder teilweise erfolgen und alle oder nur eine der Aktienklassen umfassen.

§ 4 – Die Einziehung und Amortisation, die nicht alle Aktien derselben Klasse umfassen, erfolgen durch Auslosung; wurden Aktien ausgelost, die gemäß Art. 41 verwahrt werden, so hat das Finanzinstitut durch verhältnismäßige Quoten die eingezogenen oder amortisierten Aktien zu

prevista no contrato de custódia.

bezeichnen, wenn im Verwahrungsvertrag keine andere Form vorgesehen ist.

§ **5º** – As ações integralmente amortizadas poderão ser substituídas por ações de fruição, com as restrições fixadas pelo estatuto ou pela assembléia geral que deliberar a amortização; em qualquer caso, ocorrendo liquidação da companhia, as ações amortizadas só concorrerão ao acervo líquido depois de assegurado às ações não amortizadas valor igual ao da amortização, corrigido monetariamente.

§ **5** – Die vollständig amortisierten Aktien können durch Genussaktien ersetzt werden, die den von der Satzung oder von der die Amortisation beschließenden Hauptversammlung festgelegten Beschränkungen unterliegen; auf jeden Fall nehmen bei Liquidation der Gesellschaft die amortisierten Aktien erst dann an der Verteilung des Nettovermögens teil, wenn für die nicht amortisierten Aktien ein der Amortisation entsprechender geldwertberichtigter Betrag sichergestellt ist.

§ **6º** – Salvo disposição em contrário do estatuto social, o resgate de ações de uma ou mais classes só será efetuado se, em assembléia especial convocada para deliberar essa matéria específica, for aprovado por acionistas que representem, no mínimo, a metade das ações da(s) classe(s) atingida(s).

§ **6** – Vorbehaltlich gegenteiliger Bestimmung in der Gesellschaftssatzung, ist die Einziehung von Aktien einer oder mehrerer Klassen nur durchführbar, wenn sie in einer besonderen, eigens zur Beschlussfassung über diesen spezifischen Gegenstand einberufenen Versammlung von Aktionären genehmigt wird, die mindestens die Hälfte der Aktien der betroffenen Klasse(n) vertreten.

Reembolso

Art. 45 – O reembolso é a operação pela qual, nos casos previstos em lei; a companhia paga aos acionistas dissidentes de deliberação da assembléia geral o valor de suas ações.

Rückerstattung

Art. 45 – Die Rückerstattung ist die Auszahlung des Aktienwertes in den gesetzlich vorgesehenen Fällen durch die Gesellschaft an die Aktionäre, die einem Hauptversammlungsbeschluss nicht zugestimmt haben.

§ **1º** – O estatuto pode estabelecer normas para a determinação do valor de reembolso, que, entretanto, somente poderá ser inferior ao valor de patrimônio líquido constante do último balanço aprovado pela assembléia geral, observado o disposto no § 2°, se estipulado com base no valor econômico da companhia, a ser apurado

§ **1** – Die Satzung kann Bestimmungen über die Festlegung des Rückerstattungswertes treffen. Hierbei darf gemäß § 2 dieser nicht geringer sein als der nach der letzten von der Hauptversammlung genehmigten Bilanz auf die Aktie entfallende Eigenkapitalanteil, es sei denn, er wird auf dem durch Schätzung festzustellenden

em avaliação (§§ 3° e 4°).

§ 2º – Se a deliberação da assembléia geral ocorrer mais de 60 (sessenta) dias depois da data do último balanço aprovado, será facultado ao acionista dissidente pedir, juntamente com o reembolso, levantamento de balanço especial em data que atenda àquele prazo. Nesse caso, a companhia pagará imediatamente 80% (oitenta por cento) do valor de reembolso calculado com base no último balanço e, levantado o balanço especial, pagará o saldo no prazo de 120 (cento e vinte) dias, a contar da data da deliberação da assembléia geral.

§ 3º – Se o estatuto determinar a avaliação da ação para efeito de reembolso, o valor será o determinado por três peritos ou empresa especializada, mediante laudo que satisfaça os requisitos do § 1° do art. 8° e com a responsabilidade prevista no § 6° do mesmo artigo.

§ 4º – Os peritos ou empresa especializada serão indicados em lista sêxtupla ou tríplice, respectivamente, pelo Conselho de Administração ou, se não houver, pela diretoria, e escolhidos pela assembléia geral em deliberação tomada por maioria absoluta de votos, não se computando os votos em branco, cabendo a cada ação independentemente de sua espécie ou classe, o direito a um voto.

§ 5º – O valor de reembolso poderá ser pago à conta de lucros ou reservas, exceto a legal, e nesse caso as ações reembolsadas ficarão em tesouraria.

(§§ 3 und 4) wirtschaftlichen Wert der Gesellschaft basierend festgesetzt.

§ 2 – Wird der Hauptversammlungsbeschluss später als 60 (sechzig) Tage nach dem Datum der letzten genehmigten Bilanz gefasst, kann der widersprechende Aktionär zusammen mit der Rückerstattung die Erstellung einer Sonderbilanz zu dem diesen Zeitraum umfassenden Stichtag verlangen. In diesem Falle hat die Gesellschaft unverzüglich 80 % (achtzig Prozent) des auf Grundlage der letzten Bilanz errechneten Rückerstattungswertes und nach Erstellung der Sonderbilanz den Restbetrag innerhalb von 120 (einhundertzwanzig) Tagen vom Datum des Hauptversammlungsbeschlusses an zu zahlen.

§ 3 – Wenn die Satzung die Bewertung der Aktie zum Zwecke der Rückerstattung festlegt, muss der Wert durch drei Sachverständige oder ein spezialisiertes Unternehmen festgelegt werden, die ein Gutachten erstellen, welches den Anforderungen des § 1 des Art. 8 und der in § 6 desselben Artikels vorgesehenen Haftung genügt.

§ 4 – Der Verwaltungsrat oder, falls ein solcher nicht besteht, der Vorstand, schlägt eine Liste von sechs Sachverständigen bzw. drei spezialisierten Unternehmen vor. Aus dieser Liste wählt die Hauptversammlung aus. Eine absolute Mehrheit der Stimmen ist in diesem Fall erforderlich, wobei Stimmenthaltungen nicht berücksichtigt werden und jede Aktie unabhängig von Art oder Klasse das Recht auf eine Stimme hat.

§ 5 – Der Rückerstattungsbetrag kann zu Lasten von Gewinnen oder Rücklagen, mit Ausnahme der gesetzlichen Rücklagen gezahlt werden; in diesem Fall verbleiben

die rückerstatteten Aktien im Portefeuille der Gesellschaft.

§ 6º – Se, no prazo de cento e vinte dias, a contar da publicação da ata da assembléia, não forem substituídos os acionistas cujas ações tenham sido reembolsadas à conta do capital social, este considerar-se-á reduzido no montante correspondente, cumprindo aos órgãos da administração convocar a assembléia geral, dentro de cinco dias, para tomar conhecimento daquela redução.

§ 6 – Werden die Aktionäre, deren Aktien zu Lasten des Grundkapitals rückerstattet worden sind, nicht innerhalb von einhundertzwanzig Tagen nach Veröffentlichung des Hauptversammlungsbeschlusses ersetzt, gilt das Grundkapital als entsprechend herabgesetzt; die Verwaltungsorgane haben in diesem Falle innerhalb von fünf Tagen eine Hauptversammlung zur Kenntnisnahme dieser Herabsetzung einzuberufen.

§ 7° – Se sobrevier a falência da sociedade, os acionistas dissidentes, credores pelo reembolso de suas ações, serão classificados como quirografários em quadro separado, e os rateios que lhes couberem serão imputados no pagamento dos créditos constituídos anteriormente à data da publicação da ata da assembléia. As quantias assim atribuídas aos créditos mais antigos não se deduzirão dos créditos dos ex-acionistas, que subsistirão integralmente para serem satisfeitos pelos bens da massa, depois de pagos os primeiros.

§ 7 – Tritt die Gesellschaft in Konkurs, so werden die widersprechenden Aktionäre, die Ansprüche hinsichtlich der Rückerstattung ihrer Aktien haben, als nicht bevorrechtigte Konkursgläubiger in gesonderter Aufstellung erfasst, und die ihnen verhältnismäßig zustehenden Anteile werden auf die Zahlung der vor der Veröffentlichung der Versammlungsniederschrift entstandenen Forderungen angerechnet. Die auf diese Weise den älteren Forderungen zugeteilten Beträge werden nicht von den Forderungen der ehemaligen Aktionäre abgezogen, die vollständig bestehen bleiben, um aus der Konkursmasse nach Bezahlung der ersteren befriedigt zu werden.

§ 8° – Se, quando ocorrer a falência, já se houver efetuado, à conta do capital social, o reembolso dos ex-acionistas, estes não tiverem sido substituídos, e a massa não bastar para o pagamento dos créditos mais antigos, caberá ação revocatória para restituição do reembolso pago com redução do capital social, até a concorrência do que remanescer dessa parte do passivo. A restituição será havida, na mesma proporção, de todos os acionistas cujas ações

§ 8 – Wenn bei Eintritt des Konkurses die Rückerstattung an die ehemaligen Aktionäre zu Lasten des Grundkapitals bereits erfolgt ist, und diese nicht ersetzt worden sind, und die Konkursmasse nicht ausreicht, sind die Voraussetzungen einer Anfechtungsklage auf Rückzahlung des unter Herabsetzung des Grundkapitals rückerstatteten Betrages bis zur ursprünglichen Höhe des Grundkapitals gegeben. Die Rückzahlung ist von allen

tenham sido reembolsadas.

betroffenen Aktionären im gleichen Verhältnis zu leisten.

Capítulo IV

Partes Beneficiárias

Kapitel IV

Genussscheine

Características

Art. 46 – A companhia pode criar, a qualquer tempo, títulos negociáveis, sem valor nominal e estranhos ao capital social, denominados "partes beneficiárias".

§ 1º – As partes beneficiárias conferirão aos seus titulares direito de crédito eventual contra a companhia, consistente na participação nos lucros anuais (art. 190).

§ 2º – A participação atribuída às partes beneficiárias, inclusive para formação de reserva para resgate, se houver, não ultrapassará 0,1 (um décimo) dos lucros.

§ 3º – É vedado conferir às partes beneficiárias qualquer direito privativo de acionista, salvo o de fiscalizar, nos termos desta Lei, os atos dos administradores.

§ 4º – É proibida a criação de mais de uma classe ou série de partes beneficiárias.

Merkmale

Art. 46 – Die Gesellschaft kann jederzeit handelsfähige Wertpapiere ohne Nennwert und außerhalb des Grundkapitals mit der Bezeichnung "Genussscheine" ausgeben.

§ 1 – Die Genussscheine gewähren ihren Eigentümern einen Eventualanspruch gegen die Gesellschaft auf Beteiligung an den Jahresgewinnen (Art. 190).

§ 2 – Die den Genussscheinen zustehende Beteiligung, gegebenenfalls einschließlich der jährlichen Einstellung in die für ihre Einziehung gebildete Rücklage, darf ein Zehntel der Gewinne nicht überschreiten.

§ 3 – Den Genussscheinen dürfen keine den Aktionären vorbehaltene Rechte eingeräumt werden, außer dem der Überwachung der Handlungen der Verwalter gemäß den Bestimmungen dieses Gesetzes.

§ 4 – Die Schaffung von mehr als einer Klasse oder Serie von Genussscheinen ist verboten.

Emissão

Art. 47 – As partes beneficiárias poderão ser alienadas pela companhia, nas condições determinadas pelo estatuto ou pela assembléia geral, ou atribuídas a fundadores, acionistas ou terceiros, como

Ausgabe

Art. 47 – Genussscheine können zu den in der Satzung oder von der Hauptversammlung festgelegten Bedingungen von der Gesellschaft veräußert oder Gründern, Aktionären oder Dritten als Entgelt für der

remuneração de serviços prestados à companhia.

Gesellschaft geleistete Dienste zugeteilt werden.

Parágrafo único – É vedado às companhias abertas emitir partes beneficiárias.

Einziger Paragraf – Den offenen Aktiengesellschaften ist die Ausgabe von Genussscheinen untersagt.

Resgate e Conversão

Einziehung und Umwandlung

Art. 48 – O estatuto fixará o prazo de duração das partes beneficiárias e, sempre que estipular resgate, deverá criar reserva especial para esse fim.

Art. 48 – Die Satzung hat die Gültigkeitsdauer der Genussscheine festzusetzen und muss, wenn sie die Einziehung vorsieht, die Bildung einer Sonderrücklage für diesen Zweck vorsehen.

§ 1º – O prazo de duração das partes beneficiárias atribuídas gratuitamente, salvo as destinadas a sociedades ou fundações beneficentes dos empregados da companhia, não poderá ultrapassar 10 (dez) anos.

§ 1 – Die Gültigkeitsdauer von Gratisgenussscheinen darf, mit Ausnahme der für Gesellschaften oder Stiftungen zum Wohle der Arbeitnehmer der Gesellschaft bestimmten Genussscheine, 10 (zehn) Jahre nicht überschreiten.

§ 2º – O estatuto poderá prever a conversão das partes beneficiárias em ações, mediante capitalização de reserva criada para esse fim.

§ 2 – Die Satzung kann die Umwandlung der Genussscheine in Aktien durch Kapitalisierung der dafür gebildeten Rücklage vorsehen.

§ 3º – No caso de liquidação da companhia, solvido o passivo exigível, os titulares das partes beneficiárias terão direito de preferência sobre o que restar do ativo até a importância da reserva para resgate ou conversão.

§ 3 – Bei Liquidation der Gesellschaft haben die Eigentümer der Genussscheine nach Abwicklung der Verbindlichkeiten ein Bezugsrecht auf die verbleibende Aktiva bis zur Höhe der für die Einziehung oder Umwandlung gebildeten Rücklage.

Certificados

Urkunden

Art. 49 – Os certificados das partes beneficiárias conterão:

I – a denominação "parte beneficiária";

II – a denominação da companhia, sua sede e prazo de duração;

Art. 49 – Die Urkunden über Genussscheine müssen enthalten:

I – die Bezeichnung "Genussschein";

II – die Firma der Gesellschaft, ihren Sitz und ihre Dauer;

III – o valor do capital social, a data do ato que o fixou e o número de ações em que se divide;

IV – o número de partes beneficiárias criadas pela companhia e o respectivo número de ordem;

V – os direitos que lhes são atribuídos pelo estatuto, o prazo de duração e as condições de resgate, se houver;

VI – a data da constituição da companhia e do arquivamento e publicação dos seus atos constitutivos;

VII – o nome do beneficiário;

VIII – a data da emissão do certificado e as assinaturas de dois diretores.

III – die Höhe des Grundkapitals, das Datum der Handlung, durch die sie festgesetzt wurde und die Zahl der Aktien, in die es eingeteilt ist;

IV – die Zahl der von der Gesellschaft geschaffenen Genussscheine und die entsprechende laufende Nummer;

V – die ihnen nach der Satzung zustehenden Rechte, die Gültigkeitsdauer und ggf. die Einziehungsbedingungen;

VI – das Datum der Gesellschaftsgründung, sowie der Eintragung und Veröffentlichung der Gründungsakte;

VII – den Namen des Begünstigten;

VIII – das Ausgabedatum der Urkunde und die Unterschriften von zwei Vorstandsmitgliedern.

Forma, Propriedade, Circulação e Ônus

Art. 50 – As partes beneficiárias serão nominativas e a elas se aplica, no que couber, o disposto nas seções V a VII do Capítulo III.

§ 1º – As partes beneficiárias serão registradas em livros próprios, mantidos pela companhia.

§ 2º – As partes beneficiárias podem ser objeto de depósito com emissão de certificado, nos termos do artigo 43.

Form, Eigentum, Umlauf und Belastungen

Art. 50 – Die Genussscheine müssen Namensgenussscheine sein; die Bestimmungen des Kapitels III, Abschnitt V bis VII finden auf diese, soweit zutreffend, Anwendung.

§ 1 – Die Namensgenussscheine sind in besondere von der Gesellschaft geführte Bücher einzutragen.

§ 2 – Die Genussscheine können Gegenstand einer Hinterlegung mit Ausgabe einer Urkunde gemäß Art. 43 sein.

Modificação dos Direitos

Art. 51 – A reforma do estatuto que mo-

Änderung der Rechte

Art. 51 – Eine Satzungsänderung, die die

dificar ou reduzir as vantagens conferidas às partes beneficiárias só terá eficácia quando aprovada pela metade, no mínimo, dos seus titulares, reunidos em assembléia geral especial.

den Genussscheinen gewährten Vorteile ändert oder mindert, ist nur wirksam, wenn sie von wenigstens der Hälfte ihrer Inhaber in einer besonderen Hauptversammlung genehmigt wird.

§ 1 – A assembléia será convocada, através da imprensa, de acordo com as exigências para convocação das assembléias de acionistas, com 1 (um) mês de antecedência, no mínimo. Se, após 2 (duas) convocações, deixar de instalar-se por falta de número, somente 6 (seis) meses depois outra poderá ser convocada.

§ 1 – Die Versammlung muss durch die Presse entsprechend den Erfordernissen für die Einberufung von Aktionärsversammlungen unter Einhaltung einer Mindestfrist von 1 (einem) Monat einberufen werden. Kommt die Versammlung nach 2 (zwei) Einberufungen wegen Nichterreichens der erforderlichen Zahl von Anwesenden nicht zustande, kann eine weitere Versammlung erst nach 6 (sechs) Monaten einberufen werden.

§ 2º – Cada parte beneficiária dá direito a 1 (um) voto, não podendo a companhia votar com os títulos que possuir em tesouraria.

§ 2 – Jeder Genussschein hat 1 (eine) Stimme; die Gesellschaft kann mit Genussscheinen, die sie in ihrem Portefeuille hält, nicht stimmen.

§ 3º – A emissão de partes beneficiárias poderá ser feita com a nomeação de agente fiduciário dos seus titulares, observado, no que couber, o disposto nos artigos 66 a 71.

§ 3 – Die Ausgabe von Genussscheinen kann unter Ernennung eines Treuhänders für ihre Inhaber erfolgen; die Artikel 66 bis 71 sind, soweit zutreffend, zu beachten.

Capítulo V

Debêntures

Características

Art. 52 – A companhia poderá emitir debêntures que conferirão aos seus titulares direito de crédito contra ela, nas condições constantes da escritura de emissão e, se houver, do certificado.

Kapitel V

Schuldverschreibungen

Merkmale

Art. 52 – Die Aktiengesellschaft kann Schuldverschreibungen ausgeben, die ihren Inhabern ein Forderungsrecht gegen die Gesellschaft zu den in der Ausstellungsurkunde und, sofern es sie gibt, in der Schuldverschreibungsurkunde enthaltenen Bedingungen einräumt.

Seção I

Direito dos Debenturistas

Emissões e Séries

Art. 53 – A companhia poderá efetuar mais de uma emissão de debêntures, e cada emissão pode ser dividida em séries.

Parágrafo único – As debêntures da mesma série terão igual valor nominal e conferirão a seus titulares os mesmos direitos.

Valor Nominal

Art. 54 – A debênture terá valor nominal expresso em moeda nacional, salvo nos casos de obrigação que, nos termos da legislação em vigor, possa ter o pagamento estipulado em moeda estrangeira.

§ 1º – A debênture poderá conter cláusula de correção monetária, com base nos coeficientes fixados para correção de títulos da dívida pública, na variação da taxa cambial ou em outros referenciais não expressamente vedados em lei.

§ 2º – A escritura de debênture poderá assegurar ao debenturista a opção de escolher receber o pagamento do principal e acessórios, quando do vencimento, amortização ou resgate, em moeda ou em

Abschnitt I

Rechte der Inhaber der Schuldverschreibungen

Ausgaben und Serien

Art. 53 – Die Gesellschaft kann mehr als eine Ausgabe von Schuldverschreibungen durchführen, von denen jede in Serien eingeteilt werden kann.

Einziger Paragraf – Die Schuldverschreibungen gleicher Serie müssen den gleichen Nennwert haben und ihren Inhabern die gleichen Rechte einräumen.

Nennwert

Art. 54 – Die Schuldverschreibung muss einen in Landeswährung ausgedrückten Nennwert haben, außer in den Fällen einer Verbindlichkeit, für die nach geltendem Recht Zahlung in ausländischer Währung vereinbart werden kann.

§ 1 – Die Schuldverschreibung kann mit einer Geldwertberichtigungsklausel[14] ausgestattet werden, die den für die Wertberichtigung der Schuldtitel der öffentlichen Hand festgelegten Koeffizienten, die Wechselkursanpassung oder andere, gesetzlich nicht ausdrücklich verbotenen Referenzen zur Grundlage hat.

§ 2 – Die Schuldverschreibungsurkunde kann dem Inhaber der Schuldverschreibung die Option einräumen, zu wählen, die Zahlung des Hauptbetrages und der Nebenbeträge bei deren Fälligkeit,

---

[14] Die Geldwertberichtigung wurde mit dem Gesetz Nr. 7.730 vom 31.1.1989 abgeschafft. Alle sonstigen Vorschriften bezüglich der Geldwertberichtigung sind somit hinfällig.

bens avaliados nos termos do art. 8º.

Amortisation oder Einziehung in Geld oder in nach Art. 8 bewerteten Gütern zu erhalten.

Vencimento, Amortização e Resgate

Fälligkeit, Tilgung und Einziehung

Art. 55 – A época do vencimento da debênture deverá constar da escritura de emissão e do certificado, podendo a companhia estipular amortizações parciais de cada série, criar fundos de amortização e reservar-se o direito de resgate antecipado, parcial ou total, dos títulos da mesma série.

Art. 55 – Der Fälligkeitszeitpunkt der Schuldverschreibung muss aus der Ausgabe- und der Schuldverschreibungsurkunde hervorgehen. Die Gesellschaft kann Teiltilgungen jeder Serie festlegen, Tilgungsfonds gründen und sich das Recht für teilweise oder vollständige vorzeitige Einziehung der Schuldverschreibungen einer gleichen Serie vorbehalten.

§ 1º – A amortização de debêntures da mesma série deve ser feita mediante rateio.

§ 1 – Die Tilgung von Schuldverschreibungen der gleichen Serie ist mittels verhältnismäßiger Umlage vorzunehmen.

§ 2º – O resgate parcial de debêntures da mesma série deve ser feito:

I – mediante sorteio; ou

II – se as debêntures estiverem cotadas por preço inferior ao valor nominal, por compra no mercado organizado de valores mobiliários, observadas as regras expedidas pela Comissão de Valores Mobiliários.

§ 2 – Die Teileinziehung von Schuldverschreibungen der gleichen Serie ist vorzunehmen:

I – durch Auslosung; oder

II – wenn die Schuldverschreibungen unter ihrem Nennwert notiert werden, durch Kauf an der Wertpapierbörse, unter Beachtung der von der Wertpapierkommission erlassenen Bestimmungen.

§ 3º – É facultado à companhia adquirir debêntures de sua emissão:

I – por valor igual ou inferior ao nominal, devendo o fato constar do relatório da administração e das demonstrações financeiras; ou

II – por valor superior ao nominal, desde que observe as regras expedidas pela

§ 3º – Die Gesellschaft kann von ihr selbst ausgegebene Schuldverschreibungen erwerben:

I – zu einem Wert, der gleich oder niedriger als der Nennwert ist, wobei dies im Geschäftsbericht und im Jahresabschluss erwähnt werden muss; oder

II – zu einem über dem Nennwert liegenden Wert, sofern die von der

Comissão de Valores Mobiliários.

Wertpapierkommission erlassenen Bestimmungen beachtet werden.

§ 4º – A companhia poderá emitir debêntures cujo vencimento somente ocorra nos casos de inadimplência da obrigação de pagar juros e dissolução da companhia, ou de outras condições previstas no título.

§ 4 – Die Gesellschaft kann Schuldverschreibungen ausgeben, die nur in den Fällen der Nichterfüllung der Zinszahlungspflicht und bei Gesellschaftsauflösung oder bei Eintritt anderer in der Schuldverschreibungsurkunde vorgesehener Bedingungen fällig werden.

Juros e Outros Direitos

Art. 56 – A debênture poderá assegurar ao seu titular juros, fixos ou variáveis, participação no lucro da companhia e prêmio de reembolso.

Zinsen und andere Rechte

Art. 56 – Die Schuldverschreibung kann ihrem Inhaber feste oder veränderliche Zinsen, eine Gewinnbeteiligung und eine Rückerstattungsprämie einräumen.

Conversibilidade em Ações

Art. 57 – A debênture poderá ser conversível em ações nas condições constantes da escritura de emissão, que especificará:

I – as bases da conversão, seja em número de ações em que poderá ser convertida cada debênture, seja como relação entre o valor nominal da debênture e o preço de emissão das ações;

II – a espécie e a classe das ações em que poderá ser convertida;

III – o prazo ou época para o exercício do direito à conversão;

IV – as demais condições a que a conversão acaso fique sujeita.

Umwandlung in Aktien

Art. 57 – Die Schuldverschreibung kann unter den aus der Ausgabeurkunde hervorgehenden Bedingungen als Wandelschuldverschreibung ausgegeben werden. Die Urkunde hat anzugeben:

I – die Basis für die Umwandlung, die entweder auf der Zahl der Aktien, in die jede Schuldverschreibung umgewandelt werden kann, oder auf dem Verhältnis zwischen dem Nennwert der Schuldverschreibung und dem Ausgabepreis der Aktien beruhen kann;

II – die Art und Klasse der Aktien, in die sie umgewandelt werden kann;

III – Frist oder Zeitraum für die Ausübung des Umwandlungsrechts;

IV – sonstige Bedingungen, denen die Umwandlung etwa unterliegt.

§ 1° – Os acionistas terão direito de preferência para subscrever a emissão de debêntures com cláusula de conversibilidade em ações, observado o disposto nos artigos 171 e 172.

§ 1 – Bei Ausgabe von Wandelschuldverschreibungen haben die Aktionäre ein Bezugsrecht zur Zeichnung unter Beachtung der Artikel 171 und 172.

§ 2° – Enquanto puder ser exercido o direito à conversão, dependerá de prévia aprovação dos debenturistas, em assembléia especial, ou de seu agente fiduciário, a alteração do estatuto para:

§ 2 – Solange das Recht auf Umwandlung ausgeübt werden kann, dürfen nachfolgend bezeichnete Satzungsänderungen nur mit vorheriger Zustimmung einer Sonderversammlung der Schuldverschreibungsinhaber oder ihres Treuhänders vorgenommen werden:

a) mudar o objeto da companhia;

b) criar ações preferenciais ou modificar as vantagens das existentes, em prejuízo das ações em que são conversíveis as debêntures.

a) Änderung des Gesellschaftszwecks;

b) Schaffung von Vorzugsaktien oder Änderung von Vorteilen der bestehenden zum Nachteil der Aktien, in die die Schuldverschreibungen umgewandelt werden können.

Seção II

Espécies

Abschnitt II

Arten

Art. 58 – A debênture poderá, conforme dispuser a escritura de emissão, ter garantia real ou garantia flutuante, não gozar de preferência ou ser subordinada aos demais credores da companhia.

Art. 58 – Die Schuldverschreibung kann nach Maßgabe der Ausgabeurkunde dinglich oder bevorzugt schuldrechtlich gesichert sein, kein Vorrecht genießen oder den übrigen Gläubigern der Gesellschaft im Rang nachgeordnet sein.

§ 1º – A garantia flutuante assegura à debênture privilégio geral sobre o ativo da companhia, mas não impede a negociação dos bens que compõem esse ativo.

§ 1 – Die schuldrechtliche Vorzugssicherung gewährt der Schuldverschreibung ein allgemeines Vorrecht auf das Vermögen der Gesellschaft, hindert jedoch nicht den Handel mit den einzelnen Gegenständen dieses Vermögens.

§ 2º – As garantias poderão ser constituídas cumulativamente.

§ 2 – Die Garantien können kumulativ bestellt werden.

§ 3º – As debêntures com garantia flutu-

§ 3 – Den Schuldverschreibungen mit

ante de nova emissão são preferidas pelas de emissão ou emissões anteriores, e a prioridade se estabelece pela data da inscrição da escritura de emissão; mas dentro da mesma emissão as séries concorrem em igualdade.

schuldrechtlicher Vorzugssicherung einer neuen Ausgabe gehen die einer oder mehrerer früherer Ausgaben vor; der Vorrang richtet sich nach dem Datum der Eintragung der Ausgabeurkunde; innerhalb der gleichen Ausgabe sind die Serien jedoch gleichrangig.

§ 4º – A debênture que não gozar de garantia poderá conter cláusula de subordinação aos credores quirografários, preferindo apenas aos acionistas no ativo remanescente, se houver, em caso de liquidação da companhia.

§ 4 – Die Schuldverschreibung ohne Garantie kann eine Nachordnungsklausel gegenüber den nicht bevorrechtigten Gläubigern enthalten, wobei im Falle der Liquidation der Aktiengesellschaft nur die Aktionäre an der ggf. verbleibenden Aktiva teilhaben.

§ 5º – A obrigação de não alienar ou onerar bem imóvel ou outro bem sujeito a registro de propriedade, assumida pela companhia na escritura de emissão, é oponível a terceiros, desde que averbada no competente registro.

§ 5 – Die von der Gesellschaft in der Ausgabeurkunde übernommene Verpflichtung, einen unbeweglichen oder sonstigen der Eigentumsregistrierung unterliegenden Vermögensgegenstand nicht zu veräußern oder zu belasten, kann Dritten entgegengehalten werden, sofern sie im entsprechenden Register eingetragen ist.

§ 6º – As debêntures emitidas por companhia integrante de grupo de sociedades (art. 265) poderão ter garantia flutuante do ativo de 2 (duas) ou mais sociedades do grupo.

§ 6 – Die von einem Konzernunternehmen (Art. 265) ausgegebenen Schuldverschreibungen können eine schuldrechtliche Vorzugsgarantie auf das Vermögen von 2 (zwei) oder mehr Unternehmen des Konzerns haben.

Seção III

Criação e Emissão

Abschnitt III

Schaffung und Ausgabe

Competência

Art. 59 – A deliberação sobre emissão de debêntures é da competência privativa da assembléia geral, que deverá fixar, observado o que a respeito dispuser o estatuto:

Zuständigkeit

Art. 59 – Für die Beschlussfassung über die Ausgabe von Schuldverschreibungen ist ausschließlich die Hauptversammlung zuständig, die unter Beachtung der diesbezüglichen Satzungsbestimmungen festzulegen hat:

I – o valor da emissão ou os critérios de determinação do seu limite, e a sua divisão em séries, se for o caso;

II – o número e o valor nominal das debêntures;

III – as garantias reais ou a garantia flutuante, se houver;

IV – as condições de correção monetária, se houver;

V – a conversibilidade ou não em ações e as condições a serem observadas na conversão;

VI – a época e as condições de vencimento, amortização ou resgate;

VII – a época e as condições do pagamento dos juros, da participação nos lucros e do prêmio de reembolso, se houver;

VIII – o modo de subscrição ou colocação, e o tipo das debêntures.

§ 1º – Na companhia aberta, o conselho de administração pode deliberar sobre a emissão de debêntures não conversíveis em ações, salvo disposição estatutária em contrário.

§ 2º – O estatuto da companhia aberta poderá autorizar o conselho de administração a, dentro dos limites do capital autorizado, deliberar sobre a emissão de debêntures conversíveis em ações, especificando o limite do aumento de capital decorrente da conversão das debêntures, em valor do capital social ou

I – den Ausgabewert oder die Kriterien für die Bestimmung ihres Höchstbetrags und ggf. ihre Aufteilung in Serien;

II – Anzahl und Nennwert der Schuldverschreibungen;

III – ggf. die dinglichen oder bevorzugt schuldrechtlichen Sicherungen;

IV – ggf. die Bedingungen einer Geldwertberichtigung;

V – die Umwandelbarkeit oder Nichtumwandelbarkeit in Aktien und die bei der Umwandlung zu beachtenden Bedingungen;

VI – die Zeit und die Bedingungen der Fälligkeit, Tilgung oder Einziehung;

VII – ggf. die Zeit und die Bedingungen der Zahlung von Zinsen, einer Gewinnbeteiligung und einer Rückerstattungsprämie;

VIII – die Form der Zeichnung oder Unterbringung und die Art der Schuldverschreibungen.

§ 1 – Bei der offenen Aktiengesellschaft kann der Verwaltungsrat über die Ausgabe von Schuldverschreibungen, die nicht in Aktien umwandelbar sind, beschließen, sofern die Satzung nicht eine entgegenstehende Bestimmung enthält.

§ 2 – Die Satzung der offenen Aktiengesellschaft kann den Verwaltungsrat zur Beschlussfassung über die Ausgabe von in Aktien umwandelbaren Schuldverschreibungen ermächtigen, und zwar innerhalb der Grenzen des genehmigten Kapitals, und unter genauer Angabe der Grenze der Kapitalerhöhung, die sich aus der

em número de ações, e as espécies e classes das ações que poderão ser emitidas.

Umwandlung der Schuldverschreibungen ergibt, entweder in dem Betrag der Kapitalerhöhung, oder in der Anzahl der Aktien, sowie die Arten und Klassen der Aktien, die ausgegeben werden können.

§ 3º – A assembleia geral pode deliberar que a emissão terá valor e número de série indeterminados, dentro dos limites por ela fixados.

§ 3 – Die Hauptversammlung kann beschließen, dass die Ausgabe mit unbestimmtem Wert und unbestimmter Serienzahl innerhalb der von ihr festgelegten Grenzen erfolgt.

§ 4º – Nos casos não previstos nos §§ 1º e 2º, a assembleia geral pode delegar ao conselho de administração a deliberação sobre as condições de que tratam os incisos VI a VIII do caput e sobre a oportunidade da emissão.

§ 4 – In Fällen, die in den §§ 1 und 2 nicht vorgesehen sind, kann die Hauptversammlung dem Verwaltungsrat die Beschlussfassung über die unter Absätzen VI bis VIII des Hauptteils dieses Artikels behandelten Bedingungen und über die Zweckmäßigkeit der Ausgabe übertragen.

Limite de Emissão

Art. 60 – Revogado

Begrenzung der Ausgabe

Art. 60 – Aufgehoben (durch Gesetz Nr. 12.431 vom 27.06.2011)

Escritura de Emissão

Art. 61 – A companhia fará constar da escritura de emissão os direitos conferidos pelas debêntures, suas garantias e demais cláusulas ou condições.

Ausgabeurkunde

Art. 61 – Die Aktiengesellschaft muss in die Ausgabeurkunde die den Schuldverschreibungen zustehenden Rechte, ihre Garantien und sonstige Klauseln oder Bedingungen aufnehmen.

§ 1º – A escritura de emissão, por instrumento público ou particular, de debêntures distribuídas ou admitidas a negociação no mercado, terá obrigatoriamente a intervenção de agente fiduciário dos debenturistas. (Artigos 66 a 70).

§ 1 – Bei der öffentlichen oder privaten Errichtung der Ausgabeurkunde von Schuldverschreibungen, die zum Vertrieb oder zum Handel auf dem Markt zugelassen sind, muss ein Treuhänder der Schuldverschreibungsinhaber (Art. 66 bis 70) eingeschaltet werden.

§ 2º – Cada nova série da mesma emissão será objeto de aditamento a respectiva escritura.

§ 2 – Jede neue Serie der gleichen Ausgabe wird Gegenstand eines Zusatzes zur entsprechenden Ausgabeurkunde.

§ 3º – A Comissão de Valores Mobiliários poderá aprovar padrões de cláusulas e condições que devam ser adotados nas escrituras de emissão de debêntures destinadas à negociação em bolsa ou no mercado de balcão, e recusar a admissão ao mercado da emissão que não satisfaça a esses padrões.

§ 3 – Die Wertpapierkommission kann Standardklauseln und -bedingungen festlegen, die in den Ausgabeurkunden von zum Handel an der Börse oder für den geregelten Freiverkehr bestimmten Schuldverschreibungen verwendet werden müssen. Sie kann die Zulassung einer Ausgabe zum Markt verweigern, die solchen Normen nicht entspricht.

Registro

Registrierung

Art. 62 – Nenhuma emissão de debêntures será feita sem que tenham sido satisfeitos os seguintes requisitos:

I – arquivamento, no registro do comércio, e publicação da ata da assembléia geral, ou do conselho de administração, que deliberou sobre a emissão

II – inscrição da escritura de emissão no registro do comércio;

III – constituição das garantias reais, se for o caso.

§ 1º – Os administradores da companhia respondem pelas perdas e danos causados à companhia ou a terceiros por infração deste artigo.

§ 2º – O agente fiduciário e qualquer debenturista poderão promover os registros requeridos neste artigo e sarar as lacunas e irregularidades porventua existentes nos registros promovidos pelos administradores da companhia; neste caso, o ofício do registro notificará a administração da companhia para que lhe forneça as indicações e documentos necessários.

Art. 62 – Eine Ausgabe von Schuldverschreibungen kann erst nach Erfüllung folgender Erfordernisse erfolgen:

I – Eintragung im Handelsregister und Veröffentlichung der Niederschrift über die Hauptversammlung oder der des Verwaltungsrats, welche die Ausgabe beschlossen hat;

II – Eintragung der Ausgabeurkunde beim Handelsregister;

III – ggf. Bestellung der dinglichen Sicherheiten.

§ 1 – Die Verwalter der Aktiengesellschaft haften für die der Gesellschaft oder Dritten durch Zuwiderhandlung gegen diesen Artikel entstandenen Verluste und Schäden.

§ 2 – Der Treuhänder und jeder Inhaber einer Schuldverschreibung können die in diesem Artikel geforderten Eintragungen vornehmen und ggf. Mängel und Unregelmäßigkeiten in den von den Gesellschaftsverwaltern veranlassten Eintragungen berichtigen lassen; in diesem Fall hat der Registerbeamte von der Verwaltung der Gesellschaft die erforderlichen Angaben und Unterlagen anzufordern.

§ 3º – Os aditamentos à escritura de emissão serão averbados nos mesmos registros.

§ 3 – Zusätze zur Ausgabeurkunde sind in denselben Registern zu vermerken.

§ 4º – Os registros do comércio manterão livro especial para inscrição das emissões de debêntures, no qual serão anotadas as condições essenciais de cada emissão.

§ 4 – Die Handelsregister haben ein besonderes Buch für die Eintragung der Ausgaben von Schuldverschreibungen zu führen, in dem die wesentlichen Bedingungen jeder Ausgabe zu vermerken sind.

Seção IV

Abschnitt IV

Forma, Propriedade, Circulação e Ônus

Form, Eigentum, Umlauf und Belastungen

Art. 63 – As debêntures serão nominativas, aplicando-se, no que couber, o disposto nas seções V a VII do Capítulo III.

Art. 63 – Die Schuldverschreibungen müssen namentliche sein; die Bestimmungen des Kapitels III, Abschnitt V bis VII finden, soweit zutreffend, Anwendung.

§ 1º – As debêntures podem ser objeto de depósito com emissão de certificado, nos termos do art. 43.

§ 1 – die Schuldverschreibungen können Gegenstand einer Hinterlegung mit Ausgabe einer Bescheinigung gemäß Art. 43 sein.

§ 2º – A escritura de emissão pode estabelecer que as debêntures sejam mantidas em contas de custódia, em nome de seus titulares, na instituição que designar, sem emissão de certificados, aplicando-se, no que couber, o disposto no art. 41.

§ 2 – Die Ausgabeurkunde kann festsetzen, dass die Schuldverschreibungen im Namen ihrer Inhaber auf Verwahrungskonten der von ihr benannten Institution ohne Ausgabe von Bescheinigungen hinterlegt werden, wobei die Vorschrift des Art. 41, soweit zutreffend, Anwendung findet.

Seção V

Certificados

Abschnitt V

Urkunden

Requisitos

Erfordernisse

Art. 64 – Os certificados das debêntures conterão:

Art. 64 – Die Urkunden über Schuldverschreibungen müssen enthalten:

I – a denominação, sede, prazo de duração e objeto da companhia;	I – Firma, Sitz, Dauer und Gegenstand der Gesellschaft;
II – a data da constituição da companhia e do arquivamento e publicação dos seus atos constitutivos;	II – das Datum der Gesellschaftsgründung sowie der Eintragung und Veröffentlichung ihrer Gründungsakte;
III – a data da publicação da ata da assembléia geral que deliberou sobre a emissão;	III – das Datum der Veröffentlichung der Niederschrift über die Hauptversammlung, die über die Ausgabe beschlossen hat;
IV – a data e ofício do registro de imóveis em que foi inscrita a emissão;	IV – Datum und Ort des Grundbuchamts, in dem die Ausgabe eingetragen wurde;
V – a denominação "Debênture" e a indicação da sua espécie pelas palavras, "com garantia real", "com garantia flutuante"', "sem preferência" ou "subordinada";	V – die Bezeichnung "Schuldverschreibung" und die Angabe ihrer Art durch die Zusätze "dinglich gesichert", "bevorzugt schuldrechtlich gesichert", "ohne Bezugsrecht" oder "nachgeordnet";
VI – a designação da emissão e da série;	VI – Bezeichnung der Ausgabe und der Serie;
VII – o número de ordem;	VII – die laufende Nummer;
VIII – o valor nominal e a cláusula de correção monetária, se houver, as condições de vencimento, amortização, resgate, juros, participação no lucro ou prêmio de reembolso, e a época em que serão devidos;	VIII – den Nennwert und ggf. die Geldwertberichtigungsklausel[15], die Bedingungen für Fälligkeit, Tilgung, Einziehung, Zinsen, Gewinnbeteiligung oder Rückerstattungsprämie sowie der Zeitpunkt, zu der sie geschuldet werden;
IX – as condições de conversibilidade em ações se for o caso.	IX – ggf. die Bedingungen für die Umwandelbarkeit in Aktien;
X – o nome do debenturista;	X – den Namen des Schuldverschreibungsinhabers;
XI – o nome do agente fiduciário dos	XI – ggf. den Namen des Treuhänders des

[15] Die Geldwertberichtigung ist durch das Gesetz Nr. 9069 vom 29.06.1995 abgeschafft worden.

debenturistas, se houver;

XII – a data da emissão do certificado e a assinatura de dois diretores da companhia;

XIII – a autenticação do agente fiduciário, se for o caso.

Títulos Múltiplos e Cautelas

Art. 65 – A companhia poderá emitir certificados de múltiplos de debêntures e, provisoriamente, cautelas que as representem, satisfeitos os requisitos do artigo 64.

§ 1º – Os títulos múltiplos de debêntures das companhias abertas obedecerão à padronização de quantidade fixada pela Comissão de Valores Mobiliários.

§ 2º – Nas condições previstas na escritura de emissão com nomeação de agente fiduciário, os certificados poderão ser substituídos, desdobrados ou grupados.

Seção VI

Agente Fiduciário dos Debenturistas

Requisitos e Incompatibilidades

Art. 66 – O agente fiduciário será nomeado e deverá aceitar a função na escritura de emissão das debêntures.

§ 1º – Somente podem ser nomeados agentes fiduciários as pessoas naturais que satisfaçam aos requisitos para o exercício

Schuldverschreibungsinhabers;

XII – das Ausgabedatum der Urkunde und die Unterschrift von zwei Vorstandsmitgliedern der Aktiengesellschaft;

XIII – ggf. die Beglaubigung durch den Treuhänder.

Sammelurkunden und Zwischenscheine

Art. 65 – Die Aktiengesellschaft kann Urkunden über eine Mehrzahl von Schuldverschreibungen ausgeben und gemäß den Erfordernissen des Artikels 64 vorläufige Zwischenscheine, die sie vertreten.

§ 1 – Sammelurkunden von Schuldverschreibungen offener Aktiengesellschaften unterliegen der von der

Wertpapierkommission festgelegten Standardisierung der Menge.

§ 2 – Die Urkunden können zu den in der Ausgabeurkunde mit Ernennung eines Treuhänders vorgesehenen Bedingungen ersetzt, gestückelt oder gebündelt werden.

Abschnitt VI

Treuhänder der Schuldverschreibungsinhaber

Erfordernisse und Hinderungsgründe

Art. 66 – Die Ernennung des Treuhänders und die Annahme des Amtes durch diesen müssen in der Ausgabeurkunde der Schuldverschreibungen angegeben sein.

§ 1 – Zu Treuhändern können nur natürliche Personen ernannt werden, die die Erfordernisse für die Ausübung eines

de cargo em órgão de administração da companhia e as instituições financeiras que, especialmente autorizadas pelo Banco Central do Brasil, tenham por objeto a administração ou a custódia de bens de terceiros.

Verwaltungsamtes der Gesellschaft erfüllen, sowie Finanzinstitute, die von der Zentralbank von Brasilien ausdrücklich dazu ermächtigt sind, und die die Verwaltung oder Verwahrung von Vermögensgegenständen Dritter zum Zweck haben.

§ 2º – A Comissão de Valores Mobiliários poderá estabelecer que nas emissões de debêntures negociadas no mercado o agente fiduciário, ou um dos agentes fiduciários, seja instituição financeira.

§ 2 – Die Wertpapierkommission kann bestimmen, dass der oder einer der Treuhänder bei den Ausgaben von Schuldverschreibungen zum Handel auf dem Markt ein Finanzinstitut ist.

§ 3º – Não pode ser agente fiduciário:

a) pessoa que já exerça a função em outra emissão da mesma companhia, a menos que autorizado, nos termos das normas expedidas pela Comissão de Valores Mobiliários;

b) instituição financeira coligada à companhia emissora ou à entidade que subscreva a emissão para distribuí-la no mercado, e qualquer sociedade por elas controlada;

c) credor, por qualquer título, da sociedade emissora, ou sociedade por ele controlada;

d) instituição financeira cujos administradores tenham interesse na companhia emissora;

e) pessoa que, de qualquer outro modo se coloque em situação de conflito de interesses pelo exercício da função.

§ 3 – Treuhänder kann nicht sein:

a) wer dieses Amt schon bei einer anderen Aufgabe derselben Aktiengesellschaft ausübt, es sei denn, er ist nach den von der Wertpapierkommission erlassenen Bestimmungen hierzu ermächtigt;

b) ein Finanzinstitut, das mit der ausgebenden Aktiengesellschaft oder der Stelle, die die Ausgabe zur Verteilung auf dem Markt zeichnet, verbunden ist, sowie jede von diesen abhängige Gesellschaft;

c) ein Gläubiger, der aus irgendeinem Rechtsgrund Ansprüche gegen die ausgebende Gesellschaft hat, oder eine von ihm abhängige Gesellschaft;

d) ein Finanzinstitut, dessen Verwalter ein Interesse an der ausgebenden Gesellschaft haben;

e) eine Person, die auf andere Weise durch Ausübung des Amtes in einen Interessenkonflikt gerät.

§ 4º – O agente fiduciário que, por circunstâncias posteriores à emissão, ficar

§ 4 – Ein Treuhänder, der durch nach der Ausgabe eingetretene Umstände an der

impedido de continuar a exercer a função, deverá comunicar imediatamente o fato aos debenturistas e pedir sua substituição.

Substituição, Remuneração e Fiscalização

Art. 67 – A escritura de emissão estabelecerá as condições de substituição e remuneração do agente fiduciário, observadas as normas expedidas pela Comissão de Valores Mobiliários.

Parágrafo único – A Comissão de Valores Mobiliários fiscalizará o exercício da função de agente fiduciário das emissões distribuídas no mercado, ou de debêntures negociadas em bolsa ou no mercado de balcão, podendo:

a) nomear substituto provisório, nos casos de vacância;

b) suspender o agente fiduciário de suas funções e dar-lhe substituto, se deixar de cumprir os seus deveres.

Deveres e Atribuições

Art. 68 – O agente fiduciário representa, nos termos desta Lei e da escritura de emissão, a comunhão dos debenturistas perante a companhia emissora.

§ 1º – São deveres do agente fiduciário:

a) proteger os direitos e interesses dos debenturistas, empregando no exercício da função o cuidado e a diligência que todo homem ativo e probo costuma empregar na admi-

Fortführung des Amtes gehindert wird, hat dies unverzüglich den Schuldverschreibungsinhabern mitzuteilen und seine Ersetzung zu beantragen.

Ersetzung, Vergütung und Überwachung

Art. 67 – Die Ausgabeurkunde hat, unter Beachtung der von der Wertpapierkommission erlassenen Vorschriften, die Bedingungen für die Ersetzung und Vergütung des Treuhänders festzulegen.

Einziger Paragraf – Die Wertpapierkommission hat die Amtsausübung des Treuhänders von auf dem Markt vertriebenen Ausgaben oder von an der Börse oder im geregelten Freiverkehr gehandelten Schuldverschreibungen zu überwachen und kann:

a) einen vorläufigen Vertreter ernennen, falls das Amt nicht besetzt ist;

b) den Treuhänder vorläufig seines Amtes entheben und einen Vertreter benennen, wenn er seinen Pflichten nicht nachkommt.

Pflichten und Befugnisse

Art. 68 – Der Treuhänder vertritt im Rahmen dieses Gesetzes und der Ausgabeurkunde die Gemeinschaft der Schuldverschreibungsinhaber gegenüber der ausgebenden Aktiengesellschaft.

§ 1 – Pflichten des Treuhänders sind:

a) die Rechte und Interessen der Schuldverschreibungsinhaber zu schützen, wobei er bei seiner Amtsausübung die Vorsicht und Sorgfalt anzuwenden hat, die ein ordentlicher

nistração de seus próprios bens;

Kaufmann bei der Verwaltung seines eigenen Vermögens anzuwenden pflegt;

b) elaborar relatório e colocá-lo anualmente à disposição dos debenturistas, dentro de 4 (quatro) meses do encerramento do exercício social da companhia, informando os fatos relevantes ocorridos durante o exercício, relativos à execução das obrigações assumidas pela companhia, aos bens garantidores das debêntures e à constituição e aplicação do fundo de amortização, se houver, do relatório constará, ainda, declaração de agente sobre sua aptidão para continuar no exercício da função.

b) einen Bericht zu erstellen und diesen jährlich den Schuldverschreibungsinhabern innerhalb von 4 (vier) Monaten nach Abschluss des Geschäftsjahres der Gesellschaft zur Verfügung zu stellen; der Bericht hat die im Geschäftsjahr eingetragenen wesentlichen Ereignisse in Bezug auf die Abwicklung der von der Gesellschaft eingegangenen Verpflichtungen, auf die die Schuldverschreibungen sichernden Vermögensgegenstände und ggf. auf die Errichtung und Verwendung des Amortisationsfonds und außerdem die Erklärung des Treuhänders, dass er das Amt weiterhin ausüben kann, zu enthalten.

c) notificar os debenturistas, no prazo máximo de 60 (sessenta) dias, de qualquer inadimplemento, pela companhia, de obrigações assumidas na escritura da emissão.

c) die Schuldverschreibungsinhaber innerhalb von höchstens 60 (sechzig) Tagen über eine jegliche Nichterfüllung der in der Ausgabeurkunde übernommenen Verpflichtungen seitens der Aktiengesellschaft zu benachrichtigen.

§ 2º – A escritura de emissão disporá sobre o modo de cumprimento dos deveres de que tratam as alíneas “b” e “c” do parágrafo anterior.

§ 2 – Die Ausgabeurkunde hat die Form der Erfüllung der unter “b” und “c” des vorhergehenden Paragrafen behandelten Pflichten zu bestimmen.

§ 3º – O agente fiduciário pode usar de qualquer ação para proteger direitos ou defender interesses dos debenturistas, sendo-lhe especialmente facultado, no caso de inadimplemento da companhia;

§ 3 – Der Treuhänder kann jede Maßnahme zum Schutz der Rechte oder zur Verteidigung der Interessen der Schuldverschreibungsinhaber ergreifen; im Falle einer Nichterfüllung von Pflichten durch die Aktiengesellschaft darf er insbesondere:

a) declarar, observadas as condições da escritura de emissão, antecipada-

a) die Schuldverschreibungen unter Beachtung der Bedingungen der

mente vencidas as debêntures e cobrar o seu principal e acessórios;

Ausgabeurkunde vorzeitig als fällig erklären und die Haupt- und Nebenbeträge einziehen;

b) executar garantias reais, receber o produto da cobrança e aplicá-lo no pagamento, integral ou proporcional, dos debenturistas;

b) in dingliche Sicherheiten vollstrecken, den Erlös der Einziehung in Empfang nehmen und ihn für die vollständige oder anteilmäßige Bezahlung der Schuldverschreibungsinhaber verwenden;

c) requerer a falência da companhia emissora, se não existirem garantias reais;

c) den Konkurs der ausgebenden Aktiengesellschaft beantragen, wenn keine dinglichen Sicherheiten vorhanden sind;

d) representar os debenturistas em processos de falência, concordata, intervenção ou liquidação extrajudicial da companhia emissora, salvo deliberação em contrário da assembléia dos debenturistas;

d) die Schuldverschreibungsinhaber im Konkurs-, Vergleichs-, Interventions- oder außergerichtlichen Liquidationsverfahren der ausgebenden Aktiengesellschaft vertreten, sofern nicht ein entgegenstehender Beschluss der Versammlung der Schuldverschreibungsinhaber vorliegt;

e) tomar qualquer providência necessária para que os debenturistas realizem os seus créditos.

e) alle notwendigen Maßnahmen ergreifen, damit die Schuldverschreibungsinhaber ihre Forderungen durchsetzen können.

§ 4º – O agente fiduciário responde perante os debenturistas pelos prejuízos que lhes causar por culpa ou dolo no exercício das suas funções.

§ 4 – Der Treuhänder haftet gegenüber den Schuldverschreibungsinhabern für die Schäden, die er vorsätzlich oder fahrlässig bei Ausübung seines Amtes verursacht.

§ 5º – O crédito do agente fiduciário por despesas que tenha feito para proteger direitos e interesses ou realizar créditos dos debenturistas será acrescido à dívida da companhia emissora, gozará das mesmas garantias das debêntures e preferirá a estas na ordem de pagamento.

§ 5 – Die Forderung des Treuhänders für Ausgaben, die er ggf. zum Schutz der Rechte und Interessen oder zur Einziehung der Forderungen der Schuldverschreibungsinhaber hat, ist der Schuld der ausgebenden Gesellschaft hinzuzurechnen, genießt die gleichen Sicherheiten wie die Schuldverschreibungen und ist vor diesen zu befriedigen.

§ 6º – Serão reputadas não-escritas as cláusulas da escritura de emissão que restringirem os deveres, atribuições e responsabilidade do agente fiduciário previstos neste artigo.

§ 6 – Klauseln der Ausgabeurkunde, die die in diesem Artikel vorgesehenen Pflichten, Befugnisse und die Haftung des Treuhänders beschränken, gelten als nicht geschrieben.

Outras Funções

Andere Aufgaben

Art. 69 – A escritura de emissão poderá ainda atribuir ao agente fiduciário as funções de autenticar os certificados de debêntures, administrar o fundo de amortização, manter em custódia bens dados em garantia e efetuar os pagamentos de juros, amortização e resgate.

Art. 69 – Die Ausgabeurkunde kann ferner dem Treuhänder die Aufgaben übertragen, die Schuldverschreibungsurkunden zu beglaubigen, den Tilgungsfonds zu verwalten, die als Sicherheit gegebenen Vermögensgegenstände zu verwahren, sowie die mit Zinsen, Tilgung und Einziehung verbundenen Zahlungen vorzunehmen.

Substituição de Garantias e Modificação da Escritura

Ersetzung von Sicherheiten und Änderung der Urkunde

Art. 70 – A substituição de bens dados em garantia, quando autorizada na escritura de emissão, dependerá da concordância do agente fiduciário.

Parágrafo único – O agente fiduciário não tem poderes para acordar na modificação das cláusulas e condições da emissão.

Art. 70 – Lässt die Ausgabeurkunde die Ersetzung von als Sicherheit gegebenen Vermögensgegenständen zu, so bedarf diese der Zustimmung des Treuhänders.

Einziger Paragraf – Der Treuhänder hat keine Befugnis, einer Änderung von Klauseln und Bedingungen der Ausgabe zuzustimmen.

Seção VII

Abschnitt VII

Assembléia de Debenturistas

Versammlung der Schuldverschreibungsinhaber

Art. 71 – Os titulares de debêntures da mesma emissão ou série podem, a qualquer tempo, reunir-se em assembléia a fim de deliberar sobre matéria de interesse da comunhão dos debenturistas.

Art. 71 – Die Inhaber von Schuldverschreibungen einer gleichen Ausgabe oder Serie können sich jederzeit versammeln, um über die Angelegenheiten, die die Interessen der Gemeinschaft der Schuld verschreibungsinhaber berühren, zu befinden.

§ 1º – A assembléia de debenturistas pode ser convocada pelo agente fiduciário, pela companhia emissora, por debenturistas que representem 10% (dez por cento), no mínimo, dos títulos em circulação, e pela Comissão de Valores Mobiliários.

§ 1 – Die Versammlung der Schuldverschreibungsinhaber kann vom Treuhänder, von der ausgebenden Gesellschaft, von Schuldverschreibungsinhabern, die mindestens 10 % (zehn Prozent) der in Umlauf befindlichen Titel vertreten, und von der Wertpapierkommission einberufen werden.

§ 2º – Aplica-se à assembléia de debenturistas, no que couber, o disposto nesta Lei sobre a assembléia geral de acionistas.

§ 2 – Die Bestimmungen dieses Gesetzes über die Hauptversammlung der Aktionäre finden auf die Versammlung der Schuldverschreibungsinhaber, soweit zutreffend, Anwendung.

§ 3º – A assembléia se instalará em primeira convocação, com a presença de debenturistas que representem metade, no mínimo, das debêntures em circulação, e, em segunda convocação, com qualquer número.

§ 3 – Die Versammlung kann bei erster Einberufung nur bei Anwesenheit der Inhaber von mindestens der Hälfte der in Umlauf befindlichen Schuldverschreibungen und in zweiter Einberufung ohne Rücksicht auf die Zahl der Anwesenden zusammentreten.

§ 4º – O agente fiduciário deverá comparecer à assembléia e prestar aos debenturistas as informações que lhe forem solicitadas.

§ 4 – Der Treuhänder hat an der Versammlung teilzunehmen und den Schuldverschreibungsinhabern die gewünschten Auskünfte zu erteilen.

§ 5º – A escritura de emissão estabelecerá a maioria necessária, que não será inferior à metade das debêntures em circulação, para aprovar modificação nas condições das debêntures.

§ 5 – Die Ausgabeurkunde hat die für eine Änderung der Bedingungen der Schuldverschreibungen notwendige Mehrheit zu bezeichnen, die mindestens die Hälfte der in Umlauf befindlichen Schuldverschreibungen betragen muss.

§ 6º – Nas deliberações da assembléia, a cada debênture caberá um voto.

§ 6 – Bei den Beschlüssen der Versammlung steht jeder Schuldverschreibung eine Stimme zu.

Seção VIII

Cédula de debêntures

Art. 72 – As instituições financeiras autorizadas pelo Banco Central do Brasil a efetuar esse tipo de operação poderão emitir cédulas lastreadas em debêntures, com garantia própria, que conferirão a seus titulares direito de crédito contra o emitente, pelo valor nominal e os juros nela estipulados.

§ 1º – A cédula será nominativa, escritural ou não.

§ 2º – O certificado da cédula conterá as seguintes declarações:

a) o nome da instituição financeira emitente e as assinaturas dos seus representantes;

b) o número de ordem, o local e a data da emissão;

c) a denominação Cédula de Debêntures;

d) o valor nominal e a data do vencimento;

e) os juros, que poderão ser fixos ou variáveis, e as épocas do seu pagamento;

f) o lugar do pagamento do principal e dos juros;

g) a identificação das debêntures – lastro, do seu valor e da garantia constituída;

Abschnitt VIII

Schein über Schuldverschreibungen

Art. 72 – Die von der Zentralbank von Brasilien zu diesem Verfahren ermächtigten Finanzinstitute können basierend auf Schuldverschreibungen Scheine ausgeben, die durch eigene Garantie gesichert sind und ihren Inhabern gegen den Aussteller einen Anspruch auf den Nennwert und die darin festgelegten Zinsen gewähren.

§ 1 – Der Schein muss namentlich sein, ob verbrieft oder nicht.

§ 2 – Die Urkunde über den Schein muss folgende Erklärungen enthalten:

a) den Namen des ausgebenden Finanzinstituts und die Unterschriften seiner Vertreter;

b) laufende Nummer, Ort und Datum der Ausgabe;

c) die Bezeichnung Schein über Schuldverschreibungen;

d) Nennwert und Fälligkeitsdatum;

e) die Zinsen, die fest oder variabel sein können und die Zeiträume ihrer Zahlung;

f) den Ort der Zahlung der Hauptforderung und der Zinsen;

g) die Angabe der zugrundeliegenden Schuldverschreibungen, deren Wert und die gewährte Sicherheit;

h) o nome do agente fiduciário dos debenturistas;

i) a cláusula de correção monetária, se houver;

j) o nome do titular.

h) den Namen des Treuhänders der Schuldverschreibungsinhaber;

i) ggf. die Geldwertberichtigungsklausel[16] ;

j) den Namen des Inhabers.

Seção IX

Emissão de Debêntures no Estrangeiro

Art. 73 – Somente com a prévia aprovação do Banco Central do Brasil as companhias brasileiras poderão emitir debêntures no exterior com garantia real ou flutuante de bens situados no País.

§ 1º – Os credores por obrigações contraídas no Brasil terão preferência sobre os créditos por debêntures emitidas no exterior por companhias estrangeiras autorizadas a funcionar no País, salvo se a emissão tiver sido previamente autorizada pelo Banco Central do Brasil e o seu produto aplicado em estabelecimento situado no território nacional.

§ 2º – Em qualquer caso, somente poderão ser remetidos para o exterior o principal e os encargos de debêntures registrados no Banco Central do Brasil.

§ 3º – A emissão de debêntures no estrangeiro, além de observar os requisitos do art. 62, requer a inscrição, no registro de

Abschnitt IX

Ausgabe von Schuldverschreibungen im Ausland

Art. 73 – Brasilianische Aktiengesellschaften können Schuldverschreibungen, die dinglich oder bevorzugt schuldrechtlich durch in Brasilien befindliche Vermögenswerte gesichert sind, nur mit vorheriger Zustimmung der brasilianischen Zentralbank im Ausland ausgeben.

§ 1 – Die Gläubiger aus in Brasilien eingegangenen Verpflichtungen haben Vorrang gegenüber den Forderungen aus Schuldverschreibungen, die von ausländischen Gesellschaften, die in Brasilien tätig sein dürfen, im Ausland ausgegeben worden sind, es sei denn, dass die Ausgabe vorher von der Zentralbank von Brasilien gebilligt und ihr Erlös in einem inländischen Betrieb angelegt worden ist.

§ 2 – In jedem Falle können nur die Haupt- und Nebenforderungen aus bei der Zentralbank von Brasilien registrierten Schuldverschreibungen ins Ausland überwiesen werden.

§ 3 – Außer der Beachtung der Vorschriften des Art. 62 erfordert die Ausgabe von Schuldverschreibungen im Ausland die

[16] Die Geldwertberichtigung ist durch das Gesetz Nr. 9069 vom 29.06.1995 abgeschafft worden.

imóveis, do local da sede ou do estabelecimento, dos demais documentos exigidos pelas leis do lugar da emissão, autenticadas de acordo com a lei aplicável, legalizadas pelo consulado brasileiro no exterior e acompanhados de tradução em vernáculo, feita por tradutor público juramentado; e, no caso de companhia estrangeira, o arquivamento no registro do comércio e publicação do ato que, de acordo com o estatuto social e a lei do local da sede, tenha autorizado a emissão.

Eintragung der sonstigen nach dem Gesetz des Ausgabeortes erforderlichen Unterlagen in das Grundbuch am Ort des Sitzes oder der Niederlassung der Gesellschaft; diese Unterlagen müssen nach dem anwendbaren Recht beglaubigt, von dem brasilianischen Konsulat im Ausland ein weiteres Mal beglaubigt und mit einer portugiesischen Übersetzung versehen sein; im Falle einer ausländischen Gesellschaft ist außerdem die Eintragung ins Handelsregister und die Veröffentlichung des Beschlusses, durch den in Übereinstimmung mit der Satzung und dem Recht des Gesellschaftssitzes die Ausgabe gebilligt wurde, erforderlich.

§ 4º – A negociação, no mercado de capitais do Brasil, de debêntures emitidas no estrangeiro, depende prévia autorização da Comissão de Valores Mobiliários.

§ 4 – Der Handel mit im Ausland ausgegebenen Schuldverschreibungen auf dem brasilianischen Kapitalmarkt bedarf der vorherigen Zustimmung der Wertpapierkommission.

Seção X

Abschnitt X

Extinção

Löschung

Art. 74 – A companhia emissora fará, nos livros próprios, as anotações referentes à extinção das debêntures, e manterá arquivados, pelo prazo de 5 (cinco) anos, juntamente com os documentos relativos à extinção, os certificados cancelados ou os recibos dos titulares das contas das debêntures escriturais.

Art. 74 – Die ausgebende Gesellschaft hat die Vermerke über die Löschung von Schuldverschreibungen in besonderen Büchern vorzunehmen und die für ungültig erklärten Urkunden oder die Quittungen der Inhaber von Konten nicht verbriefter Schuldverschreibungen zusammen mit den die Löschung betreffenden Unterlagen 5 (fünf) Jahre lang aufzubewahren.

§ 1º – Se a emissão tiver agente fiduciário, caberá a este fiscalizar o cancelamento dos certificados.

§ 1 – Ist für die Ausgabe ein Treuhänder eingesetzt, hat dieser die Ungültigkeitserklärung der Urkunden zu überwachen.

§ 2º – Os administradores da companhia responderão solidariamente pelas perdas e

§ 2 – Die Verwalter der Gesellschaft haften bei Zuwiderhandlung gegen die

danos decorrentes da infração do disposto neste artigo.

Bestimmung dieses Artikels gesamtschuldnerisch für daraus entstandene Verluste und Schäden.

Capítulo VI

Bônus de Subscrição

Kapitel VI

Zeichnungsbonus

Características

Art. 75 – A companhia poderá emitir, dentro do limite de aumento do capital autorizado no estatuto (artigo 168), títulos negociáveis denominados "Bônus de Subscrição".

Parágrafo único – Os bônus de subscrição conferirão aos seus titulares, nas condições constantes do certificado, direito de subscrever ações do capital social, que será exercido mediante apresentação do título à companhia e pagamento do preço de emissão das ações.

Merkmale

Art. 75 – Die Aktiengesellschaft kann innerhalb der Grenzen einer in der Satzung genehmigten Kapitalerhöhung (Art. 168) handelsfähige Wertpapiere mit der Bezeichnung "Zeichnungsbonus" ausgeben.

Einziger Paragraf – Die Zeichnungsboni gewähren ihren Inhabern das Recht, zu den in der Urkunde genannten Bedingungen Aktien des Grundkapitals zu zeichnen. Das Recht wird durch Vorlage des Bonus bei der Gesellschaft und Zahlung des Ausgabepreises der Aktien ausgeübt.

Competência

Art. 76 – A deliberação sobre emissão de bônus de subscrição compete à assembléia geral, se o estatuto não a atribuir ao conselho de administração.

Zuständigkeit

Art. 76 – Für die Beschlussfassung über die Ausgabe von Zeichnungsboni ist die Hauptversammlung zuständig, wenn die Satzung dies nicht dem Verwaltungsrat zuweist.

Emissão

Art. 77 – Os bônus de subscrição serão alienados pela companhia ou por ela atribuídos, como vantagem adicional, aos subscritores de emissões de suas ações ou debêntures.

Ausgabe

Art. 77 – Die Gesellschaft kann die Zeichnungsboni veräußern oder als zusätzliche Vergünstigung den Zeichnern von Ausgaben ihrer Aktien oder Schuldverschreibungen zuteilen.

Parágrafo único – Os acionistas da companhia gozarão, nos termos dos artigos 171 e 172, de preferência para subscrever a emissão de bônus.

Forma, Propriedade e Circulação

Art. 78 – Os bônus de subscrição terão a forma nominativa.

Parágrafo único – Aplica-se aos bônus de subscrição, no que couber, o disposto nas Seções V a VII do Capítulo III.

Certificado

Art. 79 – O certificado de bônus de subscrição conterá as seguintes declarações:

I – as previstas nos números I a IV do art. 24;

II – denominação "Bônus de Subscrição";

III – o número de ordem;

IV – número, a espécie e a classe das ações que poderão ser subscritas, o preço de emissão ou os critérios para sua determinação;

V – a época em que o direito de subscrição poderá ser exercido e a data do término do prazo para esse exercício;

VI – o nome do titular;

Einziger Paragraf – Die Aktionäre der Gesellschaft genießen im Rahmen der Artikel 171 und 172 ein Bezugsrecht zur Zeichnung der Ausgabe von Boni.

Form, Eigentum und Umlauf

Art. 78 – Die Zeichnungsboni müssen namentliche Form haben.

Einziger Paragraf – Auf die Zeichnungsboni finden die Bestimmungen des Kapitels III, Abschnitt V bis VII, soweit zutreffend, Anwendung.

Urkunden

Art. 79 – Die Urkunde über die Zeichnungsboni hat folgende Erklärungen zu enthalten:

I – die in Art. 24, Absatz I – IV vorgesehenen Erklärungen;

II – die Bezeichnung "Zeichnungsbonus";

III – die laufende Nummer;

IV – Zahl, Art und Klasse der Aktien, die gezeichnet werden können, den Ausgabepreis oder die Kriterien für seine Bestimmung;

V- den Zeitraum, in dem das Zeichnungsrecht ausgeübt werden kann und das Datum des Fristablaufs für seine Ausübung;

VI – den Namen des Inhabers;

VII – a data da emissão do certificado e as assinaturas de dois diretores.

Capítulo VII

Constituição da Companhia

Seção I

Requisitos Preliminares

Art. 80 – A constituição da companhia depende do cumprimento dos seguintes requisitos preliminares:

I – subscrição, pelo menos por 2 (duas) pessoas, de todas as ações em que se divide o capital social fixado no estatuto;

II – realização, como entrada, de 10% (dez por cento), no mínimo, do preço de emissão das ações subscritas em dinheiro;

III – depósito, no Banco do Brasil S/A., ou em outro estabelecimento bancário autorizado pela Comissão de Valores Mobiliários, da parte do capital realizado em dinheiro.

Parágrafo único – O disposto no número II não se aplica às companhias para as quais a lei exige realização inicial de parte maior do capital social.

VII – das Ausgabedatum der Urkunde und die Unterschriften von zwei Vorstandsmitgliedern.

Kapitel VII

Gründung der Gesellschaft

Abschnitt I

Vorerfordernisse

Art. 80 – Die Gründung der Gesellschaft hängt von der Erfüllung folgender Vorerfordernisse ab:

I – Zeichnung aller Aktien, in die das in der Satzung festgelegte Grundkapital eingeteilt ist, durch mindestens 2 (zwei) Personen;

II – Anzahlung von mindestens 10 % (zehn Prozent) des Ausgabepreises der bar gezeichneten Aktien;

III – Hinterlegung des bar eingezahlten Kapitalteilbetrages bei der Banco do Brasil S/A oder einem anderen von der Wertpapierkommission ermächtigten Bankinstitut.

Einziger Paragraf – Die Bestimmung der Ziffer II findet keine Anwendung auf Gesellschaften, für die gesetzlich die Anzahlung eines größeren Teils des Grundkapitals vorgeschrieben ist.

Depósito da Entrada

Art. 81 – O depósito referido no número III do art. 80 deverá ser feito pelo fundador, no prazo de 5 (cinco) dias contados do recebimento das quantias, em nome do subscritor e a favor da sociedade em organização, que só poderá levantá-lo após haver adquirido personalidade jurídica.

Parágrafo único – Caso a companhia não se constitua dentro de 6 (seis) meses da data do depósito, o banco restituirá as quantias depositadas diretamente aos subscritores.

Hinterlegung der Anzahlung

Art. 81 – Die Hinterlegung nach Art. 80, Absatz III muss von dem Gründer innerhalb von 5 (fünf) Tagen nach Erhalt der Beträge im Namen des Zeichners und zu Gunsten der in Gründung befindlichen Gesellschaft vorgenommen werden, die darüber erst nach Erlangen der Rechtsfähigkeit verfügen kann.

Einziger Paragraf – Kommt die Gründung der Aktiengesellschaft nicht innerhalb von 6 (sechs) Monaten nach der Hinterlegung zustande, hat die Bank die hinterlegten Beträge unmittelbar an die Zeichner zurückzuerstatten.

Seção II

Constituição por Subscrição Pública

Abschnitt II

Gründung durch öffentliche Zeichnung

Registro da Emissão

Art. 82 – A constituição de companhia por subscrição pública depende do prévio registro da emissão na Comissão de Valores Mobiliários, e a subscrição somente poderá ser efetuada com a intermediação de instituição financeira.

§ 1º – O pedido de registro de emissão obedecerá às normas expedidas pela Comissão de Valores Mobiliários e será instruído com:

a) o estudo de viabilidade econômica e financeira do empreendimento;

b) o projeto do estatuto social;

Eintragung der Ausgabe

Art. 82 – Die Gründung einer Aktiengesellschaft durch öffentliche Zeichnung kann erst nach Eintragung der Ausgabe bei der Wertpapierkommission erfolgen; die Zeichnung kann nur durch Vermittlung eines Finanzinstituts vorgenommen werden.

§ 1 – Der Antrag auf Eintragung der Ausgabe unterliegt den von der Wertpapierkommission erlassenen Bestimmungen und ist zu versehen mit:

a) einer Studie über die wirtschaftliche und finanzielle Durchführbarkeit des Unternehmens;

b) dem Entwurf der Gesellschaftssatzung;

c) o prospecto, organizado e assinado pelos fundadores e pela instituição financeira intermediária.

§ 2º – A Comissão de Valores Mobiliários poderá condicionar o registro a modificações no estatuto ou no prospecto e denegá-lo por inviabilidade ou temeridade do empreendimento ou inidoneidade dos fundadores.

Projeto de Estatuto

Art. 83 – O projeto de estatuto deverá satisfazer a todos os requisitos exigidos para os contratos das sociedades mercantis em geral e aos peculiares às companhias, e conterá as normas pelas quais se regerá a companhia.

Prospecto

Art. 84 – O prospecto deverá mencionar, com precisão e clareza, as bases da companhia e os motivos que justifiquem a expectativa de bom êxito do empreendimento, e em especial:

I – o valor do capital social a ser subscrito, o modo de sua realização e a existência ou não de autorização para aumento futuro;

II – a parte do capital a ser formado com bens, a discriminação desses bens e o valor a eles atribuído pelos fundadores;

III – o número, as espécies e classes de

c) dem von den Gründern und dem eingeschalteten Finanzinstitut ausgearbeiteten und unterzeichneten Prospekt.

§ 2 – Die Wertpapierkommission kann die Eintragung von Änderungen der Satzung oder des Prospekts abhängig machen und sie wegen Undurchführbarkeit oder Risiken hinsichtlich der Durchführbarkeit des Unternehmens oder wegen Unzuverlässigkeit der Gründer ablehnen.

Satzungsentwurf

Art. 83 – Der Satzungsentwurf muss allen für Verträge der Handelsgesellschaften im allgemeinen und der Aktiengesellschaft im besonderen geltenden Erfordernisse genügen und die Bestimmungen, die für die Gesellschaft gelten sollen, enthalten.

Prospekt

Art. 84 – Der Prospekt muss genau und deutlich die Grundlage der Gesellschaft und die Gründe nennen, die die Erfolgsaussichten des Unternehmens rechtfertigen und insbesondere angeben:

I – Die Höhe des zu zeichnenden Grundkapitals, die Form der Einzahlung sowie das Bestehen oder Nichtbestehen einer Genehmigung für künftige Kapitalerhöhungen;

II – den aus Sacheinlagen zu bildenden Teil des Kapitals, die Beschreibung dieser Gegenstände und den ihnen von den Gründern zugeschriebenen Wert;

III – die Anzahl, Arten und Klassen der

ações em que se dividirá o capital; o valor nominal das ações e o preço da emissão das ações;	Aktien, in die das Kapital aufgeteilt wird, den Nennwert und den Ausgabepreis der Aktien;
IV – a importância da entrada a ser realizada no ato da subscrição;	IV – den Betrag der bei der Zeichnung zu leistenden Anzahlung;
V – as obrigações assumidas pelos fundadores, os contratos assinados no interesse da futura companhia e as quantias já despendidas e por despender;	V – die von den Gründern übernommenen Verpflichtungen, die im Interesse der zukünftigen Gesellschaft unterzeichneten Verträge sowie die bereits ausgegebenen und noch auszugebenden Beträge;
VI – as vantagens particulares, a que terão direito os fundadores ou terceiros, e o dispositivo do projeto do estatuto que as regula;	VI – die den Gründern oder Dritten zustehenden Sondervorteile und die Bestimmung im Satzungsentwurf, durch die diese geregelt werden;
VII – a autorização governamental para constituir-se a companhia, se necessária;	VII – die Genehmigung der Regierung zur Gründung der Gesellschaft, falls erforderlich;
VIII–as datas de início e término da subscrição e as instituições autorizadas a receber as entradas;	VIII – das Datum des Beginns und der Beendigung der Zeichnung und die zum Empfang der Anzahlungen berechtigten Institute;
IX – a solução prevista para o caso de excesso de subscrição;	IX – die für den Fall der Überzeichnung vorgesehene Regelung;
X – o prazo dentro do qual deverá realizar-se a assembléia de constituição da companhia, ou a preliminar para avaliação dos bens, se for o caso;	X – die Frist, innerhalb der die Gründungsversammlung der Gesellschaft oder ggf. die Vorversammlung zur Bewertung der Sacheinlagen stattzufinden hat;
XI – o nome, nacionalidade, estado civil, profissão e residência dos fundadores, ou, se pessoa jurídica, a firma ou denominação, nacionalidade e sede, bem como o número e espécie de ações que cada um houver subscrito;	XI – Namen, Staatsangehörigkeit, Personenstand, Beruf und Anschrift der Gründer oder bei einer juristischen Person Firma oder Benennung, Nationalität und Sitz, sowie Anzahl und Art der von jedem einzelnen gezeichneten Aktien;
XII – a instituição financeira intermediária	XII – das für die Einführung eingeschal-

do lançamento, em cujo poder ficarão depositados os originais do prospecto e do projeto de estatuto, com os documentos a que fizerem menção, para exame de qualquer interessado.

tete Finanzinstitut, in dessen Besitz die Originale des Prospekts und des Satzungsentwurfs mit den erwähnten Unterlagen zur Prüfung durch jeden Interessenten verbleiben.

Lista, Boletim e Entrada

Zeichnungsliste, Zeichnungsschein und Anzahlung

Art. 85 – No ato da subscrição das ações a serem realizadas em dinheiro, o subscritor pagará a entrada e assinará a lista ou o boletim individual autenticados pela instituição autorizada a receber as entradas, qualificando-se pelo nome, nacionalidade, residência, estado civil, profissão e documento de identidade, ou, se pessoa jurídica, pela firma ou denominação, nacionalidade e sede, devendo especificar o número das ações subscritas, a sua espécie e classe, se houver mais de uma, e o total da entrada.

Art. 85 – Bei der Zeichnung der in Geld einzuzahlenden Aktien hat der Zeichner die Anzahlung zu leisten und die Zeichnungsliste oder den Einzelzeichnungsschein, die von dem zum Empfang der Anzahlungen ermächtigten Institut beglaubigt werden, zu unterschreiben; er muss sich mit Namen, Staatsangehörigkeit, Anschrift, Personenstand, Beruf und Personalausweis oder, im Falle einer juristischen Person, durch die Firma oder Benennung, Nationalität und Sitz ausweisen und hat die Anzahl der gezeichneten Aktien, deren Art und Klasse, wenn verschiedene Arten oder Klassen gezeichnet werden, sowie den Gesamtbetrag der Anzahlung darzulegen.

Parágrafo único – A subscrição poderá ser feita, nas condições previstas no prospecto, por carta à instituição, com as declarações prescritas neste artigo e o pagamento da entrada.

Einziger Paragraf – Die Zeichnung kann zu den im Prospekt vorgesehenen Bedingungen durch ein Schreiben an das Institut mit den in diesem Artikel vorgesehenen Erklärungen und Leistung der Anzahlung erfolgen.

Convocação de Assembléia

Einberufung der Versammlung

Art. 86 – Encerrada a subscrição e havendo sido subscrito todo o capital social, os fundadores convocarão a assembléia geral que deverá:

Art. 86 – Nachdem die Zeichnung abgeschlossen und das gesamte Grundkapital gezeichnet worden ist, haben die Gründer die Hauptversammlung einzuberufen, die

I – promover a avaliação dos bens se for o caso (art. 8º);

II – deliberar sobre a constituição da companhia.

Parágrafo único – Os anúncios de convocação mencionarão hora, dia e local da reunião e serão inseridos nos jornais em que houver sido feita a publicidade da oferta de subscrição.

I – ggf. die Bewertung der Sacheinlagen (Art. 8) vorzunehmen hat;

II – über die Errichtung der Gesellschaft zu beschließen hat.

Einziger Paragraf – Die Bekanntmachung der Einberufung hat Stunde, Tag und Ort der Versammlung anzugeben und muss in den gleichen Zeitungen veröffentlicht werden, in denen das Zeichnungsangebot bekanntgemacht wurde.

Assembléia de Constituição

Art. 87 – A assembléia de constituição instalar-se-á, em primeira convocação, com a presença de subscritores que representem, no mínimo, metade do capital social, e, em segunda convocação, com qualquer número.

§ 1º – Na assembléia, presidida por um dos fundadores e secretariada por subscritor, será lido o recibo de depósito de que trata o número III do art. 80, bem como discutido e votado o projeto de estatuto.

§ 2º – Cada ação, independentemente de sua espécie ou classe, dá direito a um voto; a maioria não tem poder para alterar o projeto de estatuto.

§ 3º – Verificando-se que foram observadas as formalidades legais e não havendo oposição de subscritores que representem mais da metade do capital social, o presidente declarará constituída a companhia, procedendo-se, a seguir, à eleição dos administradores e fiscais.

Gründungsversammlung

Art. 87 – Die Gründungsversammlung kann in erster Einberufung nur bei Anwesenheit von Zeichnern zusammentreten, die mindestens die Hälfte des Grundkapitals vertreten, und darf in zweiter Einberufung ohne Rücksicht auf die Zahl der Anwesenden stattfinden.

§ 1 – In der Versammlung, die von einem Gründer geleitet und deren Protokoll von einem der Zeichner geführt wird, ist die Empfangsbescheinigung über die in Art. 80, Absatz III behandelte Hinterlegung zu verlesen sowie der Satzungsentwurf zu beraten und über ihn abzustimmen.

§ 2 – Jeder Aktie steht, unabhängig von ihrer Art oder Klasse, das Recht auf eine Stimme zu; der Satzungsentwurf kann auch durch Mehrheit nicht geändert werden.

§ 3 – Nach Feststellung, dass die gesetzlichen Formerfordernisse erfüllt sind und sofern von den Zeichnern, die mehr als die Hälfte des Grundkapitals vertreten, kein Widerspruch erfolgt, hat der Präsident die Gesellschaft für errichtet zu erklären; danach hat die Wahl der Verwalter und der

Mitglieder des Überwachungsrats zu erfolgen.

§ 4º – A ata da reunião, lavrada em duplicata, depois de lida e aprovada pela assembléia, será assinada por todos os subscritores presentes, ou por quantos bastem à validade das deliberações; um exemplar ficará em poder da companhia e o outro será destinado ao registro do comércio.

§ 4 – Die Versammlungsniederschrift ist in zweifacher Ausfertigung abzufassen und nach Verlesung und Billigung durch die Versammlung von allen anwesenden Zeichnern oder von der für die Beschlussfähigkeit genügenden Zahl der Zeichner zu unterschreiben; eine Ausfertigung verbleibt im Besitz der Gesellschaft, die andere ist für das Handelsregister bestimmt.

Seção III

Abschnitt III

Constituição por Subscrição Particular

Gründung durch private Zeichnung

Art. 88 – A constituição da companhia por subscrição particular do capital pode fazer-se por deliberação dos subscritores em assembléia geral ou por escritura pública, considerando-se fundadores todos os subscritores.

Art. 88 – Die Gründung einer Aktiengesellschaft durch private Zeichnung des Kapitals kann durch Beschluss der Zeichner in der Hauptversammlung oder durch öffentliche Urkunde erfolgen, wobei alle Zeichner als Gründer angesehen werden.

§ **1º** – Se a forma escolhida for a de assembléia geral, observar-se-á o disposto nos artigos 86 e 87, devendo ser entregues à assembléia o projeto do estatuto, assinado em duplicata por todos os subscritores do capital, e as listas ou boletins de subscrição de todas as ações.

§ **1** – Soll die Wahl durch Hauptversammlung erfolgen, sind die Bestimmungen der Artikel 86 und 87 zu beachten und der Versammlung der von allen Zeichnern des Kapitals in zweifacher Ausfertigung unterschriebene Satzungsentwurf sowie die Zeichnungslisten oder Scheine aller Aktien zu übergeben.

§ **2º** – Preferida a escritura pública, será ela assinada por todos os subscritores, e conterá:

§ **2** – Wird die Gründung durch öffentliche Urkunde gewählt, ist diese von allen Zeichnern zu unterschreiben und muss folgendes enthalten:

a) a qualificação dos subscritores, nos termos do artigo 85;

a) die Personalien der Zeichner gemäß Artikel 85;

b) o estatuto da companhia;

c) a relação das ações tomadas pelos subscritores e a importância das entradas pagas;

d) a transcrição do recibo do depósito referido no número III do art. 80;

e) a transcrição do laudo de avaliação dos peritos, caso tenha havido subscrição do capital social em bens (art. 8º);

f) a nomeação dos primeiros administradores e, quando for o caso, dos fiscais.

b) die Gesellschaftssatzung;

c) die Aufstellung der von den Zeichnern übernommenen Aktien und den Betrag der geleisteten Anzahlungen;

d) die Wiedergabe der Hinterlegungsquittung gem. Art. 80, Absatz III;

e) die Wiedergabe des Bewertungsgutachtens der Sachverständigen im Falle der Zeichnung des Grundkapitals durch Sacheinlagen (Art. 8);

f) die Ernennung der ersten Verwalter und ggf. der Mitglieder des Überwachungsrats.

Seção IV

Disposições Gerais

Art. 89 – A incorporação de imóveis para formação do capital social não exige escritura pública.

Art. 90 – O subscritor pode fazer-se representar na assembléia geral ou na escritura pública por procurador com poderes especiais.

Art. 91 – Nos atos e publicações referentes a companhia em constituição, sua denominação deverá ser aditada da cláusula "em organização".

Art. 92 – Os fundadores e as instituições financeiras que participarem da constituição por subscrição pública responderão, no âmbito das respectivas atribuições, pelos

Abschnitt IV

Allgemeine Bestimmungen

Art. 89 – Die Einbringung von Liegenschaften zur Bildung des Grundkapitals bedarf nicht der öffentlichen Beurkundung.

Art. 90 – Der Zeichner kann sich in der Hauptversammlung oder bei der öffentlichen Beurkundung durch einen Bevollmächtigten mit Sondervollmacht vertreten lassen.

Art. 91 – Bei Handlungen und Veröffentlichungen in Bezug auf eine Gesellschaft im Gründungsstadium muss ihrer Firma der Zusatz "in Gründung" hinzugefügt werden.

Art. 92 – Die Gründer und Finanzinstitute, die an der Gründung durch öffentliche Zeichnung teilnehmen, haften im Bereich der ihnen übertragenen Aufgaben für die

prejuízos resultantes da inobservância de preceitos legais.

aus der Nichtbeachtung gesetzlicher Vorschriften entstandenen Schäden.

Parágrafo único – Os fundadores responderão, solidariamente, pelo prejuízo decorrente de culpa ou dolo em atos ou operações anteriores à constituição.

Einziger Paragraf – Die Gründer haften gesamtschuldnerisch für Schäden, die aus Fahrlässigkeit oder Vorsatz bei Handlungen oder Maßnahmen vor Errichtung der Gesellschaft entstanden sind.

Art. 93 – Os fundadores entregarão aos primeiros administradores eleitos todos os documentos, livros ou papéis relativos à constituição da companhia ou a esta pertencentes.

Art. 93 – Die Gründer haben den gewählten ersten Verwaltern alle Unterlagen, Bücher und Schriftstücke, die sich auf die Gründung der Gesellschaft beziehen oder dieser gehören, auszuhändigen.

Capítulo VIII

Formalidades Complementares

Kapitel VIII

Ergänzende Formerfordernisse für die Gründung

Arquivamento e Publicação

Art. 94 – Nenhuma companhia poderá funcionar sem que sejam arquivados e publicados seus atos constitutivos.

Eintragung und Veröffentlichung

Art. 94 – Keine Aktiengesellschaft darf ihre Tätigkeit ausüben, ohne dass ihre Gründungsakte eingetragen und veröffentlicht worden sind.

Companhia Constituída por Assembléia

Art. 95 – Se a companhia houver sido constituída por deliberação em assembléia geral, deverão ser arquivados no registro do comércio do lugar da sede:

I – um exemplar do estatuto social, assinado por todos os subscritores (art. 88, § 1º), ou, se a subscrição houver sido pública, os originais do estatuto e do prospecto, assinados pelos fundadores, bem como do

Durch Versammlung errichtete Aktiengesellschaft

Art. 95 – Wurde die Aktiengesellschaft durch Beschluss der Hauptversammlung errichtet, sind beim Handelsregister am Ort des Gesellschaftssitzes aufzubewahren:

I – eine von allen Zeichnern unterschriebene Ausfertigung der Gesellschaftssatzung (Art. 88, § 1) oder bei öffentlicher Zeichnung die von den Gründern unterzeichneten Originale der Satzung und des Prospekts sowie

jornal em que tiverem sido publicados;

II – a relação completa, autenticada pelos fundadores ou pelo presidente da assembléia, dos subscritores do capital social, com a qualificação, número das ações e o total da entrada de cada subscritor (art. 85);

III – o recibo do depósito a que se refere o número III do art. 80;

IV – duplicata das atas das assembléias realizadas para a avaliação de bens, quando for o caso (art. 8.º);

V – duplicata da ata da assembléia geral dos subscritores que houver deliberado a constituição da companhia (art. 87).

Companhia Constituída por Escritura Pública

Art. 96 – Se a companhia tiver sido constituída por escritura pública, bastará o arquivamento de certidão do instrumento.

Registro do Comércio

Art. 97 – Cumpre ao registro do comércio examinar se as prescrições legais foram observadas na constituição da companhia, bem como se no estatuto existem cláusulas contrarias à lei, à ordem pública e aos bons costumes.

ein Exemplar der Zeitung, in der diese veröffentlicht worden sind;

II – eine vollständige, von den Gründern oder dem Vorsitzenden der Versammlung beglaubigte Aufstellung der Zeichner des Grundkapitals mit den Angaben zur Person, der Aktienzahl und dem Gesamtbetrag der Anzahlung eines jeden Zeichners (Art. 85);

III – die Hinterlegungsquittung gemäß Art. 80, Absatz III;

IV – ggf. eine Zweitausfertigung der Niederschriften über die zur Bewertung von Sacheinlagen durchgeführten Versammlungen (Art. 8);

V – eine Zweitausfertigung der Niederschrift der Hauptversammlung der Zeichner, die die Errichtung der Gesellschaft (Art. 87) beschlossen hat.

Durch öffentliche Urkunden errichtete Aktiengesellschaft

Art. 96 – Erfolgte die Errichtung der Gesellschaft durch öffentliche Urkunde, so genügt die Eintragung der amtlichen Bescheinigung dieser Handlung.

Handelsregister

Art. 97 – Das Handelsregister hat zu prüfen, ob bei der Errichtung der Aktiengesellschaft die gesetzlichen Vorschriften beachtet worden sind und ob die Satzung Bestimmungen enthält, die gegen das Gesetz, die öffentliche Ordnung oder die guten Sitten verstoßen.

§ 1º – Se o arquivamento for negado, por inobservância de prescrição ou exigência legal ou por irregularidade verificada na constituição da companhia, os primeiros administradores deverão convocar imediatamente a assembléia geral para sanar a falta ou irregularidade, ou autorizar as providências que se fizerem necessárias. A instalação e funcionamento da assembléia obedecerão ao disposto no art. 87, devendo a deliberação ser tomada por acionistas que representem, no mínimo, metade do capital social. Se a falta for do estatuto, poderá ser sanada na mesma assembléia, a qual deliberará, ainda, sobre se a companhia deve promover a responsabilidade civil dos fundadores (art. 92).

§ 1 – Wird die Eintragung wegen Nichtbeachtung eines gesetzlichen Erfordernisses oder wegen einer bei der Errichtung der Aktiengesellschaft festgestellten Unregelmäßigkeit abgelehnt, haben die ersten Verwalter unverzüglich eine Hauptversammlung einzuberufen, um den Fehler oder die Unregelmäßigkeit zu heilen oder die notwendigen Maßnahmen zu genehmigen. Die Abhaltung und Durchführung der Versammlung unterliegt der Bestimmung des Art. 87. Der Beschluss muss von Aktionären gefasst werden, die mindestens die Hälfte des Grundkapitals vertreten. Beruht der Fehler auf der Satzung, so kann er in der gleichen Versammlung geheilt werden, die auch darüber zu beschließen hat, ob die Gesellschaft eine zivilrechtliche Haftung der Gründer geltend machen soll (Art. 92).

§ 2º – Com a segunda via da ata da assembléia e a prova de ter sido sanada a falta ou irregularidade, o registro do comércio procederá ao arquivamento dos atos constitutivos da companhia.

§ 2 – Mit der zweiten Ausfertigung der Versammlungsniederschrift und dem Nachweis, dass der Fehler oder die Unregelmäßigkeit geheilt worden ist, hat das Handelsregister die Eintragung der Gründungsakte der Gesellschaft vorzunehmen.

§ 3º – A criação de sucursais, filiais ou agências, observado o disposto no estatuto, será arquivado no registro do comércio.

§ 3 – Die Errichtung von Zweigniederlassungen, Filialen oder Nebenstellen ist unter Beachtung der Satzungsbestimmungen im Handelsregister einzutragen.

Publicação e Transferência de Bens

Veröffentlichung und Übertragung von Vermögensgegenständen

Art. 98 – Arquivados os documentos relativos à constituição da companhia, os seus administradores providenciarão, nos 30 (trinta) dias subseqüentes, a publicação deles, bem como a de certidão do arquivamento, em órgão oficial do local de sua sede.

Art. 98 – Nach Registrierung der Gründungsunterlagen haben die Verwalter der Aktiengesellschaft innerhalb von 30 (dreißig) Tagen deren Veröffentlichung sowie die Veröffentlichung der amtlichen Eintragungsbescheinigung in dem für den Gesellschaftssitz zuständigen Amtsblatt zu veranlassen.

§ 1º – Um exemplar do órgão oficial deverá ser arquivado no registro do comércio.

§ 1 – Ein Exemplar des Amtsblattes ist beim Handelsregister aufzubewahren.

§ 2º – A certidão dos atos constitutivos da companhia, passada pelo registro do comércio em que foram arquivados, será o documento hábil para a transferência, por transcrição no registro público competente, dos bens com que o subscritor tiver contribuído para a formação do capital social (art. 8.º, § 2º).

§ 2 – Die Bescheinigung über die Gründungsakte der Gesellschaft, die von dem Handelsregister ausgestellt worden ist, bei dem diese eingetragen worden sind, ist der Berechtigungsnachweis für die Übertragung der Vermögensgegenstände, mit denen ein Zeichner zur Bildung des Grundkapitals beigetragen hat (Art. 8, § 2), mittels Überschreibung im zuständigen öffentlichen Register.

§ 3º – A ata da assembléia geral que aprovar a incorporação deverá identificar o bem com precisão, mas poderá descrevê-lo sumariamente, desde que seja suplementada por declaração, assinada pelo subscritor, contendo todos os elementos necessários para a transcrição no registro público.

§ 3 – Die Niederschrift über die Hauptversammlung, die die Einbringung genehmigt, hat den Vermögensgegenstand genau zu bezeichnen, kann ihn jedoch in zusammengefasster Form beschreiben, sofern die Beschreibung durch eine vom Zeichner unterschriebene Erklärung ergänzt wird, die alle für die Überschreibung im öffentlichen Register notwendigen Angaben enthält.

Responsabilidade dos Primeiros Administradores

Haftung der ersten Verwalter

Art. 99 – Os primeiros administradores são solidariamente responsáveis perante a companhia pelos prejuízos causados pela demora no cumprimento das formalidades complementares à sua constituição.

Art. 99 – Die ersten Verwalter haften gegenüber der Aktiengesellschaft gesamtschuldnerisch für die Schäden, die durch Verzug bei der Erfüllung der ergänzenden Formerfordernisse für die Errichtung verursacht worden sind.

Parágrafo único – A companhia não responde pelos atos ou operações praticados pelos primeiros administradores antes de cumpridas as formalidades de constituição, mas a assembléia geral poderá deliberar em contrário.

Einziger Paragraf – Die Gesellschaft haftet nicht für Handlungen oder Geschäfte, die von den ersten Verwaltern vor Erfüllung der Formerfordernisse für die Gründung vorgenommen worden sind; die Hauptversammlung kann jedoch einen gegenteiligen Beschluss fassen.

Capítulo IX

Livros Sociais

Art. 100 – A companhia deve ter, além dos livros obrigatórios para qualquer comerciante, os seguintes, revestidos das mesmas formalidades legais:

I – o livro de Registro de Ações Nominativas, para inscrição, anotação ou averbação:

a) do nome do acionista e do número das suas ações;

b) das entradas ou prestações de capital realizado;

c) das conversões de ações, de uma em outra espécie ou classe;

d) do resgate, reembolso e amortização das ações, ou de sua aquisição pela companhia;

e) das mutações operadas pela alienação ou transferência de ações;

f) do penhor, usufruto, fideicomisso, da alienação fiduciária em garantia ou de qualquer ônus que grave as ações ou obste sua negociação;

II – o livro de "Transferência de Ações Nominativas", para lançamento dos termos de transferência, que deverão ser assinados pelo cedente e pelo

Kapitel IX

Bücher der Gesellschaft

Art. 100 – Die Aktiengesellschaft hat außer den für jeden Kaufmann vorgeschriebenen Büchern die folgenden Bücher unter Beachtung der gleichen gesetzlichen Formerfordernisse zu führen:

I – das Buch Register der Namensaktien für die Eintragung, Notierung und Vermerkung:

a) des Namens des Aktionärs und der Anzahl seiner Aktien;

b) der Anzahlungen oder Teileinlagen auf das Kapital;

c) der Umwandlungen von Aktien in eine andere Art oder Klasse;

d) der Einziehung, Rückerstattung und Amortisation von Aktien oder ihres Erwerbs durch die Gesellschaft;

e) der sich aus Veräußerung oder Übertragung von Aktien ergebenden Veränderungen;

f) der Verpfändung, des Nießbrauches, des Fideikomisses[17], der Sicherungsübereignung oder anderer Belastungen, die die Aktien beschweren oder ihrer Handlungsfähigkeit entgegenstehen;

II – das Buch "Übertragung von Namensaktien" zur Eintragung der Übertragungserklärungen, die vom Zedenten und vom Zessionar oder

[17] Testamentsklausel, durch die eine Art Nachlasstreuhänder eingesetzt wird (vgl. Art. 1.951 Código Civil (brasilianisches BGB) von 2002).

cessionário ou seus legítimos representantes;

III – o livro de "Registro de Partes Beneficiárias Nominativas" e o de "Transferência de Partes Beneficiárias Nominativas", se tiverem sido emitidas, observando-se, em ambos, no que couber, o disposto nos números I e II deste artigo;

IV – o livro de Atas das Assembléias Gerais;

V – o livro de Presença dos Acionistas;

VI – os livros de Atas das Reuniões do Conselho de Administração, se houver, e de Atas das Reuniões de Diretoria;

VII – o livro de Atas e Pareceres do Conselho Fiscal.

§ 1º – A qualquer pessoa, desde que se destinem a defesa de direitos e esclarecimento de situações de interesse pessoal ou dos acionistas ou do mercado de valores mobiliários, serão dadas certidões dos assentamentos constantes dos livros mencionados nos incisos I a III, e por elas a companhia poderá cobrar o custo do serviço, cabendo, do indeferimento do pedido por parte da companhia, recurso à Comissão de Valores Mobiliários.

§ 2º – Nas companhias abertas, os livros referidos nos incisos I a V do *caput* deste artigo poderão ser substituídos, observadas as normas expedidas pela Comissão de Valores Mobiliários, por registros

ihren rechtsmäßigen Vertretern zu unterschreiben sind;

III – das Buch "Register der Namensgenussscheine" und das Buch "Übertragung der Namensgenussscheine", falls solche ausgegeben worden sind, wobei in beiden die Bestimmungen der Absätze I und II dieses Artikels, soweit zutreffend, zu beachten sind;

IV – das Buch Niederschriften über Hauptversammlungen;

V – das Buch Anwesenheit der Aktionäre;

VI – die Bücher Niederschriften über die Sitzungen des Verwaltungsrates, wenn ein solcher besteht, und Niederschriften über die Vorstandssitzungen;

VII – das Buch "Niederschriften und Gutachten des Überwachungsrates".

§ 1 – Jeder Person sind Bescheinigungen der aus den in den Absätzen I bis III erwähnten Büchern hervorgehenden Eintragungen auszustellen, sofern diese für die Wahrnehmung von Rechten und der Aufklärung von Situationen von persönlichem Interesse entweder der Aktionäre oder des Wertpapiermarktes bestimmt sind; die Gesellschaft kann hierfür die Kosten der Dienstleistung in Rechnung stellen; im Falle der Ablehnung des Gesuchs seitens der Gesellschaft kann eine Beschwerde bei der Wertpapierkomission eingelegt werden.

§ 2 – In offenen Aktiengesellschaften können die in den Absätzen I bis V des *caput* dieses Artikels genannten Bücher unter Beachtung der von der Wertpapierkommission erlassenen Bestimmungen

mecanizados ou eletrônicos.

durch mechanische oder elektronische Register ersetzt werden.

Escrituração do Agente Emissor

Art. 101 – O agente emissor de certificados (art. 27) poderá substituir os livros referidos nos incisos I a III do art. 100 pela sua escrituração e manter, mediante sistemas adequados aprovados pela Comissão de Valores Mobiliários, os registros de propriedade das ações, partes beneficiárias, debêntures e bônus de subscrição, devendo uma vez por ano preparar lista dos seus titulares, com o número dos títulos de cada um, a qual será encadernada, autenticada no registro do comércio e arquivada na companhia.

§ 1º – Os termos de transferência de ações nominativas perante o agente emissor poderão ser levados em folhas soltas, à vista do certificado da ação, no qual serão averbados a transferência e o nome e qualificação do adquirente.

§ 2º – Os termos de transferência em folhas soltas serão encadernados em ordem cronológica, em livros autenticados no registro do comércio e arquivados no agente emissor.

Buchführung der Ausgabestelle

Art. 101 – Die Ausgabestelle von Aktienurkunden (Art. 27) kann die in Art. 100, Absätze I bis III genannten Bücher durch ihre Buchführung ersetzen und die Register des Eigentums von Aktien, Genussscheinen, Schuldverschreibungen und Zeichnungsboni durch geeignete, von der Wertpapierkommission zugelassene Systeme führen; sie muss einmal jährlich eine Liste der Inhaber mit der Anzahl der Wertpapiere jedes einzelnen zusammenstellen, die einzubinden, vom Handelsregister zu beglaubigen und bei der Gesellschaft zu verwahren ist.

§ 1 – Die Übertragungserklärungen vor der Ausgabestelle bezüglich Namensaktien können gegen Vorlage der Aktienurkunde in losen Blättern aufgenommen werden, auf denen die Übertragung, der Name sowie die Angaben zur Person des Erwerbers zu vermerken sind.

§ 2 – Die losen Blätter über die Übertragungserklärungen sind in zeitlicher Reihenfolge in Bücher zu binden, die vom Handelsregister zu beglaubigen und bei der Ausgabestelle zu verwahren sind.

Ações Escriturais

Art. 102 – A instituição financeira depositária de ações escriturais deverá fornecer à companhia, ao menos uma vez por ano, cópia dos extratos das contas de depósito das ações e a lista dos acionistas com a quantidade das respectivas ações, que serão encadernadas em livros autenticados

Nicht verbriefte Aktien

Art. 102 – Das Finanzinstitut, das die nicht verbrieften Aktien verwaltet, hat der Gesellschaft mindestens einmal jährlich eine Kopie der Kontoauszüge über die geführten Aktien und die Liste der Aktionäre mit der Anzahl ihrer entsprechenden Aktien zuzustellen. Die Kontoauszüge

no registro do comércio e arquivados na instituição financeira.

sind in Bücher zu binden, die vom Handelsregister zu beglaubigen und beim Finanzinstitut zu verwahren sind.

Fiscalização e Dúvidas no Registro

Überwachung und Zweifelsfälle hinsichtlich der Eintragung

Art. 103 – Cabe a companhia verificar a regularidade das transferências e da constituição de direitos ou ônus sobre os valores mobiliários de sua emissão; nos casos dos artigos 27 e 34, essa atribuição compete, respectivamente, ao agente emissor de certificados e à instituição financeira depositária das ações escriturais.

Art. 103 – Die Gesellschaft hat die Ordnungsmäßigkeit der Übertragungen und der Begründung von Rechten oder Belastungen der von ihr ausgegebenen Wertpapiere nachzuprüfen; in den Fällen der Artikel 27 und 34 steht diese Aufgabe der Ausgabestelle der Urkunden bzw. dem Finanzinstitut zu, das die nicht verbrieften Aktien verwaltet.

Parágrafo único – As dúvidas suscitadas entre o acionista, ou qualquer interessado, e a companhia, o agente emissor de certificados ou a instituição financeira depositária das ações escriturais, a respeito das averbações ordenadas por esta lei, ou sobre anotações lançamentos ou transferências de ações, partes beneficiárias, debêntures, ou bônus de subscrição, nos livros de registro ou transferência, serão dirimidas pelo juiz competente para solucionar as dúvidas levantadas pelos oficiais dos registros públicos, excetuadas as questões atinentes à substância do direito.

Einziger Paragraf – Meinungsverschiedenheiten zwischen einem Aktionär oder einem sonstigen Beteiligtem einerseits und der Gesellschaft, der Ausgabestelle von Urkunden oder dem Finanzinstitut, das die nicht verbrieften Aktien verwaltet, andererseits, hinsichtlich der durch dieses Gesetz angeordneten Eintragungen oder der Vermerke, Buchungen oder Übertragungen von Aktien, Genussscheinen, Schuldverschreibungen oder Zeichnungsboni in den Eintragungs- oder Übertragungsbüchern sind durch den Richter zu entscheiden, der für die Klärung der von Beamten der öffentlichen Register aufgeworfenen Fragen zuständig ist, mit Ausnahme der Fragen bezüglich des Inhalts eines Rechts.

Responsabilidade da Companhia

Haftung der Gesellschaft

Art. 104 – A companhia é responsável pelos prejuízos que causar aos interessados por vícios ou irregularidades verificadas nos livros de que tratam os incisos I a III do art. 100.

Art. 104 – Die Gesellschaft haftet gegenüber den Beteiligten für die Schäden, die sie durch festgestellte Fehler und Unregelmäßigkeiten in den in Art. 100, Absätze I bis III genannten Büchern verursacht hat.

Parágrafo único – A companhia deverá diligenciar para que os atos de emissão e substituição de certificados, e de transferências e averbações nos livros sociais, sejam praticados no menor prazo possível, não excedente do fixado pela Comissão de Valores Mobiliários, respondendo perante acionistas e terceiros pelos prejuízos decorrentes de atrasos culposos.

Einziger Paragraf – Die Gesellschaft hat dafür Sorge zu tragen, dass die Akte der Ausgabe und der Ersetzung von Urkunden und der Übertragungen und Vermerkungen in den Büchern der Gesellschaft in der kürzest möglichen Zeit vorgenommen werden, wobei die von der Wertpapierkommission festgesetzte Frist nicht überschritten werden darf. Sie haftet gegenüber den Aktionären und Dritten für Schäden aus schuldhafter Verzögerung.

Exibição dos Livros

Art. 105 – A exibição por inteiro dos livros da companhia pode ser ordenada judicialmente sempre que, a requerimento de acionistas que representem, pelo menos, 5% (cinco por cento) do capital social, sejam apontados atos violadores da lei ou do estatuto, ou haja fundada suspeita de graves irregularidades praticadas por qualquer dos órgãos da companhia.

Vorlage der Bücher

Art. 105 – Die vollständige Vorlage der Bücher der Gesellschaft kann auf Antrag von Aktionären, die mindestens 5 % (fünf Prozent) des Grundkapitals vertreten, immer dann gerichtlich angeordnet werden, wenn Verstöße gegen das Gesetz oder die Satzung festgestellt werden oder sich der begründete Verdacht schwerwiegender, von einem der Gesellschaftsorgane begangener Unregelmäßigkeiten ergibt.

Capítulo X

Acionistas

Kapitel X

Aktionäre

Seção I

Obrigação de Realizar o Capital

Abschnitt I

Verpflichtung zur Einzahlung des Kapitals

Condições e Mora

Art. 106 – O acionista é obrigado a realizar, nas condições previstas no estatuto ou no boletim de subscrição, a prestação

Bedingungen und Verzug

Art. 106 – Der Aktionär ist verpflichtet, unter den in der Satzung oder der Zeichnungsliste vorgesehenen Bedingungen die

correspondente às ações subscritas ou adquiridas.

§ 1º – Se o estatuto e o boletim forem omissos quanto ao montante da prestação e ao prazo ou data do pagamento, caberá aos órgãos da administração efetuar chamada, mediante avisos publicados na imprensa, por 3 (três) vezes, no mínimo, fixando prazo, não inferior a 30 (trinta) dias, para o pagamento.

§ 2º – O acionista que não fizer o pagamento nas condições previstas no estatuto ou boletim, ou na chamada, ficará de pleno direito constituído em mora, sujeitando-se ao pagamento dos juros, da correção monetária e da multa que o estatuto determinar, esta não superior a 10% (dez por cento) do valor da prestação.

den gezeichneten oder erworbenen Aktien entsprechende Zahlung zu leisten.

§ 1 – Wenn die Satzung und die Zeichnungsliste keine Regelung über die Höhe der Teilzahlung und über die Frist oder das Datum der Zahlung enthalten, müssen die Verwaltungsorgane durch Anzeigen, die mindestens dreimal in der Presse zu veröffentlichen sind, zur Zahlung innerhalb einer Frist von mindestens 30 (dreißig) Tagen aufrufen.

§ 2 – Der Aktionär, der die Zahlung nicht unter den in der Satzung, der Zeichnungsliste oder dem Aufruf vorgesehenen Bedingungen leistet, kommt in Verzug und ist zur Zahlung von Zinsen, Geldwertberichtigung[18] und der in der Satzung festgelegten Strafe verpflichtet; die Strafe darf nicht höher sein als 10 % (zehn Prozent) des Wertes der Zahlung.

Acionista Remisso

Art. 107 – Verificada a mora do acionista, a companhia pode à sua escolha:

I – promover contra o acionista, e os que com ele forem solidariamente responsáveis (art. 108), processo de execução para cobrar as importâncias devidas, servindo o boletim de subscrição e o aviso de chamada como título extrajudicial nos termos do Código de Processo Civil; ou

II – mandar vender as ações em bolsa de valores, por conta e risco do acionista.

Verzug des Aktionärs

Art. 107 – Wird der Verzug des Aktionärs festgestellt, kann die Gesellschaft nach ihrer Wahl:

I – gegen den Aktionär und die mit ihm gesamtschuldnerisch Haftenden (Art. 108) Vollstreckungsklage zur Beitreibung der geschuldeten Beträge erheben, wobei die Zeichnungsliste und die Aufforderung als außergerichtliche Titel im Sinne der Zivilprozessordnung gelten; oder

II – die Aktien an der Wertpapierbörse für Rechnung und auf Gefahr des Aktionärs verkaufen lassen.

---

18 Die Geldwertberichtigung ist durch das Gesetz Nr. 9069 vom 29.06.1995 abgeschafft worden.

§ 1º – Será havida como não escrita, relativamente à companhia, qualquer estipulação do estatuto ou do boletim de subscrição que exclua ou limite o exercício da opção prevista neste artigo, mas o subscritor de boa-fé terá ação, contra os responsáveis pela estipulação, para haver perdas e danos sofridos, sem prejuízo da responsabilidade penal que no caso couber.

§ 1 – Gegenüber der Gesellschaft gilt jede Bestimmung der Satzung oder der Zeichnungsliste, die die Ausübung der in diesem Artikel vorgesehenen Option ausschließt oder einschränkt, als nicht geschrieben; der gutgläubige Zeichner kann jedoch gegen die für die Bestimmung Verantwortlichen Klage auf Schadenersatz erheben, unbeschadet der in dem Fall in Frage kommenden strafrechtlichen Verantwortlichkeit.

§ 2º – A venda será feita em leilão especial na bolsa de valores do lugar da sede social, ou, se não houver, na mais próxima, depois de publicado aviso, por 3 (três) vezes, com antecedência mínima de 3 (três) dias. Do produto da venda serão deduzidos as despesas com a operação e, se previstos no estatuto, os juros, correção monetária e multa, ficando o saldo à disposição do ex-acionista, na sede da sociedade.

§ 2 – Der Verkauf erfolgt in besonderer Versteigerung an der Wertpapierbörse des Ortes des Gesellschaftssitzes oder in Ermangelung einer solchen, an der nächstgelegenen, nach dreimaliger mindestens 3 (drei) Tage im Voraus erfolgter Veröffentlichung der entsprechenden Ankündigung. Vom Verkaufserlös sind die mit dem Verkauf verbundenen Kosten und, wenn in der Satzung vorgesehen, die Zinsen, Geldwertberichtigung[19] und Strafe abzuziehen; der Rest bleibt am Sitz der Gesellschaft zur Verfügung des ehemaligen Aktionärs.

§ 3º – É facultado à companhia, mesmo após iniciada a cobrança judicial, mandar vender a ação em bolsa de valores; a companhia poderá também promover a cobrança judicial se as ações oferecidas em bolsa não encontrarem tomador, ou se o preço apurado não bastar para pagar os débitos do acionista.

§ 3 – Die Gesellschaft kann, selbst nach Einleitung der gerichtlichen Beitreibung, die Aktien an der Wertpapierbörse verkaufen lassen; die Gesellschaft kann die gerichtliche Beitreibung auch einleiten, wenn die an der Börse angebotenen Aktien keinen Käufer finden, oder wenn der erzielte Preis nicht ausreicht, um die Verpflichtungen des Aktionärs zu decken.

§ 4º – Se a companhia não conseguir, por qualquer dos meios previstos neste artigo, a integralização das ações, poderá declará-las caducas e fazer suas as entradas realizadas, integralizando-as com lucros ou reservas, exceto a legal; se não tiver lucros e reservas suficientes, terá o prazo de 1

§ 4 – Wenn die Gesellschaft durch die in diesem Artikel vorgesehenen Möglichkeiten nicht die Einzahlung der Aktien erreicht, kann sie diese für verfallen erklären und die geleisteten Anzahlungen für sich vereinnahmen, indem sie die Aktien aus Gewinnen oder Rücklagen, mit

[19] Die Geldwertberichtigung ist durch das Gesetz Nr. 9069 vom 29.06.1995 abgeschafft worden.

(um) ano para colocar as ações caídas em comisso, findo o qual, não tendo sido encontrado comprador, a assembléia geral deliberará sobre a redução do capital em importância correspondente.

Ausnahme der gesetzlichen, voll einzahlt. Sind keine ausreichenden Gewinne oder Rücklagen vorhanden, hat sie eine Frist von 1 (einem) Jahr, um die verfallenen Aktien unterzubringen; hat sich bis Ablauf des Jahres kein Käufer gefunden, beschließt die Hauptversammlung über die Kapitalherabsetzung in entsprechender Höhe.

Responsabilidade dos Alienantes

Art. 108 – Ainda quando negociadas as ações, os alienantes continuarão responsáveis, solidariamente com os adquirentes, pelo pagamento das prestações que faltarem para integralizar as ações transferidas.

Parágrafo único – Tal responsabilidade cessará, em relação a cada alienante, no fim de 2 (dois) anos a contar da data da transferência das ações.

Haftung der Veräußerer

Art. 108 – Selbst wenn die Aktien gehandelt werden, haften die Veräußerer und die Erwerber weiterhin gesamtschuldnerisch für die Leistung der Zahlungen, die zur vollen Bezahlung der übertragenen Aktien fehlen.

Einziger Paragraf – Diese Haftung erlischt in Bezug auf jeden Veräußerer am Ende von 2 (zwei) Jahren, vom Tag der Übertragung der Aktien an gerechnet.

Seção II

Direitos Essenciais

Art. 109 – Nem o estatuto social, nem a assembléia geral poderão privar o acionista dos direitos de:

I – participar dos lucros sociais;

II – participar do acervo da companhia, em caso de liquidação;

III – fiscalizar, na forma prevista nesta lei, a gestão dos negócios sociais;

Abschnitt II

Wesentliche Rechte

Art. 109 – Weder die Satzung noch die Hauptversammlung können dem Aktionär die folgenden Rechte entziehen:

I – Beteiligung an den Gesellschaftsgewinnen;

II – Beteiligung an dem Gesellschaftsvermögen im Falle der Liquidation;

III – Überwachung der Führung der Geschäfte in der in diesem Gesetz vorgesehenen Form;

IV – preferências para a subscrição de ações, partes beneficiárias conversíveis em ações, debêntures conversíveis em ações e bônus de subscrição, observado o disposto nos artigos 171 e 172;

V – retirar-se da sociedade nos casos previstos nesta Lei.

§ 1º – As ações de cada classe conferirão iguais direitos aos seus titulares.

§ 2º – Os meios, processos ou ações que a lei confere ao acionista para assegurar os seus direitos não podem ser elididos pelo estatuto ou pela assembléia geral.

§ 3º – O estatuto da sociedade pode estabelecer que as divergências entre os acionistas e a companhia, ou entre os acionistas controladores e os acionistas minoritários, poderão ser solucionados mediante arbitragem, nos termos em que especificar.

IV – Bezugsrecht auf die Zeichnung von Aktien, von in Aktien umwandelbaren Genussscheinen, Wandelschuldverschreibungen und Zeichnungsboni, unter Beachtung der Bestimmungen der Art. 171 und 172;

V – sich aus der Gesellschaft in den in diesem Gesetz vorgesehenen Fällen zurückzuziehen.

§ 1 – Die Aktien einer jeden Klasse gewähren ihren Inhabern gleiche Rechte.

§ 2 – Die Mittel, Verfahren oder Klagen, die das Gesetz dem Aktionär zur Sicherung seiner Rechte zur Verfügung stellt, können weder durch die Satzung noch durch die Hauptversammlung beschnitten werden.

§ 3 – Die Satzung kann bestimmen, dass Auseinandersetzungen zwischen Aktionären und der Gesellschaft, oder zwischen den Haupt- und Minderheitsaktionären durch Schiedsgerichtsbarkeit zu näher ausgeführten Bedingungen beigelegt werden können.

Seção III

Direito de Voto

Disposições Gerais

Art. 110 – A cada ação ordinária corresponde 1 (um) voto nas deliberações da assembléia geral.

§ 1º – O estatuto pode estabelecer limitação ao número de votos de cada acionista.

Abschnitt III

Stimmrecht

Allgemeine Bestimmungen

Art. 110 – Jeder Stammaktie entspricht 1 (eine) Stimme bei den Beschlüssen der Hauptversammlung.

§ 1 – Die Satzung kann die Zahl der Stimmen eines jeden Aktionärs begrenzen.

§ 2º – É vedado atribuir voto plural a qualquer classe de ações.

§ 2 – Es ist verboten, einer Klasse von Aktien ein Mehrstimmrecht zuzuteilen.

Ações Preferenciais

Vorzugsaktien

Art. 111 – O estatuto poderá deixar de conferir às ações preferenciais algum ou alguns dos direitos reconhecidos às ações ordinárias, inclusive o de voto, ou conferi-lo com restrições, observado o disposto no artigo 109.

Art. 111 – Die Satzung kann den Vorzugsaktien eines oder mehrerer der den Stammaktien zuerkannten Rechte einschließlich des Stimmrechts versagen oder dieses mit Einschränkungen versehen; die Bestimmungen des Artikels 109 sind zu beachten.

§ 1º – As ações preferenciais sem direito de voto adquirirão o exercício desse direito se a companhia, pelo prazo previsto no estatuto, não superior a 3 (três) exercícios consecutivos, deixar de pagar os dividendos fixos ou mínimos a que fizerem jus, direito que conservarão até o pagamento, se tais dividendos não forem cumulativos, ou até que sejam pagos os cumulativos em atraso.

§ 1 – Die Vorzugsaktien ohne Stimmrecht erwerben dieses Recht, wenn die Gesellschaft in dem in der Satzung vorgesehenen Zeitraum, der nicht größer als 3 (drei) aufeinander folgende Geschäftsjahre sein darf, es unterlässt, die ihnen zustehenden Fest- oder Mindestdividenden zu zahlen; sie behalten dieses Recht bis zur Zahlung der Dividenden, wenn diese nicht kumulativ sind oder bis die rückständigen Kumulativdividenden bezahlt worden sind.

§ 2º – Na mesma hipótese e sob a mesma condição do § 1º, as ações preferenciais com direito de voto restrito terão suspensas as limitações ao exercício desse direito.

§ 2 – Unter derselben Voraussetzung und Bedingung des § 1 werden die Beschränkungen in der Ausübung des Stimmrechts von Vorzugsaktien mit beschränktem Stimmrecht ausgesetzt.

§ 3º – O estatuto poderá estipular que o disposto nos §§ 1º e 2º vigorará a partir do término da implantação do empreendimento inicial da companhia.

§ 3 – Die Satzung kann festlegen, dass die Bestimmungen der §§ 1 und 2 ab Betriebsbereitschaft des Ausgangsunternehmens der Gesellschaft gelten.

Não Exercício de Voto pelas Ações ao Portador

Nichtausübung des Stimmrechts durch Inhaberaktien[20]

Art. 112 – Somente os titulares de ações

Art. 112 – Nur die Eigentümer von

[20] Alle Bestimmungen über Inhaberaktien haben aufgrund der Änderung des Gesetzes Nr. 8.021 vom 12.4.1990 ihre Relevanz verloren, da seither keine Inhaberaktien mehr existieren.

nominativas, endossáveis e escriturais poderão exercer o direito de voto.

Namensaktien, indossierbaren Aktien und nicht verbrieften Aktien können das Stimmrecht ausüben.

Parágrafo único – Os titulares de ações preferenciais ao portador que adquirirem direito de voto de acordo com o disposto nos §§ 1º e 2º do artigo 111, e enquanto dele gozarem, poderão converter as ações em nominativas ou endossáveis, independentemente de autorização estatutária.

Einziger Paragraf – Die Besitzer von Vorzugsaktien auf den Inhaber, die das Stimmrecht gemäß Art. 111, §§ 1 und 2 erworben haben, können, unabhängig von einer Genehmigung in der Satzung, die Aktien in Namensaktien oder indossierbare Aktien umwandeln, solange sie das Stimmrecht genießen.

Voto das Ações Empenhadas e Alienadas Fiduciariamente

Stimmrecht verpfändeter und sicherungsübereigneter Aktien

Art. 113 – O penhor da ação não impede o acionista de exercer o direito de voto; será lícito, todavia, estabelecer, no contrato, que o acionista não poderá, sem consentimento do credor pignoratício, votar em certas deliberações.

Art. 113 – Die Verpfändung einer Aktie hindert den Aktionär nicht an der Ausübung des Stimmrechts, jedoch kann im Vertrag vereinbart werden, dass der Aktionär bei bestimmten Beschlüssen nicht ohne Zustimmung des Pfandgläubigers abstimmen kann.

Parágrafo único – O credor garantido por alienação fiduciária da ação não poderá exercer o direito de voto; o devedor somente poderá exercê-lo nos termos do contrato.

Einziger Paragraf – Der durch Sicherungsübereignung einer Aktie gesicherte Gläubiger darf das Stimmrecht nicht ausüben; der Schuldner muss bei Ausübung des Stimmrechts die entsprechenden Vertragsbestimmungen beachten.

Voto das Ações Gravadas com Usufruto

Stimmrecht der mit einem Nießbrauch belasteten Aktien

Art. 114 – O direito de voto da ação gravada com usufruto, se não for regulado no ato de constituição do gravame, somente poderá ser exercido mediante prévio acordo entre o proprietário e o usufrutuário.

Art. 114 – Das Stimmrecht einer mit Nießbrauch belasteten Aktie darf, wenn nicht bei der Bestellung der Belastung Gegenteiliges geregelt wurde, nur nach vorheriger Vereinbarung zwischen dem Eigentümer und dem Nießbraucher ausgeübt werden.

Abuso do Direito de Voto e Conflito de Interesses

Art. 115 – O acionista deve exercer o direito a voto no interesse da companhia; considerar-se-á abusivo o voto exercido com o fim de causar dano à companhia ou a outros acionistas, ou de obter, para si ou para outrem, vantagem a que não faz jus e de que resulte, ou possa resultar, prejuízo para a companhia ou para outros acionistas.

§ 1º – O acionista não poderá votar nas deliberações da assembléia geral relativas ao laudo de avaliação de bens com que concorrer para a formação do capital social e à aprovação de suas contas como administrador, nem em quaisquer outras que puderem beneficiá-lo de modo particular, ou em que tiver interesse conflitante com o da companhia.

§ 2º – Se todos os subscritores forem condôminos de bem com que concorreram para a formação do capital social, poderão aprovar o laudo, sem prejuízo da responsabilidade de que trata o § 6º do artigo 8º.

§ 3º – O acionista responde pelos danos causados pelo exercício abusivo do direito de voto, ainda que seu voto não haja prevalecido.

§ 4º – A deliberação tomada em decorrência do voto de acionista que tem interesse conflitante com o da companhia é anulável; o acionista responderá pelos danos causados e será obrigado a transferir

Missbrauch des Stimmrechts und Interessenkonflikt

Art. 115 – Der Aktionär hat das Stimmrecht im Interesse der Gesellschaft auszuüben. Als Missbrauch wird die Ausübung des Stimmrechts mit dem Ziel angesehen, der Aktiengesellschaft oder anderen Aktionären Schaden zuzufügen oder für sich oder einen anderen einen unberechtigten Vorteil zu erzielen, aus dem sich ein Schaden für die Aktiengesellschaft oder für andere Aktionäre ergibt oder ergeben könnte.

§ 1 – Der Aktionär darf nicht mitstimmen bei den Beschlussfassungen der Hauptversammlung über das Bewertungsgutachten hinsichtlich Vermögensgegenständen, mit denen er zur Bildung des Grundkapitals beiträgt, über die Billigung seiner Handlungen als Verwalter sowie bei anderen Beschlüssen, die ihn in besonderer Weise begünstigen können oder bei denen sein Interesse mit dem der Gesellschaft in Konflikt gerät.

§ 2 – Wenn alle Zeichner Miteigentümer des Vermögensgegenstandes sind, mit dem sie zur Bildung des Grundkapitals beigetragen haben, dürfen sie das Gutachten, unbeschadet ihrer Haftung gemäß Art. 8, § 6 billigen.

§ 3 – Der Aktionär haftet für die durch missbräuchliche Ausübung seines Stimmrechts verursachten Schäden, selbst wenn seine Stimme nicht ausschlaggebend war.

§ 4 – Ein Beschluss, der als Folge der Abstimmung eines Aktionärs gefasst worden ist, der in einem Interessenkonflikt mit der Gesellschaft steht, ist anfechtbar; der Aktionär haftet für die verursachten

para a companhia as vantagens que tiver auferido.

Schäden und ist verpflichtet, die erzielten Vorteile der Gesellschaft zu übertragen.

Seção IV

Acionista Controlador

Abschnitt IV

Beherrschender Aktionär

Deveres

Art. 116 – Entende-se por acionista controlador a pessoa, natural ou jurídica, ou o grupo de pessoas vinculadas por acordo de voto, ou sob controle comum, que:

a) é titular de direitos de sócio que lhe assegurem, de modo permanente, a maioria dos votos nas deliberações da assembléia geral e o poder de eleger a maioria dos administradores da companhia; e

b) usa efetivamente seu poder para dirigir as atividades sociais e orientar o funcionamento dos órgãos da companhia.

Parágrafo único – O acionista controlador deve usar o poder com o fim de fazer a companhia realizar o seu objeto e cumprir sua função social, e tem deveres e responsabilidades para com os demais acionistas da empresa, os que nela trabalham e para com a comunidade em que atua, cujos direitos e interesses deve lealmente respeitar e atender.

Art. 116-A. – O acionista controlador da companhia aberta e os acionistas, ou grupo de acionistas, que elegerem membro do conselho de administração ou membro do conselho fiscal, deverão informar

Pflichten

Art. 116 – Als beherrschender Aktionär gilt die natürliche oder juristische Person oder die durch Abstimmungsvereinbarung gebundene oder unter gemeinsamer Kontrolle stehende Personengruppe, die:

a) Inhaber von Gesellschaftsrechten ist, die ihr ständig die Stimmenmehrheit bei den Beschlussfassungen der Hauptversammlung und die Befugnis, die Mehrheit der Verwalter der Gesellschaft zu wählen, sichern; und

b) ihre Stellung tatsächlich dazu benutzt, die Tätigkeiten der Gesellschaft und ihrer Organe zu leiten.

Einziger Paragraf – Der beherrschende Aktionär hat seinen Einfluss mit dem Ziel auszuüben, dass die Gesellschaft ihren Zweck verwirklicht und ihre soziale Funktion erfüllt; er hat Pflichten und Verantwortung gegenüber den übrigen Aktionären des Unternehmens, gegenüber denen, die in diesem arbeiten und gegenüber dem Gemeinwesen, in dem das Unternehmen tätig ist, deren Rechte und Interessen er getreulich zu beachten und zu wahren hat.

Art. 116-A. – Der beherrschende Aktionär der offenen Aktiengesellschaft und die Aktionäre oder Aktionärsgruppen, die Mitglieder des Verwaltungsrats oder des Überwachungsrats wählen, haben der

imediatamente as modificações em sua posição acionária na companhia à Comissão de Valores Mobiliários e às Bolsas de Valores ou entidades do mercado de balcão organizado nas quais os valores mobiliários de emissão da companhia estejam admitidos à negociação, nas condições e na forma determinadas pela Comissão de Valores Mobiliários.

Wertpapierkommission und den Wertpapierbörsen oder Stellen des organisierten Freiverkehrs, wo die von der Aktiengesellschaft ausgegebenen Wertpapiere zum Handel zugelassen sind, unverzüglich die Änderungen ihrer Aktionärsstellung in der Aktiengesellschaft gemäß den Bedingungen und der Form, wie sie von der Wertpapierkommission bestimmt wurden, mitzuteilen.

Responsabilidade

Verantwortlichkeit

Art. 117 – O acionista controlador responde pelos danos causados por atos praticados com abuso de poder.

Art. 117 – Der beherrschende Aktionär haftet für Schäden aus Handlungen, die unter Missbrauch seiner Stellung begangen wurden.

§ 1° – São modalidades de exercício abusivo de poder:

§ 1 – Fälle des Missbrauchs sind:

a) orientar a companhia para fim estranho ao objeto social ou lesivo ao interesse nacional, ou levá-la a favorecer outra sociedade, brasileira ou estrangeira, em prejuízo da participação dos acionistas minoritários nos lucros ou no acervo da companhia, ou da economia nacional;

a) die Gesellschaft an einem Ziel zu orientieren, das dem Gesellschaftszweck fremd oder dem nationalen Interesse schädlich ist oder sie zu veranlassen, eine andere brasilianische oder ausländische Gesellschaft zum Nachteil der Beteiligung von Minderheitsaktionären am Gewinn oder Vermögen der Gesellschaft, oder der nationalen Wirtschaft zu begünstigen;

b) promover a liquidação de companhia próspera, ou a transformação, incorporação, fusão ou cisão da companhia, com o fim de obter, para si ou para outrem, vantagem

b) die Liquidation einer gut gehenden Gesellschaft, die Umwandlung, die Inkorporation[21], die Fusion oder die Spaltung der Gesellschaft mit dem Ziel zu betreiben, für sich oder

21 Die im Deutschen Aktienrecht verwendeten Ausdrücke "Verschmelzung durch Aufnahme" und "Verschmelzung durch Neugründung" werden in den folgenden Artikeln aus Vereinfachungsgründen mit den den portugisischen Ausdrücken entsprechenden Bezeichnungen "Inkorporation" bzw. "Fusion" wiedergegeben.

	indevida, em prejuízo dos demais acionistas, dos que trabalham na empresa ou dos investidores em valores mobiliários emitidos pela companhia;		Dritte zum Nachteil der übrigen Aktionäre, der Beschäftigten des Unternehmens oder der Anleger der durch die Gesellschaft ausgegebenen Wertpapiere unberechtigte Vorteile zu erlangen;
c)	promover alteração estatutária, emissão de valores mobiliários ou adoção de políticas ou decisões que não tenham por fim o interesse da companhia e visem a causar prejuízo a acionistas minoritários, aos que trabalham na empresa ou aos investidores em valores mobiliários emitidos pela companhia;	c)	eine Satzungsänderung, die Ausgabe von Wertpapieren, eine Gesellschaftspolitik oder Entscheidungen zu fördern, die nicht das Interesse der Gesellschaft bezwecken, und darauf hinzielen, den Minderheitsaktionären, den Beschäftigten des Unternehmens oder den Anlegern der von der Gesellschaft ausgegebenen Wertpapiere Schaden zuzufügen;
d)	eleger administrador ou fiscal que sabe inapto, moral ou tecnicamente;	d)	eine Person zum Verwalter oder Mitglied des Überwachungsrats zu wählen, von der er weiß, dass sie unzuverlässig oder fachlich ungeeignet ist;
e)	induzir, ou tentar induzir, administrador ou fiscal a praticar ato ilegal, ou, descumprindo seus deveres definidos nesta Lei e no estatuto, promover, contra o interesse da companhia, sua ratificação pela assembléia geral;	e)	einen Verwalter oder ein Mitglied des Überwachungsrats zur Begehung einer ungesetzlichen Handlung zu verleiten, oder dies zu versuchen, oder die Genehmigung einer solchen Handlung durch die Hauptversammlung unter Verletzung seiner in diesem Gesetz und in der Satzung festgelegten Pflichten gegen das Interesse der Gesellschaft zu betreiben;
f)	contratar com a companhia, diretamente ou através de outrem, ou de sociedade na qual tenha interesse, em condições de favorecimento ou não eqüitativas;	f)	unter begünstigenden oder unangemessenen Bedingungen Verträge mit der Gesellschaft abzuschließen, sei es direkt, über einen Dritten oder über eine Gesellschaft, an der er interessiert ist;
g)	aprovar ou fazer aprovar contas irregulares de administradores, por favorecimento pessoal, ou deixar de	g)	fehlerhafte Rechnungslegung von Verwaltern aus Gründen persönlicher Begünstigung zu billigen oder

apurar denúncia que saiba ou devesse saber procedente, ou que justifique fundada suspeita de irregularidade.

billigen zu lassen, oder die Aufklärung einer Anzeige zu unterlassen, von der er weiß oder wissen müsste, dass sie schlüssig ist oder den begründeten Verdacht einer Unregelmäßigkeit rechtfertigt.

h) subscrever ações, para os fins do disposto no art. 170, com a realização em bens estranhos ao objeto social da companhia.

h) Zeichnung von Aktien zu den in Art. 170 vorgeschriebenen Zwecken, unter Einzahlung von Sachwerten, die dem Gesellschaftszweck fremd sind.

§ 2º – No caso da alínea e) do § 1º, o administrador ou fiscal que praticar o ato ilegal responde solidariamente com o acionista controlador.

§ 2 – Im Falle des § 1, Buchstabe e), haften der Verwalter oder das Mitglied des Überwachungsrats, die die ungesetzliche Handlung begehen, gesamtschuldnerisch mit dem beherrschenden Aktionär.

§ 3º – O acionista controlador que exerce cargo de administrador ou fiscal tem também os deveres e responsabilidades próprios do cargo.

§ 3 – Der beherrschende Aktionär, der das Amt eines Verwalters oder Mitglieds des Überwachungsrats ausübt, hat auch die diesem Amt entsprechenden Pflichten und Verantwortlichkeiten.

Seção V

Abschnitt V

Acordo de Acionistas

Vereinbarung zwischen Aktionären

Art. 118 – Os acordos de acionistas, sobre a compra e venda de suas ações, preferência para adquiri-las, exercício do direito a voto, ou do poder de controle deverão ser observados pela companhia quando arquivados na sua sede.

Art. 118 – Die Vereinbarungen zwischen Aktionären über Kauf und Verkauf ihrer Aktien, über ein Vorkaufsrecht, über die Ausübung des Stimmrechts oder des Beherrschungsrechts sind von der Gesellschaft zu beachten, wenn sie an ihrem Sitz hinterlegt sind.

§ 1º – As obrigações ou ônus decorrentes desses acordos somente serão oponíveis a terceiros, depois de averbados nos livros de registro e nos certificados das ações, se emitidos.

§ 1 – Verpflichtungen oder Belastungen, die sich aus solchen Vereinbarungen ergeben, können Dritten erst nach Eintragung in den Registern und den Aktienurkunden, wenn solche ausgegeben sind, entgegengehalten werden.

§ 2º – Esses acordos não poderão ser invocados para eximir o acionista de responsabilidade no exercício do direito de voto (art. 115) ou do poder de controle (artigos 116 e 117).

§ 2 – Diese Vereinbarungen können nicht herangezogen werden, um den Aktionär von seiner Verantwortlichkeit bei der Ausübung des Stimmrechts (Art. 115) oder seiner beherrschenden Stellung (Art. 116 und 117) zu befreien.

§ 3º – Nas condições previstas no acordo, os acionistas podem promover a execução específica das obrigações assumidas.

§ 3 – Gemäß den in der Vereinbarung vorgesehenen Bedingungen können die Aktionäre die Erfüllung der übernommenen Verpflichtungen im einzelnen betreiben.

§ 4º – As ações averbadas nos termos deste artigo não poderão ser negociadas em bolsa ou no mercado de balcão.

§ 4 – Aktien mit Vermerken nach den Vorschriften dieses Artikels können weder an der Börse noch im geregelten Freiverkehr gehandelt werden.

§ 5º – No relatório anual, os órgãos da administração da companhia aberta informarão à assembléia geral as disposições sobre política de reinvestimento de lucros e distribuição de dividendos, constantes de acordos de acionistas arquivados na companhia.

§ 5 – Die Verwaltungsorgane einer offenen Aktiengesellschaft müssen im Jahresbericht die Hauptversammlung über Bestimmungen informieren, die in den bei der Gesellschaft hinterlegten Aktionärsvereinbarungen über die Politik der Reinvestierung von Gewinnen und der Verteilung von Dividenden getroffen worden sind.

§ 6º – O acordo de acionistas cujo prazo for fixado em função de termo ou condição resolutiva somente pode ser denunciado segundo suas estipulações.

§ 6 – Die Aktionärsvereinbarung, deren Frist im Hinblick auf einen Termin oder eine auflösende Bedingung festgesetzt worden ist, kann nur gemäß ihren Bestimmungen gekündigt werden.

§ 7º – O mandato outorgado nos termos de acordo de acionistas para proferir, em assembléia geral ou especial, voto contra ou a favor de determinada deliberação, poderá prever prazo superior ao constante do § 1º do art. 126 desta Lei.

§ 7 – Die im Sinne der Aktionärsvereinbarung erteilte Vollmacht, um in der Haupt- oder Sonderversammlung für oder gegen einen bestimmten Beschluss zu stimmen, kann über die in Art. 126, § 1 dieses Gesetzes vorgesehene Frist hinausgehen.

§ 8º – O presidente da assembléia ou do órgão colegiado de deliberação da companhia não computará o voto proferido com infração de acordo de

§ 8 – Der Vorsitzende der Versammlung oder des beschließenden Kollegialorgans der Aktiengesellschaft hat die Stimme, die unter Zuwiderhandlung gegen die vor-

acionistas devidamente arquivado.

schriftsmäßig eingetragene Aktionärsvereinbarung abgegeben wurde, nicht mitzuzählen.

§ 9º – O não comparecimento à assembléia ou às reuniões dos órgãos de administração da companhia, bem como as abstenções de voto de qualquer parte de acordo de acionistas ou de membros do conselho de administração eleitos nos termos de acordo de acionistas, assegura à parte prejudicada o direito de votar com as ações pertencentes ao acionista ausente ou omisso e, no caso de membro do conselho de administração, pelo conselheiro eleito com os votos da parte prejudicada.

§ 9 – Das Fernbleiben der Versammlung oder der Sitzungen der Verwaltungsorgane der Aktiengesellschaft, sowie die Stimmenthaltungen irgendeiner der Parteien der Aktionärsvereinbarung oder der gemäß der Aktionärsvereinbarung gewählten Mitglieder des Verwaltungsrats, sichert der beeinträchtigten Partei das Recht zu, mit den dem abwesenden oder säumigen Aktionär gehörenden Aktien zu stimmen, und im Falle eines Mitglieds des Verwaltungsrats, durch das Ratsmitglied, welches mit den Stimmen der beeinträchtigten Partei gewählt wurde.

§ **10** – Os acionistas vinculados a acordo de acionistas deverão indicar, no ato de arquivamento, representante para comunicar-se com a companhia, para prestar ou receber informações, quando solicitadas.

§ **10** – Die an eine Aktionärsvereinbarung gebundenen Aktionäre haben gelegentlich der Eintragung einen Vertreter zu benennen, um sich mit der Gesellschaft zu verständigen, um auf Anforderung Auskünfte zu erteilen oder zu empfangen.

§ **11** – A companhia poderá solicitar aos membros do acordo esclarecimento sobre suas cláusulas.

§ **11** – Die Aktiengesellschaft kann von den Mitgliedern der Vereinbarung Erklärungen zu deren Klauseln verlangen.

Seção VI

Abschnitt VI

Representação de Acionista Residente ou Domiciliado no Exterior

Vertretung von im Ausland wohnhaften oder ansässigen Aktionären

Art. 119 – O acionista residente ou domiciliado no exterior deverá manter, no País, representante com poderes para receber citação em ações contra ele, propostas com fundamento nos preceitos desta Lei.

Art. 119 – Der im Ausland wohnhafte oder ansässige Aktionär muss in Brasilien einen Vertreter mit der Vollmacht haben, die Zustellung von gegen ihn auf Grund von Vorschriften dieses Gesetzes erhobenen Klagen entgegenzunehmen.

Parágrafo único – O exercício, no Brasil,

Einziger Paragraf – Die Ausübung von

de quaisquer dos direitos de acionista, confere ao mandatário ou representante legal qualidade para receber citação judicial.

Rechten des Aktionärs in Brasilien verleiht dem Beauftragten oder gesetzlichen Vertreter die Befugnis, gerichtliche Zustellungen entgegenzunehmen.

Seção VII

Abschnitt VII

Suspensão do Exercício de Direitos

Art. 120 – A assembléia geral poderá suspender o exercício dos direitos do acionista que deixar de cumprir obrigação imposta pela lei ou pelo estatuto, cessando a suspensão logo que cumprida a obrigação.

Aussetzung der Ausübung von Rechten

Art. 120 – Die Hauptversammlung kann die Ausübung von Rechten eines Aktionärs, der durch Gesetz oder Satzung auferlegte Verpflichtungen nicht erfüllt, aussetzen; die Aussetzung endet mit der Erfüllung der Verpflichtung.

Capítulo XI

Assembléia Geral

Kapitel XI

Hauptversammlung

Seção I

Abschnitt I

Disposições Gerais

Art. 121 – A assembléia geral, convocada e instalada de acordo com a lei e o estatuto, tem poderes para decidir todos os negócios relativos ao objeto da companhia e tomar as resoluções que julgar convenientes à sua defesa e desenvolvimento.

Parágrafo único – Nas companhias abertas, o acionista poderá participar e votar a distância em assembleia geral, nos termos da regulamentação da Comissão de Valores Mobiliários.

Allgemeine Bestimmungen

Art. 121 – Die Hauptversammlung, die gemäß Gesetz und Satzung einberufen und zusammengetreten ist, kann über alle den Gesellschaftszweck betreffenden Geschäftsvorgänge entscheiden und die Beschlüsse fassen, die sie zum Schutz und für die Entwicklung der Gesellschaft für angebracht hält.

Einziger Paragraf – Bei offenen Aktiengesellschaften kann sich der Aktionär gemäß der Regelung der Wertpapierkommission an der Hauptversammlung durch Fernteilnahme und Fernabstimmung beteiligen.

Competência Privativa

Art. 122 – Compete privativamente à assembléia geral:

I – reformar o estatuto social;

II – eleger ou destituir, a qualquer tempo, os administradores e fiscais da companhia, ressalvado o disposto no inciso II do art. 142;

III – tomar, anualmente, as contas dos administradores e deliberar sobre as demonstrações financeiras por eles apresentadas;

IV – autorizar a emissão de debêntures, ressalvado o disposto nos §§ 1º, 2º e 4º do art. 59;

V – suspender o exercício dos direitos do acionista (art.120);

VI – deliberar sobre a avaliação de bens com que o acionista concorrer para a formação do capital social;

VII – autorizar a emissão de partes beneficiárias;

VIII – deliberar sobre transformação, fusão, incorporação e cisão da companhia, sua dissolução e liquidação, eleger e destituir liquidantes e julgar-lhes as contas;

Ausschließliche Zuständigkeit

Art. 122 – Die Hauptversammlung ist ausschließlich zuständig für:

I – die Änderung der Gesellschaftssatzung;

II – jederzeitige Wahl oder Abberufung der Verwalter und Mitglieder des Überwachungsrates der Gesellschaft, vorbehaltlich der Vorschrift des Art. 142, Absatz II;

III – die jährliche Entgegennahme der Rechnungslegung der Verwalter und Beschlussfassung über den von ihnen vorgelegten Jahresabschluss[22];

IV – die Zustimmung zur Ausgabe von Schuldverschreibungen, vorbehaltlich der Vorschriften der §§ 1, 2 und 4 des Art. 59;

V – die Aussetzung der Ausübung der Rechte des Aktionärs (Art. 120);

VI – die Beschlussfassung über die Bewertung von Vermögensgegenständen, die der Aktionär zur Bildung des Grundkapitals einbringt;

VII – die Zustimmung zur Ausgabe von Genussscheinen;

VIII – die Beschlussfassung über Umwandlung, Fusion, Inkorporation[23] und Spaltung der Gesellschaft, über ihre Auflösung und Liquidation, die Wahl und Abberufung der

---

[22] "Demonstraçãoes financeiras" (Finanzberichte) hier im Sinne von Jahresabschluss.

[23] Die im Deutschen Aktienrecht verwendeten Ausdrücke "Verschmelzung durch Aufnahme" und "Verschmelzung durch Neugründung" werden in den folgenden Artikeln aus Vereinfachungsgründen mit den den portugisischen Ausdrücken entsprechenden Bezeichnungen "Inkorporation" bzw. "Fusion" wiedergegeben.

Liquidatoren und die Prüfung ihrer Rechnungslegung;

IX – autorizar os administradores a confessar falência e pedir concordata.

IX – die Ermächtigung der Verwalter, den Konkurs zu erklären oder das Vergleichsverfahren zu beantragen.

Parágrafo único – Em caso de urgência, a confissão de falência ou o pedido de concordata poderá ser formulado pelos administradores, com a concordância do acionista controlador, se houver, convocando-se imediatamente a assembléia geral, para manifestar-se sobre a matéria.

Einziger Paragraf – In Eilfällen kann die Konkurserklärung oder der Vergleichsantrag von den Verwaltern mit Zustimmung des beherrschenden Aktionärs, falls ein solcher vorhanden, abgegeben werden; die Hauptversammlung ist unverzüglich einzuberufen, um zu der Angelegenheit Stellung zu nehmen.

Competência para Convocação

Zuständigkeit für die Einberufung

Art. 123 – Compete ao conselho de administração, se houver, ou aos diretores, observado o disposto no estatuto, convocar a assembléia geral.

Art. 123 – Die Einberufung der Hauptversammlung obliegt dem Verwaltungsrat, wenn ein solcher vorhanden ist, andernfalls den Vorstandsmitgliedern unter Beachtung der Bestimmungen der Satzung.

Parágrafo único – A assembléia geral pode também ser convocada:

a) pelo Conselho Fiscal, nos casos previstos no número V, do art. 163;

b) por qualquer acionista, quando os administradores retardarem, por mais de 60 (sessenta) dias, a convocação, nos casos previstos em lei ou no estatuto;

c) por acionistas que representem cinco por cento, no mínimo, do capital social, quando os administradores não atenderem, no prazo de oito dias, a pedido de convocação que apresentarem, devidamente

Einziger Paragraf – Die Hauptversammlung kann auch einberufen werden:

a) von dem Überwachungsrat in den in Art. 163, Absatz V vorgesehenen Fällen;

b) von jedem Aktionär, in den im Gesetz oder der Satzung vorgesehenen Fällen, wenn die Verwalter die Einberufung mehr als 60 (sechzig) Tage verzögern;

c) von Aktionären, die mindestens fünf Prozent des Grundkapitals der Gesellschaft vertreten, wenn die Verwalter ihrem mit ordnungsgemäßer Begründung und unter Angabe der zu behandelnden Angelegenheit vorgelegten Antrags auf Einberufung in

fundamentado, com indicação das matérias a serem tratadas.

einer Frist von acht Tagen nicht nachkommen;

d) por acionistas que representem cinco por cento, no mínimo, do capital votante ou cinco por cento, no mínimo, dos acionistas sem direito a voto, quando os administradores não atenderem, no prazo de oito dias, a pedido de convocação de assembléia para instalação do conselho fiscal.

d) von Aktionären, die mindestens fünf Prozent des stimmberechtigten Kapitals vertreten oder von mindestens fünf Prozent der Aktionäre ohne Stimmrecht, wenn die Verwalter ihrem Antrag auf Einberufung der Hauptversammlung zur Bestellung des Überwachungsrates nicht innerhalb von acht Tagen nachkommen.

Modo de Convocação e Local

Form der Einberufung und Ort der Versammlung

Art. 124 – A convocação far-se-á mediante anúncio publicado por 3 (três) vezes, no mínimo, contendo além do local, data e hora da assembléia, a ordem do dia, e, no caso de reforma do estatuto, a indicação da matéria.

Art. 124 – Die Einberufung erfolgt durch eine mindestens dreimal veröffentlichte Anzeige, die außer dem Ort, dem Datum und der Uhrzeit der Versammlung die Tagesordnung und im Falle einer Satzungsänderung die Angabe des betreffenden Gegenstandes enthalten muss.

§ 1º – A primeira convocação da assembléia geral deverá ser feita:

§ 1 – Die erste Einberufung der Hauptversammlung hat zu erfolgen:

I – na companhia fechada, com 8 (oito dias) de antecedência, no mínimo, contado o prazo da publicação do primeiro anúncio; não se realizando a assembléia, será publicado novo anúncio, de segunda convocação, com antecedência mínima de 5 (cinco dias);

I – bei der geschlossenen Aktiengesellschaft mindestens 8 (acht) Tage im Voraus, wobei die Frist von der Veröffentlichung der ersten Anzeige an gerechnet wird; wird die Versammlung nicht durchgeführt, ist eine neue Anzeige über die zweite Einberufung mindestens 5 (fünf) Tage im Voraus zu veröffentlichen;

II – na companhia aberta, o prazo de antecedência da primeira convocação será de 15 (quinze) dias e o da segunda convocação de 8 (oito) dias.

II – Bei der offenen Aktiengesellschaft beträgt die Frist der ersten Einberufung 15 (fünfzehn) Tage und die der zweiten Einberufung 8 (acht) Tage.

§ 2° – Salvo motivo de força maior, a assembléia geral realizar-se-á no edifício onde a companhia tiver a sede; quando

§ 2 – Außer bei höherer Gewalt findet die Hauptversammlung im Gebäude des Gesellschaftssitzes statt; muss sie in einem

houver de efetuar-se em outro, os anúncios indicarão, com clareza, o lugar da reunião, que em nenhum caso poderá realizar-se fora da localidade da sede.

§ 3º – Nas companhias fechadas, o acionista que representar 5% (cinco por cento), ou mais, do capital social será convocado por telegrama ou carta registrada, expedidos com a antecedência prevista no § 1º, desde que o tenha solicitado, por escrito, à companhia, com a indicação do endereço completo e do prazo de vigência do pedido, não superior a 2 (dois) exercícios sociais, e renovável; essa convocação não dispensa a publicação do aviso previsto no § 1º, e sua inobservância dará ao acionista direito de haver, dos administradores da companhia, indenização pelos prejuízos sofridos.

§ 4º – Independentemente das formalidades previstas neste artigo, será considerada regular a assembléia geral a que comparecerem todos os acionistas.

§ 5º – A Comissão de Valores Mobiliários poderá, a seu exclusivo critério, mediante decisão fundamentada de seu Colegiado, a pedido de qualquer acionista, e ouvida a companhia:

I – aumentar, para até 30 (trinta) dias, a contar da data em que os documentos relativos às matérias a serem deliberadas forem colocados à disposição dos acionistas, o prazo de antecedência de publicação do primeiro anúncio de convocação da assembléia geral de companhia aberta, quando esta tiver por objeto

anderen Gebäude stattfinden, haben die Anzeigen den Ort der Versammlung deutlich zu bezeichnen; in keinem Falle darf diese außerhalb des Ortes des Gesellschaftssitzes stattfinden.

§ 3 – Bei geschlossenen Gesellschaften muss der Aktionär, der mindestens 5 % (fünf Prozent) des Grundkapitals vertritt, durch Telegramm oder eingeschriebenen Brief, die rechtzeitig im Sinne des § 1 aufzugeben sind, eingeladen werden, wenn er die Gesellschaft schriftlich unter Angabe seiner vollständigen Anschrift und der Gültigkeitsdauer seines Antrages, die 2 (zwei) Geschäftsjahre nicht überschreiten darf und erneuert werden kann, darum ersucht hat. Diese Einladung befreit nicht von der Veröffentlichung der in § 1 vorgesehenen Anzeige und die Nichtbeachtung gewährt dem Aktionär einen Schadensersatzanspruch gegen die Verwalter der Gesellschaft.

§ 4 – Unabhängig von den in diesem Artikel vorgesehenen Formerfordernissen wird die Hauptversammlung als ordnungsgemäß angesehen, wenn alle Aktionäre erscheinen.

§ 5 – Die Wertpapierkommission kann nach ihrem ausschließlichen Ermessen mittels begründeter Entscheidung ihres Kollegiums hin auf Antrag irgendeines Aktionärs und nach Anhörung der Aktiengesellschaft:

I – die Vorausfrist zur ersten Anzeige der Einberufung der Hauptversammlung einer offenen Aktiengesellschaft auf bis zu 30 (dreißig) Tage verlängern, gerechnet von dem Zeitpunkt an, zu dem die Urkunden über die zu beschließenden Angelegenheiten den Aktionären zur Verfügung gestellt werden, wenn diese

operações que, por sua complexidade, exijam maior prazo para que possam ser conhecidas e analisadas pelos acionistas;

II – interromper, por até 15 (quinze) dias, o curso do prazo de antecedência da convocação de assembléia geral extraordinária de companhia aberta, a fim de conhecer e analisar as propostas a serem submetidas à assembléia e, se for o caso, informar à companhia, até o término da interrupção, as razões pelas quais entende que a deliberação proposta à assembléia viola dispositivos legais ou regulamentares.

§ 6º – As companhias abertas com ações admitidas à negociação em bolsa de valores deverão remeter, na data da publicação do anúncio de convocação da assembléia, à bolsa de valores em que suas ações forem mais negociadas, os documentos postos à disposição dos acionistas para deliberação na assembléia geral.

Quorum de Instalação

Art. 125 – Ressalvadas as exceções previstas em lei, a assembléia geral instalar-se-á, em primeira convocação, com a presença de acionistas que representem, no mínimo, 1/4 (um quarto) do capital social com direito de voto; em segunda convocação, instalar-se-á com qualquer

Geschäftsvorgänge zum Gegenstand hat, die wegen ihrer Komplexität eine längere Frist erfordern, damit sie durch die Aktionäre zur Kenntnis genommen und geprüft werden können;

II – den Lauf der Vorausfrist zur Einberufung einer außerordentlichen Hauptversammlung einer offenen Aktiengesellschaft um bis zu 15 (fünfzehn) Tage unterbrechen, um die der Versammlung zu unterbreitenden Vorschläge zur Kenntnis zu nehmen und zu prüfen, und gegebenenfalls die Aktiengesellschaft bis zum Ende der Unterbrechung über die Gründe zu unterrichten, aus denen sie zur Ansicht gelangt, dass der der Versammlung unterbreitete Beschluss gesetzliche oder regelnde Bestimmungen verletzt.

§ 6 – Die offenen Aktiengesellschaften mit zum Handel an der Wertpapierbörse zugelassenen Aktien haben der Wertpapierbörse, an der ihre Aktien vorwiegend gehandelt werden, zum Datum der Veröffentlichung der Anzeige über die Einberufung der Versammlung die Urkunden zu übersenden, die den Aktionären zur Beschlussfassung auf der Hauptversammlung vorgelegt werden.

Für das Zusammentreten erforderliche Anzahl

Art. 125 – Vorbehaltlich der im Gesetz vorgesehenen Ausnahmen darf die Hauptversammlung in erster Einberufung nur bei Anwesenheit von Aktionären zusammentreten, die mindestens 1/4 (ein Viertel) des stimmberechtigten Grundkapitals vertreten; in zweiter Einberufung darf sie ohne

número.

Parágrafo único – Os acionistas sem direito de voto podem comparecer à assembléia geral e discutir a matéria submetida à deliberação.

Legitimação e Representação

Art. 126 – As pessoas presentes à assembléia deverão provar a sua qualidade de acionista, observadas as seguintes normas:

I – os titulares de ações nominativas exibirão, se exigido, documento hábil de sua identidade;

II – os titulares de ações escriturais, ou em custódia nos termos do art. 41, além do documento de identidade, exibirão, ou depositarão na companhia, se o estatuto o exigir, comprovante expedido pela instituição financeira depositária;

III – os titulares de ações ao portador exibirão os respectivos certificados, ou documento de depósito nos termos do número II;

IV – os titulares de ações escriturais ou em custódia nos termos do artigo 41, além do documento de identidade, exibirão, ou depositarão na

Rücksicht auf die Zahl der Anwesenden zusammentreten.

Einziger Paragraf – Die Aktionäre ohne Stimmrecht können an der Hauptversammlung teilnehmen und sich über die zur Beschlussfassung anstehende Angelegenheit äußern.

Legitimation und Vertretung

Art. 126 – Die Teilnehmer an der Versammlung müssen ihre Eigenschaft als Aktionär gemäß den folgenden Bestimmungen nachweisen:

I – die Inhaber von Namensaktien haben auf Verlangen ein Dokument, welches in ausreichender Weise den Nachweis der Identität erbringt, vorzulegen;

II – die Inhaber von nicht verbrieften Aktien, oder solchen, die im Sinne von Art. 41 verwahrt werden, haben außer ihrem Personalausweis einen vom verwahrenden Finanzinstitut ausgestellten Beleg vorzuweisen oder diesen, wenn die Satzung es verlangt, bei der Gesellschaft zu hinterlegen;

III – die Inhaber von Inhaberaktien haben die entsprechenden Aktienurkunden oder die Bescheinigung einer Verwahrung gemäß Absatz II vorzulegen;[24]

IV – die Inhaber von nicht verbrieften Aktien, oder solchen, die im Sinne von Artikel 41 verwahrt werden, haben außer ihren Personalausweis

[24] Alle Bestimmungen über Inhaberaktien haben aufgrund der Änderung des Gesetzes Nr. 8.021 vom 12.4.1990 ihre Relevanz verloren, da seither keine Inhaberaktien mehr existieren.

companhia, se o estatuto o exigir, comprovante expedido pela instituição financeira depositária.

einen vom verwahrenden Finanzinstitut ausgestellten Beleg vorzuweisen oder diesen, wenn die Satzung es verlangt, bei der Gesellschaft zu hinterlegen.[25]

§ 1° – O acionista pode ser representado na assembléia geral por procurador constituído há menos de 1 (um) ano, que seja acionista, administrador da companhia ou advogado; na companhia aberta, o procurador pode, ainda, ser instituição financeira, cabendo ao administrador de fundos de investimento representar os condôminos.

§ 1 – Der Aktionär kann sich in der Hauptversammlung durch einen Bevollmächtigten, dessen Vollmacht nicht älter als 1 (ein) Jahr ist, vertreten lassen; der Bevollmächtigte darf nur Aktionär, Verwalter der Gesellschaft oder Rechtsanwalt sein. Bei einer offenen Aktiengesellschaft kann der Bevollmächtigte auch ein Finanzinstitut sein, wobei dem Verwalter von Investmentfonds die Vertretung der Miteigentümer zusteht.[26]

§ 2° – O pedido de procuração, mediante correspondência, ou anúncio publicado, sem prejuízo da regulamentação que, sobre o assunto vier a baixar a Comissão de Valores Mobiliários, deverá satisfazer aos seguintes requisitos:

a) conter todos os elementos informativos necessários ao exercício do voto pedido;

b) facultar ao acionista o exercício de voto contrário à decisão com indicação de outro procurador para o exercício desse voto;

c) ser dirigido a todos os titulares de ações cujos endereços constem da companhia.

§ 2 – Das Ersuchen um Vollmachtserteilung durch Brief oder öffentliche Anzeige muss, unbeschadet der von der Wertpapierkommission hierüber erlassenen Regelung, folgenden Erfordernissen entsprechen:

a) es muss alle zur Ausübung des erbetenen Stimmrechts notwendigen Informationen enthalten;

b) es muss dem Aktionär ermöglichen, unter Nennung eines anderen Bevollmächtigten für die Ausübung seines Stimmrechts gegen den Vorschlag zu stimmen;

c) es muss an alle Inhaber von Aktien gerichtet sein, deren Anschriften der Gesellschaft vorliegen.

§ 3° – É facultado a qualquer acionista, detentor de ações, com ou sem voto, que represente meio por cento, no mínimo, do capital social, solicitar relação de

§ 3 – Jeder Aktionär, der mindestens 0,5 % des Grundkapitals in Aktien mit oder ohne Stimmrecht vertritt, kann für die in § 1 vorgesehenen Zwecke – immer

---

25 Dieser Absatz hätte ausdrücklich vom Gesetz Nr. 9.457 vom 5.5.1997 aufgehoben werden müssen, da er den gleichen Inhalt wie Absatz II hat.

26 Siehe Art. 118, § 7

endereços dos acionistas, para os fins previstos no § 1°, obedecidos sempre os requisitos do parágrafo anterior.

§ 4º – Têm a qualidade para comparecer à assembléia os representantes legais dos acionistas.

Livro de Presença

Art. 127 – Antes de abrir-se a assembléia, os acionistas assinarão o "Livro de Presença", indicando o seu nome, nacionalidade e residência, bem como a quantidade, espécie e classe das ações de que forem titulares.

Parágrafo único – Considera-se presente em assembleia geral, para todos os efeitos desta Lei, o acionista que registrar a distância sua presença, na forma prevista em regulamento da Comissão de Valores Mobiliários.

Mesa

Art. 128 – Os trabalhos da assembléia serão dirigidos por mesa composta, salvo disposição diversa do estatuto, de presidente e secretário, escolhidos pelos acionistas presentes.

Quorum das Deliberações

Art. 129 – As deliberações da assembléia geral, ressalvadas as exceções previstas em lei, serão tomadas por maioria absoluta de votos, não se computando os votos em branco.

unter Beachtung der Erfordernisse des vorhergehenden Paragrafen – eine Liste der Anschriften der Aktionäre verlangen.

§ 4 – Die gesetzlichen Vertreter der Aktionäre sind zur Teilnahme an der Hauptversammlung berechtigt.

Anwesenheitsbuch

Art. 127 – Vor Eröffnung der Versammlung tragen sich die Aktionäre in das "Anwesenheitsbuch" ein unter Angabe ihres Namens, ihrer Staatsangehörigkeit und Anschrift sowie der Anzahl, Art und Klasse der ihnen gehörenden Aktien.

Einziger Paragraf – Für alle Zwecke dieses Gesetzes ist der Aktionär, welcher gemäß der im Regelwerk der Wertpapierkommission vorgesehenen Form seine Fernteilnahme registriert, als anwesend zu betrachten.

Leitung

Art. 128 – Die Arbeiten der Versammlung werden, vorbehaltlich abweichender Bestimmung durch die Satzung, von einem Präsidenten und einem Schriftführer geleitet, die von den anwesenden Aktionären gewählt werden.

Beschlussfassung

Art. 129 – Die Beschlüsse der Hauptversammlung werden, vorbehaltlich der gesetzlich vorgesehenen Ausnahmen, mit absoluter Stimmenmehrheit gefasst, wobei Stimmenthaltungen nicht berücksichtigt werden.

§ 1º – O estatuto da companhia fechada pode aumentar o quorum exigido para certas deliberações, desde que especifique as matérias.

§ 1 – Die Satzung einer geschlossenen Aktiengesellschaft kann für bestimmte Beschlüsse eine größere erforderliche Mehrheit festlegen, wenn die betreffenden Gegenstände einzeln aufgeführt werden.

§ 2º – No caso de empate, se o estatuto não estabelecer procedimento de arbitragem e não contiver norma diversa, a assembléia será convocada, com intervalo mínimo de 2 (dois) meses, para votar a deliberação; se permanecer o empate e os acionistas não concordarem em cometer a decisão a um terceiro, caberá ao Poder Judiciário decidir, no interesse da companhia.

§ 2 – Bei Stimmengleichheit wird, wenn die Satzung keinen Schiedsspruch vorsieht und keine andere Regelung enthält, die Versammlung nach Ablauf von mindestens 2 (zwei) Monaten erneut zur Beschlussfassung einberufen; bleibt die Stimmengleichheit bestehen und einigen sich die Aktionäre nicht dahin, die Entscheidung einem Dritten anzuvertrauen, entscheidet das Gericht im Interesse der Gesellschaft.

Ata da Assembléia

Versammlungsniederschrift

Art. 130 – Dos trabalhos e deliberações da assembléia será lavrada, em livro próprio, ata assinada pelos membros da mesa e pelos acionistas presentes. Para validade da ata é suficiente a assinatura de quantos bastem para constituir a maioria necessária para as deliberações tomadas na assembléia. Da ata tirar-se-ão certidões ou cópias autênticas para os fins legais.

Art. 130 – Über die Tätigkeiten und die Beschlüsse der Versammlung ist in dem hierfür bestimmten Buch eine Niederschrift anzufertigen, die von der Leitung der Versammlung und den anwesenden Aktionären zu unterschreiben ist. Für die Gültigkeit der Niederschrift sind die Unterschriften einer Zahl von Aktionären ausreichend, die der für die in der Versammlung gefassten Beschlüsse notwendigen Mehrheit entspricht. Von der Niederschrift sind beglaubigte Abschriften oder beglaubigte Kopien für die gesetzlichen Zwecke zu erstellen.

§ 1º – A ata poderá ser lavrada na forma de sumário dos fatos ocorridos, inclusive dissidências e protestos, e conter a transcrição apenas das deliberações tomadas, desde que:

a) os documentos ou propostas submetidos à assembléia, assim como as declarações de voto ou dissidência,

§ 1 – Die Niederschrift kann den Ablauf der Versammlung einschließlich abweichender Stellungnahmen und Einsprüche zusammenfassend darstellen und nur die gefassten Beschlüsse wiedergeben, wenn:

a) die der Versammlung vorgelegten Unterlagen oder Vorschläge, sowie die zustimmenden oder abweichen-

referidos na ata, sejam numerados seguidamente, autenticados pela mesa e por qualquer acionista que o solicitar, e arquivados na companhia;

den Stellungnahmen, auf die die Niederschrift Bezug nimmt, fortlaufend nummeriert, von der Leitung und auf Verlangen eines Aktionärs auch von diesem beglaubigt und bei der Gesellschaft aufbewahrt werden;

b) a mesa, a pedido de acionista interessado, autentique exemplar ou cópia de proposta, declaração de voto ou dissidência, ou protesto apresentado.

b) die Leitung auf Verlangen eines interessierten Aktionärs ein Exemplar oder eine Abschrift eines Vorschlags, eine zustimmende oder abweichende Stimmabgabe oder einen vorgebrachten Widerspruch beglaubigt.

§ 2º – A assembléia geral da companhia aberta pode autorizar a publicação de ata com omissão das assinaturas dos acionistas.

§ 2 – Die Hauptversammlung einer offenen Aktiengesellschaft kann die Veröffentlichung der Niederschrift ohne die Unterschriften der Aktionäre gestatten.

§ 3º – Se a ata não for lavrada na forma permitida pelo § 1º, poderá ser publicado apenas o seu extrato, com o sumário dos fatos ocorridos e a transcrição das deliberações tomadas.

§ 3 – Wird die Niederschrift nicht in der nach § 1 erlaubten Form abgefasst, kann lediglich ein Auszug mit der Zusammenfassung des Verlaufs und der Wiedergabe der gefassten Beschlüsse veröffentlicht werden.

Espécies de Assembléias

Arten der Versammlung

Art. 131 – A assembléia geral é ordinária quando tem por objetivo as matérias previstas no artigo 132, e extraordinária nos demais casos.

Art. 131 – Die Hauptversammlung ist ordentlich, wenn sie die in Artikel 132 vorgesehenen Angelegenheiten zum Gegenstand hat; in den übrigen Fällen ist sie außerordentlich.

Parágrafo único – A assembléia geral ordinária e a assembléia geral extraordinária poderão ser, cumulativamente, convocadas e realizadas no mesmo local, data e hora, instrumentadas em ata única.

Einziger Paragraf – Die ordentliche und die außerordentliche Hauptversammlung können zusammen einberufen und am gleichen Ort, am selben Tag und zur gleichen Stunde abgehalten und in einer einzigen Niederschrift festgehalten werden.

Seção II

Abschnitt II

Assembléia Geral Ordinária

Ordentliche Hauptversammlung

Objeto

Gegenstand

Art. 132 – Anualmente, nos 4 (quatro) primeiros meses seguintes ao término do exercício social, deverá haver 1 (uma) assembléia geral para:

I – tomar as contas dos administradores, examinar, discutir e votar as demonstrações financeiras;

II – deliberar sobre a destinação do lucro líquido do exercício e a distribuição de dividendos;

III – eleger os administradores e os membros do Conselho Fiscal, quando for o caso;

IV – aprovar a correção da expressão monetária do capital social (art. 167).

Art. 132 – In den ersten 4 (vier) Monaten nach Beendigung des Geschäftsjahres muss jährlich 1 (eine) Hauptversammlung stattfinden, um:

I – die Rechnungslegung der Verwalter entgegenzunehmen, den Jahresabschluss zu prüfen, zu erörtern und darüber abzustimmen;

II – über die Verwendung des Reingewinns des Geschäftsjahres und die Verteilung von Dividenden zu beschließen;

III – die Verwalter und ggf. die Mitglieder des Überwachungsrates zu wählen;

IV – die Geldwertberichtigung[27] des Grundkapitals (Art. 167) zu genehmigen.

Documentos da Administração

Unterlagen der Verwaltung

Art. 133 – Os administradores devem comunicar, até 1 (um) mês antes da data marcada para a realização da assembléia geral ordinária, por anúncios publicados na forma prevista no artigo 124, que se acham à disposição dos acionistas:

I – o relatório da administração sobre os

Art. 133 – Die Verwalter haben mindestens 1 (einen) Monat vor dem für die Abhaltung der ordentlichen Hauptversammlung festgesetzten Termin durch gemäß Artikel 124 veröffentlichte Anzeigen mitzuteilen, dass den Aktionären zur Verfügung stehen:

I – der Bericht der Verwaltung über die

[27] Die Geldwertberichtigung ist durch das Gesetz Nr. 9069 vom 29.06.1995 abgeschafft worden.

negócios e os principais fatos administrativos do exercício findo;

Geschäfte der Gesellschaft und die wichtigsten Vorgänge des abgelaufenen Geschäftsjahres;

II – a cópia das demonstrações financeiras;

II – die Abschrift des Jahresabschlusses;

III – o parecer dos auditores independentes, se houver.

III – ggf. das Gutachten der unabhängigen Wirtschaftsprüfer;

IV – o parecer do conselho fiscal, inclusive votos dissidentes, se houver; e

IV – das Gutachten des Überwachungsrats, einschließlich abweichender Stimmen, sofern vorhanden; und

V – demais documentos pertinentes a assuntos incluídos na ordem do dia.

V – weitere Unterlagen, die sich auf die in die Tagesordnung aufgenommenen Gegenstände beziehen.

§ 1º – Os anúncios indicarão o local ou locais onde os acionistas poderão obter cópias desses documentos.

§ 1 – Die Anzeigen müssen die Stelle oder die Stellen angeben, von der die Aktionäre Abschriften dieser Unterlagen erhalten können.

§ 2º – A companhia remeterá cópia desses documentos aos acionistas que o pedirem por escrito, nas condições previstas no § 3º do art. 124.

§ 2 – Die Gesellschaft hat den Aktionären auf schriftlichen Antrag unter den Bedingungen des Art. 124, § 3 Abschriften dieser Unterlagen zu übersenden.

§ 3º – Os documentos referidos neste artigo, à exceção dos constantes dos incisos IV e V, serão publicados até 5 (cinco) dias, pelo menos, antes da data marcada para a realização da assembléia geral.

§ 3 – Die in diesem Artikel genannten Unterlagen, mit Ausnahme der unter Absätzen IV und V aufgeführten, sind mindestens bis zu 5 (fünf) Tage vor dem Datum zu veröffentlichen, welches für die Abhaltung der Hauptversammlung festgesetzt wurde.

§ 4º – A assembléia geral que reunir a totalidade dos acionistas poderá considerar sanada a falta de publicação dos anúncios ou a inobservância dos prazos referidos neste artigo mas é obrigatória a publicação dos documentos antes da realização da assembléia.

§ 4 – Die Hauptversammlung, bei der die Gesamtheit der Aktionäre vertreten ist, kann die Nichtveröffentlichung der Anzeige oder die Nichtbeachtung der in diesem Artikel behandelten Fristen als geheilt betrachten; die Veröffentlichung der Unterlagen muss jedoch vor Abhaltung der Versammlung erfolgen.

§ 5º – A publicação dos anúncios é dis-

§ 5 – Die Veröffentlichung der Anzeigen

pensada quando os documentos a que se refere este artigo são publicados até 1 (um) mês antes da data marcada para a realização da assembléia geral ordinária.

ist nicht erforderlich, wenn die in diesem Artikel genannten Unterlagen mindestens 1 (einen) Monat vor dem für die Abhaltung der ordentlichen Hauptversammlung festgesetzten Termin veröffentlicht werden.

Procedimento

Art. 134 – Instalada a assembléia geral, proceder-se-á, se requerida por qualquer acionista, à leitura dos documentos referidos no artigo 133 e do parecer do conselho fiscal, se houver, os quais serão submetidos pela mesa à discussão e votação.

§ 1º – Os administradores da companhia, ou ao menos um deles, e o auditor independente, se houver, deverão estar presentes à assembléia para atender a pedidos de esclarecimentos de acionistas, mas os administradores não poderão votar, como acionistas ou procuradores, os documentos referidos neste artigo.

§ 2° – Se a assembléia tiver necessidade de outros esclarecimentos, poderá adiar a deliberação e ordenar diligências; também será adiada a deliberação, salvo dispensa dos acionistas presentes, na hipótese de não comparecimento de administrador, membro do conselho fiscal ou auditor independente.

§ 3º – A aprovação, sem reserva das demonstrações financeiras e das contas, exonera de responsabilidade os administradores e fiscais, salvo erro, dolo, fraude

Verfahren

Art. 134 – Ist die Hauptversammlung zusammengetreten, erfolgt, wenn von einem Aktionär beantragt, die Verlesung der in Artikel 133 erwähnten Unterlagen und gegebenenfalls des Gutachtens des Überwachungsrates; diese Unterlagen werden von der Leitung zur Diskussion und Abstimmung gestellt.

§ 1 – Die Verwalter der Gesellschaft, mindestens jedoch einer von ihnen und gegebenenfalls der unabhängige Wirtschaftsprüfer, müssen in der Versammlung zugegen sein, um Anträgen der Aktionäre auf Klarstellungen nachzukommen; die Verwalter können jedoch nicht als Aktionäre oder Bevollmächtigte über die in diesem Artikel genannten Unterlagen abstimmen.

§ 2 – Wenn die Versammlung weitere Aufklärungen benötigt, kann sie die Beschlussfassung verschieben und Erhebungen anordnen; die Beschlussfassung wird ferner vertagt, wenn kein Verwalter, kein Mitglied des Überwachungsrates oder kein unabhängiger Wirtschaftsprüfer erschienen ist, es sei denn, die anwesenden Aktionäre verzichten auf deren Anwesenheit.

§ 3 – Die vorbehaltlose Genehmigung des Jahresabschlusses[28] und der Rechnungslegung entlastet die Verwalter und die Mitglieder des Überwachungsrates,

28 "Demonstraçãoes financeiras" (Finanzberichte) hier im Sinne von Jahresabschluss.

ou simulação (artigo 286).

vorbehaltlich Irrtum, Vorsatz, Betrug oder Täuschung (Artikel 286).

§ 4º – Se a assembléia aprovar as demonstrações financeiras com modificação no montante do lucro do exercício ou no valor das obrigações da companhia, os administradores promoverão, dentro de trinta dias, a republicação das demonstrações, com as retificações deliberadas pela assembléia se a destinação dos lucros proposta pelos órgãos de administração não lograr aprovação (art. 176, § 3º), as modificações introduzidas constarão da ata da assembléia.

§ 4 – Billigt die Versammlung den Jahresabschluss mit Änderungen hinsichtlich des Jahresgewinns oder der Höhe der Verbindlichkeiten der Gesellschaft, haben die Verwalter innerhalb von dreißig Tagen die erneute Veröffentlichung des Jahresabschlusses mit den von der Versammlung beschlossenen Berichtigungen zu veranlassen; wenn die von den Verwaltungsorganen vorgeschlagene Verwendung der Gewinne nicht gebilligt wird (Art.176, § 3), müssen die vorgenommenen Änderungen in der Niederschrift über die Versammlung festgehalten werden.

§ 5º – A ata da assembléia geral ordinária será arquivada no registro do comércio e publicada.

§ 5 – Die Niederschrift über die ordentliche Hauptversammlung wird im Handelsregister eingetragen und veröffentlicht.

§ 6º – As disposições do § 1º, segunda parte, não se aplicam quando, nas sociedades fechadas, os diretores forem os únicos acionistas.

§ 6 – Die Bestimmungen des § 1, zweiter Teil, finden keine Anwendung, wenn bei geschlossenen Aktiengesellschaften die Vorstandsmitglieder die einzigen Aktionäre sind.

Seção III

Assembléia Geral Extraordinária

Abschnitt III

Außerordentliche Hauptversammlung

Reforma do Estatuto

Art. 135 – A assembléia geral extraordinária que tiver por objeto a reforma do estatuto somente se instalará em primeira convocação com a presença de acionistas que representem 2/3 (dois terços), no mínimo, do capital com direito a voto, mas poderá instalar-se em segunda com

Satzungsänderung

Art. 135 – Die außerordentliche Hauptversammlung, die eine Satzungsänderung zum Gegenstand hat, tritt in erster Einberufung nur zusammen, wenn die anwesenden Aktionäre mindestens 2/3 des stimmberechtigten Kapitals vertreten, darf jedoch in zweiter Einberufung ohne

qualquer número.

Rücksicht auf die Zahl der Anwesenden zusammentreten.

§ 1º – Os atos relativos a reformas do estatuto, para valerem contra terceiros, ficam sujeitos às formalidades de arquivamento e publicação, não podendo, todavia, a falta de cumprimento dessas formalidades ser oposta, pela companhia ou por seus acionistas, a terceiros de boa-fé.

§ 1 – Die sich auf Satzungsänderungen beziehenden Vorgänge werden Dritten gegenüber erst wirksam, wenn die Formerfordernisse hinsichtlich Eintragung und Veröffentlichung erfüllt sind; jedoch kann die Nichterfüllung dieser Formerfordernisse von der Gesellschaft oder ihren Aktionären gutgläubigen Dritten nicht entgegengehalten werden.

§ 2º – Aplica-se aos atos de reforma do estatuto o disposto no artigo 97 e seus §§ 1º e 2º e no artigo 98 e seu § 1º.

§ 2 – Auf Satzungsänderungen betreffende Vorgänge finden die Bestimmungen der Art. 97, § 1 und 2 und Art. 98, § 1 entsprechende Anwendung.

§ 3º – Os documentos pertinentes à matéria a ser debatida na assembléia geral extraordinária deverão ser postos à disposição dos acionistas, na sede da companhia, por ocasião da publicação do primeiro anúncio de convocação da assembléia geral.

§ 3 – Die Unterlagen, die sich auf die anläßlich der außerordentlichen Hauptversammlung zu behandelnde Angelegenheiten beziehen, sind den Aktionären gelegentlich der Veröffentlichung der ersten Anzeige zur Einberufung der Hauptversammlung am Gesellschaftssitz zur Verfügung zu stellen.

Quorum Qualificado

Qualifizierte Mehrheit

Art. 136 – É necessária a aprovação de acionistas que representem metade, no mínimo, das ações com direito a voto, se maior *quorum* não for exigido pelo estatuto da companhia cujas ações não estejam admitidas à negociação em bolsa ou no mercado de balcão, para deliberação sobre:

Art. 136 – Zur Beschlussfassung über folgende Angelegenheiten ist die Zustimmung von Aktionären erforderlich, die mindestens die Hälfte der stimmberechtigten Aktien vertreten, soweit nicht eine größere *Mehrheit* von der Satzung einer Gesellschaft, deren Aktien nicht zum Handel an der Börse oder im Freiverkehr zugelassen sind, gefordert wird:

I – criação de ações preferenciais ou aumento de classe de ações preferenciais existentes, sem guardar proporção com as demais classes de ações preferenciais, salvo se já

I – Schaffung von Vorzugsaktien oder Erhöhung der Klasse bestehender Vorzugsaktien ohne Beibehaltung des Verhältnisses zu den übrigen Klassen von Vorzugsaktien, es sei

previstos ou autorizados pelo estatuto;

II – alteração nas preferências, vantagens e condições de resgate ou amortização de uma ou mais classes de ações preferenciais, ou criação de nova classe mais favorecida;

III – redução do dividendo obrigatório;

IV – fusão da companhia, ou sua incorporação em outra;

V – participação em grupo de sociedades (art. 265);

VI – mudança do objeto da companhia;

VII – cessação do estado de liquidação da companhia;

VIII – criação de partes beneficiárias;

IX – cisão da companhia;

X – dissolução da companhia.

§ 1º – Nos casos dos incisos I e II, a eficácia da deliberação depende de prévia aprovação ou da ratificação, em prazo improrrogável de um ano, por titulares de mais da metade de cada classe de ações preferenciais prejudicadas, reunidos em assembléia especial convocada pelos administradores e instalada com as formalidades desta Lei.

§ 2º – A Comissão de Valores Mobiliários pode autorizar a redução do quorum previsto neste artigo no caso de companhia aberta com a propriedade das ações dispersa no mercado, e cujas 3 (três)

denn, dies sei durch die Satzung bereits vorgesehen oder genehmigt.

II – Änderung hinsichtlich der Vorrechte, Vorteile und Bedingungen der Einlösung oder Amortisation einer oder mehrerer Klassen von Vorzugsaktien oder Schaffung einer neuen begünstigteren Klasse;

III – Reduzierung der Pflichtdividende;

IV – Fusion der Gesellschaft oder ihre Eingliederung in eine andere;

V – Beteiligung an einem Konzern (Art. 265);

VI – Änderung des Gegenstandes der Gesellschaft;

VII – Beendigung der Liquidation der Gesellschaft;

VIII – Schaffung von Genussscheinen;

IX – Spaltung der Gesellschaft;

X – Auflösung der Gesellschaft.

§ 1 – Im Falle der Absätze I und II hängt die Wirksamkeit des Beschlusses von der vorherigen Erlaubnis oder nachträglichen Genehmigung innerhalb einer nicht verlängerbaren Frist von einem Jahr der Inhaber von mehr als der Hälfte jeder Klasse von beeinträchtigten Vorzugsaktien ab, die zu einer besonderen, unter Beachtung der Formerfordernisse dieses Gesetzes von den Verwaltern einberufenen Versammlung zusammentreten.

§ 2 – Die Wertpapierkommission kann eine Herabsetzung der in diesem Artikel vorgesehenen Mehrheit im Falle einer offenen Aktiengesellschaft genehmigen, deren Aktienbesitz auf dem Markt gestreut

últimas assembléias tenham sido realizadas com a presença de acionistas representando menos da metade das ações com direito a voto. Neste caso, a autorização da Comissão de Valores Mobiliários será mencionada nos avisos de convocação e a deliberação com quorum reduzido somente poderá ser adotada em terceira convocação.

ist und deren 3 (drei) letzte Hauptversammlungen in Gegenwart von Aktionären durchgeführt worden sind, die weniger als die Hälfte der stimmberechtigten Aktien vertreten. In diesem Falle muss die Genehmigung der Wertpapierkommission in den Einberufungsanzeigen erwähnt werden, und die Beschlussfassung mit der verringerten Mehrheit kann nur in dritter Einberufung erfolgen.

§ 3° – O disposto no § 2° deste artigo aplica-se também às assembléias especiais de acionistas preferenciais de que trata o § 1°.

§ 3 – Die Bestimmung des § 2 findet ebenfalls Anwendung auf die in § 1 erwähnten besonderen Versammlungen von Vorzugsaktionären.

§ 4° – Deverá constar da ata da assembléia geral que deliberar sobre as matérias dos incisos I e II, se não houver prévia aprovação, que a deliberação só terá eficácia após a sua ratificação pela assembléia especial prevista no § 1°.

§ 4 – In der Niederschrift der Hauptversammlung, die über die Angelegenheiten der Absätze I und II beschließt, soll, soweit es keine vorherige Erlaubnis gab, verlauten, dass der Beschluss nur nach seiner nachträglichen Genehmigung durch die von § 1 vorgesehene besondere Versammlung wirksam ist.

Direito de Retirada

Art. 137 – A aprovação das matérias previstas nos incisos I a VI e IX do art. 136 dá ao acionista dissidente o direito de retirar-se da companhia, mediante reembolso do valor das suas ações (art. 45), observadas as seguintes normas:

I – nos casos dos incisos I e II do art. 136, somente terá direito de retirada o titular de ações de espécie ou classe prejudicadas;

II – nos casos dos incisos IV e V do art. 136, não terá direito de retirada o titular de ação de espécie ou classe

Recht auf Ausscheiden

Art. 137 – Die Billigung der in den Absätzen I bis VI und IX des Art. 136 aufgezählten Angelegenheiten gibt dem nicht zustimmenden Aktionär das Recht, aus der Gesellschaft gegen Rückerstattung des Wertes seiner Aktien auszuscheiden (Art. 45), wobei die folgenden Bestimmungen zu beachten sind:

I – in den Fällen der Absätze I und II des Art. 136 steht nur dem Inhaber von Aktien der beeinträchtigten Art oder Klasse das Recht auf Rückerstattung zu;

II – in den Fällen der Absätze IV und V des Art. 136 steht das Ausscheidungsrecht dem Inhaber von Aktien

que tenha liquidez e dispersão no mercado, considerando-se haver:

solcher Art und Klasse nicht zu, die über Liquidität und Streuung auf dem Markt verfügen, wobei davon ausgegangen wird, dass:

a) liquidez, quando a espécie ou classe de ação, ou certificado que a represente, integre índice geral representativo de carteira de valores mobiliários admitido à negociação no mercado de valores mobiliários, no Brasil ou no exterior, definido pela Comissão de Valores Mobiliários; e

a) Liquidität besteht, wenn die Art oder Klasse der Aktie oder der sie darstellenden Urkunde Bestandteil des allgemeinen repräsentativen Index des zum Handel auf dem Wertpapiermarkt in Brasilien oder im Ausland zugelassenen Wertpapier-Portefeuilles ist und von der Wertpapierkommission definiert wurde; und

b) dispersão, quando o acionista controlador, a sociedade controladora ou outras sociedades sob seu controle detiverem menos da metade da espécie ou classe de ação.

b) Streuung besteht, wenn der Hauptaktionär, die beherrschende Gesellschaft oder sonstige Gesellschaften unter deren Herrschaft weniger als die Hälfte der Art oder Klasse der Aktie innehaben.

III – no caso do inciso IX do art 136, somente haverá direito de retirada se a cisão implicar:

III – im Falle von Absatz IX des Art. 136 gibt es nur dann ein Ausscheidungsrecht, wenn die Spaltung zur Folge hat:

a) mudança do objeto social, salvo quando o patrimônio cindido for vertido para sociedade cuja atividade preponderante coincida com a decorrente do objeto social da sociedade cindida;

a) die Änderung des Gesellschaftszwecks, es sei denn, das abgespaltene Vermögen werde einer Gesellschaft übertragen, deren Geschäftstätigkeit sich überwiegend mit dem Gesellschaftszweck der aufgespaltenen Gesellschaft deckt;

b) redução do dividendo obrigatório; ou

b) die Herabsetzung der Pflichtdividende; oder

c) participação em grupo de sociedades.

c) die Teilnahme an einem Konzern.

IV – O reembolso da ação deve ser reclamado à companhia no prazo de 30 (trinta) dias contado da publicação da ata da assembléia

IV – Die Rückerstattung der Aktie ist gegenüber der Gesellschaft innerhalb einer Frist von 30 (dreißig) Tagen ab Veröffentlichung der

geral;

V – o prazo para o dissidente de deliberação de assembléia especial (art. 136, § 1°) será contado da publicação da respectiva ata;

VI – o pagamento do reembolso somente poderá ser exigido após a observância do disposto no § 3° e, se for o caso, da ratificação da deliberação pela assembléia geral.

§ 1° – O acionista dissidente de deliberação da assembléia, inclusive o titular de ações preferenciais sem direito de voto, poderá exercer o direito de reembolso das ações de que, comprovadamente, era titular na data da primeira publicação do edital de convocação da assembléia, ou na data da comunicação do fato relevante, objeto da deliberação, se anterior.

§ 2° O direito de reembolso poderá ser exercido no prazo previsto nos incisos IV ou V do "caput" deste artigo, conforme o caso, ainda que o titular das ações tenha se abstido de votar contra a deliberação ou não tenha comparecido à assembléia.

§ 3° – Nos 10 (dez) dias subseqüentes ao término do prazo de que tratam os incisos IV ou V do "caput" deste artigo, conforme o caso, contado da publicação da ata da assembléia geral ou da assembléia especial que ratificar a deliberação, é facultado aos órgãos da administração convocar a assembléia geral para ratificar ou reconsiderar a deliberação, se entenderem

Niederschrift der Hauptversammlung geltend zu machen;

V – die Frist für denjenigen, der einem Beschluss der besonderen Versammlung (Art. 136, §1) nicht zustimmt, wird von der Veröffentlichung der entsprechenden Niederschrift an gezählt;

VI – die Zahlung des Rückerstattungswertes kann nur unter Beachtung der Bestimmung des § 3 und, sofern zutreffend, durch die Genehmigung der Hauptversammlung erfolgen.

§ 1 – Der dem Beschluss der Hauptversammlung nicht zustimmende Aktionär sowie der Inhaber von Vorzugsaktien ohne Stimmrecht kann das Recht auf Rückerstattung der Aktien ausüben, die ihm nachweislich zum Zeitpunkt der ersten Veröffentlichung der Bekanntmachung der Einberufung der Hauptversammlung oder, sofern zeitlich vorausgehend, zum Zeitpunkt der Bekanntgabe der relevanten Tatsache, die Gegenstand eines Beschlusses waren, gehörten.

§ 2 – Das Recht auf Rückerstattung kann innerhalb der in den Absatz IV oder V dieses Artikels vorgesehenen Frist ausgeübt werden, je nach Fall, selbst wenn der Inhaber der Aktien sich beim Beschluss der Stimme enthalten hat oder der Versammlung ferngeblieben ist.

§ 3 – In den 10 (zehn) auf den Ablauf der Frist gemäß den Absätzen IV oder V des Eingangs zu diesem Artikel folgenden Tagen, je nach Fall, gerechnet ab der Veröffentlichung der Niederschrift der Hauptversammlung oder der besonderen Versammlung, die den Beschluss gefasst hat, können die Verwaltungsorgane die Hauptversammlung zwecks erneuter Prüfung

que o pagamento do preço do reembolso das ações aos acionistas dissidentes que exerceram o direito de retirada porá em risco a estabilidade financeira da empresa.

oder Bestätigung des Beschlusses einberufen, wenn sie der Auffassung sind, dass die Zahlung des Rückerstattungsbetrages der Aktien an die nicht zustimmenden Aktionäre, die das Ausscheidungsrecht ausgeübt haben, die finanzielle Stabilität des Unternehmens gefährdet.

§ 4° – Decairá do direito de retirada o acionista que não o exercer no prazo fixado.

§ 4 – Das Recht zum Ausscheiden erlischt für den Aktionär, der das Recht nicht innerhalb der festgelegten Frist ausübt.

Capítulo XII

Conselho de Administração e Diretoria

Kapitel XII

Verwaltungsrat und Vorstand

Administração da Companhia

Art. 138 – A administração da companhia competirá, conforme dispuser o estatuto, ao Conselho de Administração e à diretoria, ou somente à diretoria.

§ 1º – O conselho de administração é o órgão de deliberação colegiada, sendo a representação da companhia privativa dos diretores.

§ 2º – As companhias abertas e as de capital autorizado terão obrigatoriamente conselho de administração.

Art. 139 – As atribuições e poderes conferidos por leis aos órgãos de administração não podem ser outorgados a outro órgão, criado por lei ou pelo estatuto.

Verwaltung der Gesellschaft

Art. 138 – Die Verwaltung der Gesellschaft steht, entsprechend den Bestimmungen der Satzung, dem Verwaltungsrat und dem Vorstand oder nur dem Vorstand zu.

§ 1 – Der Verwaltungsrat ist ein Organ gemeinschaftlicher Beschlussfassung; die Vertretung der Gesellschaft steht ausschließlich den Vorstandsmitgliedern zu.

§ 2 – Offene Gesellschaften und Gesellschaften mit genehmigtem Kapital müssen einen Verwaltungsrat haben.

Art. 139 – Die den Verwaltungsorganen durch Gesetz übertragenen Befugnisse und Zuständigkeiten können nicht einem anderen durch Gesetz oder Satzung geschaffenen Organ übertragen werden.

Seção I

Conselho de Administração

Composição

Art. 140 – O conselho de administração será composto por, no mínimo, 3 (três) membros, eleitos pela assembléia geral e por ela destituíveis a qualquer tempo, devendo o estatuto estabelecer:

I – o número de conselheiros, ou o máximo e mínimo permitidos, e o processo de escolha e substituição do presidente do conselho pela assembléia ou pelo próprio conselho;

II – o modo de substituição dos conselheiros;

III – o prazo de gestão, que não poderá ser superior a 3 (três) anos, permitida a reeleição;

IV – as normas sobre convocação, instalação e funcionamento do conselho, que deliberará por maioria de votos, podendo o estatuto estabelecer quorum qualificado para certas deliberações, desde que especifique as matérias.

Parágrafo único. O estatuto poderá prever a participação no conselho de representantes dos empregados, escolhidos pelo voto destes, em eleição direta, organizada pela empresa, em conjunto com as entidades sindicais que os representam.

Abschnitt I

Verwaltungsrat

Zusammensetzung

Art. 140 – Der Verwaltungsrat besteht aus mindestens 3 (drei) Mitgliedern, die von der Hauptversammlung gewählt und von ihr jederzeit abberufen werden können, wobei die Satzung festlegen muss:

I – die Zahl der Mitglieder des Verwaltungsrats oder die zulässige Höchst- oder Mindestzahl sowie das Verfahren der Wahl und der Ablösung des Präsidenten des Rates durch die Versammlung oder durch den Rat selbst;

II – das Verfahren für die Ersetzung von Mitgliedern des Verwaltungsrates;

III – die Dauer der Amtszeit, die nicht höher sein darf als 3 (drei) Jahre, wobei die Wiederwahl zulässig ist;

IV – die Bestimmungen über Einberufung, Einsetzung und Arbeitsweise des Rates, dessen Beschlüsse mit Stimmenmehrheit gefasst werden; wobei die Satzung für bestimmte Beschlüsse qualifizierte Stimmenmehrheit festsetzen kann, sofern sie die Angelegenheiten näher ausführt.

Einziger Paragraf – Die Satzung kann die Vertretung der Arbeitnehmer im Rat vorsehen, wobei die Vertreter von den Arbeitnehmern in einer direkten Wahl bestimmt werden, die von dem Unternehmen gemeinsam mit den die betreffenden Arbeitnehmer vertretenden Gewerkschaftseinrichtungen organisiert wird.

Voto Múltiplo

Art. 141 – Na eleição dos conselheiros, é facultado aos acionistas que representem, no mínimo, 0,1 (um décimo) do capital social com direito a voto, esteja ou não previsto no estatuto, requerer a adoção do processo de voto múltiplo, atribuindo-se a cada ação tantos votos quantos sejam os membros do conselho, e reconhecido ao acionista o direito de cumular os votos num só candidato ou distribuídos entre vários.

§ 1º – A faculdade prevista neste artigo deverá ser exercida pelos acionistas até 48 (quarenta e oito) horas antes da assembléia geral, cabendo à mesa que dirigir os trabalhos da assembléia informar previamente aos acionistas, à vista do "Livro de Presença", o número de votos necessários para a eleição de cada membro do conselho.

§ 2º – Os cargos que, em virtude de empate, não forem preenchidos, serão objeto de nova votação, pelo mesmo processo, observado o disposto no § 1º, "in fine".

§ 3º – Sempre que a eleição tiver sido realizada por esse processo, a destituição de qualquer membro do conselho de administração pela assembléia geral importará destituição dos demais membros, procedendo-se a nova eleição; nos demais casos de vaga, não havendo suplente, a primeira assembléia geral procederá à nova eleição de todo o conselho.

Wahlverfahren mit mehrfacher Stimmabgabe

Art. 141 – Bei der Wahl der Mitglieder des Verwaltungsrates können die Aktionäre, die mindestens 0,1 (ein Zehntel) des stimmberechtigten Grundkapitals vertreten, unabhängig davon, ob dies in der Satzung vorgesehen ist, verlangen, dass das Wahlverfahren mit mehrfacher Stimmabgabe durchgeführt wird. Dabei sind jeder Aktie so viele Stimmen zuzuteilen, wie der Rat Mitglieder hat, und dem Aktionär das Recht zuzuerkennen, seine Stimmen auf einen einzigen Kandidaten zu vereinigen oder auf verschiedene zu verteilen.

§ 1 – Die in diesem Artikel vorgesehene Möglichkeit muss von den Aktionären bis zu 48 (achtundvierzig) Stunden vor der Hauptversammlung wahrgenommen werden. Die Leitung der Versammlung hat vorher aufgrund des "Anwesenheitsbuches" den Aktionären die Wahl der für die Wahl jedes Mitgliedes des Rates erforderlichen Stimmen bekannt zu geben.

§ 2 – Die Stellen, die infolge Stimmengleichheit nicht besetzt werden, müssen Gegenstand einer neuen Abstimmung unter Beachtung der Bestimmung des § 1, 2. Satz, nach demselben Verfahren sein.

§ 3 – Wurde die Wahl nach diesem Verfahren durchgeführt, hat die Abberufung eines Mitgliedes des Verwaltungsrates durch die Hauptversammlung die Abberufung der übrigen Mitglieder und die Vornahme einer Neuwahl zur Folge. In den sonstigen Fällen eines nicht besetzten Sitzes muss, wenn kein Ersatzmann vorgesehen ist, die nächste Hauptversammlung die Neuwahl des gesamten Verwaltungsrates vornehmen.

§ 4º – Terão direito de eleger e destituir um membro e seu suplente do conselho de administração, em votação em separado na assembléia geral, excluído o acionista controlador, a maioria dos titulares, respectivamente:

I – de ações de emissão de companhia aberta com direito a voto, que representem, pelo menos, 15% (quinze por cento) do total das ações com direito a voto; e

II – de ações preferenciais sem direito a voto ou com voto restrito de emissão de companhia aberta, que representem, no mínimo, 10% (dez por cento) do capital social, que não houverem exercido o direito previsto no estatuto, em conformidade com o art. 18.

§ 5º – Verificando-se que nem os titulares de ações com direito a voto e nem os titulares de ações preferenciais sem direito a voto ou com voto restrito perfizeram, respectivamente, o quorum exigido nos incisos I e II do § 4º, ser-lhes-á facultado agregar suas ações para elegerem em conjunto um membro e seu suplente para o conselho de administração, observando-se, nessa hipótese, o quorum exigido pelo inciso II do § 4º.

§ 6° – Somente poderão exercer o direito previsto no § 4° os acionistas que comprovarem a titularidade ininterrupta da participação acionária ali exigida durante o período de 3 (três) meses, no mínimo, imediatamente anterior à realização da assembléia geral.

§ 7º – Sempre que, cumulativamente, a eleição do conselho de administração se

§ 4 – Das Recht, ein Mitglied des Verwaltungsrats und dessen Ersatzmann in getrennter Abstimmung in der Hauptversammlung zu wählen oder abzusetzen, unter Ausschluss des beherrschenden Aktionärs, steht der Mehrheit der Aktieninhaber zu, und zwar:

I – von der offenen Aktiengesellschaft ausgegebenen stimmberechtigten Aktien, die mindestens 15 % (fünfzehn Prozent) der gesamten stimmberechtigten Aktien vertreten; und

II – von der offenen Aktiengesellschaft ausgegebenen Vorzugsaktien ohne Stimmrecht oder mit eingeschränktem Stimmrecht, die mindestens 10 % (zehn Prozent) des Grundkapitals vertreten, und die ihr in der Satzung vorgesehenes Recht gemäß Art. 18 nicht ausgeübt haben.

§ 5 – Gelangt man zur Feststellung, dass weder die Inhaber von Aktien mit Stimmrecht, noch die Inhaber von Vorzugsaktien ohne Stimmrecht oder mit beschränktem Stimmrecht jeweils die in den Absätzen I und II des § 4 geforderte Beschlussfähigkeit erreicht haben, wird es ihnen freigestellt, ihre Aktien zu vereinen, um gemeinsam ein Mitglied und dessen Ersatzmann in den Aufsichtsrat zu wählen, in welchem Falle die gemäß Absatz II des § 4 geforderte Beschlussfähigkeit zu beachten ist.

§ 6 – Nur diejenigen Aktionäre können ihr in § 4 vorgesehenes Recht ausüben, die die ununterbrochene Inhaberschaft ihrer dort geforderten Aktienbeteiligung über den unmittelbar vor Abhaltung der Hauptversammlung liegenden Zeitraum von mindestens 3 (drei) Monaten nachweisen.

§ 7 – Immer dann, wenn die Wahl des Verwaltungsrats kumulativ nach dem

der pelo sistema do voto múltiplo e os titulares de ações ordinárias ou preferenciais exercerem a prerrogativa de eleger conselheiro, será assegurado a acionista ou grupo de acionistas vinculados por acordo de votos que detenham mais do que 50% (cinqüenta por cento) das ações com direito de voto o direito de eleger conselheiros em número igual ao dos eleitos pelos demais acionistas, mais um, independentemente do número de conselheiros que, segundo o estatuto, componha o órgão.

System des Mehrstimmrechts erfolgt, und die Inhaber von Stamm- und Vorzugsaktien das Vorrecht ausüben, ein Ratsmitglied zu wählen, steht dem Aktionär oder der durch Stimmrechtsvereinbarung gebundenen Aktionärsgruppe, die mehr als 50 % (fünfzig Prozent) der Aktien mit Stimmrecht auf sich vereint, das Recht zu, Verwaltungsräte in gleicher Anzahl wie die durch die sonstigen Aktionäre gewählten plus einem weiteren zu wählen, unabhängig von der Anzahl von Verwaltungsräten, die dem Organ gemäß der Satzung angehören.

§ 8º – A companhia deverá manter registro com a identificação dos acionistas que exercerem a prerrogativa a que se refere o § 4º.

§ 8 – Die Aktiengesellschaft hat ein Verzeichnis mit der Identifizierung derjenigen Aktionäre zu führen, die von dem in § 4 genannten Vorrecht Gebrauch gemacht haben.

Competência

Zuständigkeit

Art. 142 – Compete ao conselho de administração:

I – fixar a orientação geral dos negócios da companhia;

II – eleger e destituir os diretores da companhia e fixar-lhes as atribuições, observado o que a respeito dispuser o estatuto;

III – fiscalizar a gestão dos diretores, examinar, a qualquer tempo, os livros e papéis da companhia, solicitar informações sobre contratos celebrados ou em via de celebração, e quaisquer outros atos;

Art. 142 – Dem Verwaltungsrat steht das Recht zu:

I – die allgemeine Geschäftspolitik der Gesellschaft festzulegen;

II – die Vorstandsmitglieder der Gesellschaft unter Beachtung der diesbezüglichen Bestimmungen der Satzung zu wählen und abzuberufen sowie ihre Befugnisse festzulegen;

III – die Geschäftsführung der Vorstandsmitglieder zu überwachen, die Bücher und Unterlagen der Gesellschaft jederzeit zu prüfen, Auskünfte über abgeschlossene oder im Verhandlungsstadium befindliche Verträge und andere Vorgänge zu verlangen;

IV – convocar a assembléia geral quando julgar conveniente, ou no caso do artigo 132;

V – manifestar-se sobre o relatório da administração e as contas da diretoria;

VI – manifestar-se previamente sobre atos ou contratos, quando o estatuto assim o exigir;

VII – deliberar, quando autorizado pelo estatuto, sobre a emissão de ações ou de bônus de subscrição;

VIII – autorizar, se o estatuto não dispuser em contrário, a alienação de bens do ativo não circulante, a constituição de ônus reais e a prestação de garantias a obrigações de terceiros;

IX – escolher e destituir os auditores independentes, se houver.

§ 1º – Serão arquivadas no registro do comércio e publicadas as atas das reuniões do conselho de administração que contiverem deliberação destinada a produzir efeitos perante terceiros.

§ 2º – A escolha e a destituição do auditor independente ficará sujeita a veto, devidamente fundamentado, dos conselheiros eleitos na forma do art. 141, § 4º, se houver.

IV – wenn er es für angebracht hält oder im Falle des Art. 132, die Hauptversammlung einzuberufen;

V – zum Geschäftsbericht und zur Rechnungslegung des Vorstandes Stellung zu nehmen;

VI – im Voraus zu Handlungen oder Verträgen Stellung zu nehmen, wenn die Satzung es verlangt;

VII – über die Ausgabe von Aktien oder Zeichnungsboni zu beschließen, wenn er durch die Satzung hierzu ermächtigt ist;

VIII – die Veräußerung von Gegenständen, die nicht Bestandteil des Umlaufvermögens sind, die Bestellung von dinglichen Belastungen und die Leistung von Sicherheiten für Verpflichtungen Dritter zu genehmigen, wenn die Satzung nichts Gegenteiliges bestimmt;

IX – ggf. die unabhängigen Wirtschaftsprüfer zu bestellen und abzuberufen.

§ 1 – Die Sitzungsniederschriften des Verwaltungsrates, die Beschlüsse enthalten, die gegenüber Dritten Wirkung haben sollen, müssen in das Handelsregister eingetragen und veröffentlicht werden.

§ 2 – Die Bestellung und Abberufung des unabhängigen Wirtschaftsprüfers ist dem entsprechend begründeten Veto der Ratsmitglieder unterworfen, die im Sinne des Art. 141 § 4 gewählt wurden, sofern dies zutrifft.

Seção II

Diretoria

Composição

Art. 143 – A diretoria será composta por 2 (dois) ou mais diretores, eleitos e destituíveis a qualquer tempo pelo conselho de administração, ou, se inexistente, pela assembléia geral, devendo o estatuto estabelecer:

I – o número de diretores, ou o máximo e o mínimo permitidos;

II – o modo de sua substituição;

III – o prazo de gestão, que não será superior a 3 (três) anos, permitida a reeleição;

IV – as atribuições e poderes de cada diretor.

§ 1º – Os membros do conselho de administração, até o máximo de 1/3 (um terço), poderão ser eleitos para cargos de diretores.

§ 2º – O estatuto pode estabelecer que determinadas decisões, de competência dos diretores, sejam tomadas em reunião da diretoria.

Representação

Art. 144 – No silêncio do estatuto e inexistindo deliberação do conselho de administração (art. 142, nº II e parágrafo

Abschnitt II

Vorstand

Zusammensetzung

Art. 143 – Der Vorstand besteht aus 2 (zwei) oder mehreren Mitgliedern, die vom Verwaltungsrat oder, wenn ein solcher nicht vorhanden ist, von der Hauptversammlung, gewählt werden und jederzeit absetzbar sind. Die Satzung muss festlegen:

I – die Zahl der Vorstandsmitglieder oder die zulässige Mindest- und Höchstzahl;

II – die Vorgehensweise bei ihrer Ersetzung;

III – die Dauer der Amtszeit, die nicht länger als 3 (drei) Jahre sein darf, wobei Wiederwahl zulässig ist;

IV – die Befugnisse und Zuständigkeiten jedes Vorstandsmitgliedes.

§ 1 – Höchstens 1/3 (ein Drittel) des Verwaltungsrates kann zu Vorstandsmitgliedern gewählt werden.

§ 2 – Die Satzung kann festlegen, dass bestimmte Entscheidungen, die zur Zuständigkeit einzelner Vorstandsmitglieder gehören, in einer Vorstandssitzung zu treffen sind.

Vertretung

Art. 144 – Wenn die Satzung nicht darüber bestimmt und kein Beschluss des Verwaltungsrates (Art. 142, Absatz II,

único), competirão a qualquer diretor a representação da companhia e a prática dos atos necessários ao seu funcionamento regular.

Einziger Paragraf) vorliegt, steht jedem Vorstandsmitglied die Vertretung der Gesellschaft und die Vornahme der zum gewöhnlichen Geschäftsgang erforderlichen Handlungen zu.

Parágrafo único – Nos limites de suas atribuições e poderes, é licito aos diretores constituir mandatários da companhia, devendo ser especificados no instrumento os atos ou operações que poderão praticar e a duração do mandato, que, no caso de mandato judicial, poderá ser por prazo indeterminado.

Einziger Paragraf – Im Rahmen ihrer Zuständigkeiten und Befugnisse können die Vorstandsmitglieder Bevollmächtigte der Gesellschaft bestellen, wobei in der Bestellungsurkunde die Handlungen oder Geschäfte, die sie vornehmen können, und die Gültigkeitsdauer der Vollmacht angegeben werden müssen; im Falle einer gerichtlichen Vertretung kann die Gültigkeitsdauer unbestimmt sein.

Seção III

Administradores

Abschnitt III

Verwalter

Normas Comuns

Art. 145 – As normas relativas a requisitos, impedimentos, investidura, remuneração, deveres e responsabilidades dos administradores aplicam-se a conselheiros e diretores.

Gemeinsame Bestimmungen

Art. 145 – Die Bestimmungen über Voraussetzungen, Hinderungsgründe, Einsetzung, Vergütung, Pflichten und Verantwortlichkeiten der Verwalter finden auf die Mitglieder des Verwaltungsrats und die Vorstandsmitglieder Anwendung.

Requisitos e Impedimentos

Art. 146 – Poderão ser eleitos para membros dos órgãos de administração pessoas naturais, devendo os diretores ser residentes no País.

Voraussetzungen und Hinderungsgründe

Art. 146 – Zu Mitgliedern der Verwaltungsorgane können natürliche Personen gewählt werden, wobei die Vorstandsmitglieder im Land wohnhaft sein müssen.

§ 1º – A ata da assembléia geral ou da reunião do conselho de administração que eleger administradores deverá conter a qualificação e o prazo de gestão de cada um dos eleitos, devendo ser arquivada no

§ 1 – Die Niederschrift über die Hauptversammlung oder über die Sitzung des Verwaltungsrats betreffend die Wahl von Verwaltern muss die Personalangaben und die Dauer der Amtsführung eines jeden

registro do comércio e publicada.

Gewählten enthalten, und sie ist im Handelsregister einzutragen und zu veröffentlichen.

§ 2º – A posse do conselheiro residente ou domiciliado no exterior fica condicionada à constituição de representante residente no País, com poderes para receber citação em ações contra ele propostas com base na legislação societária, mediante procuração com prazo de validade que deverá estender-se por, no mínimo, 3 (três) anos após o término do prazo de gestão do conselheiro.

§ 2 – Die Amtsübernahme eines im Ausland wohnhaften oder ansässigen Verwaltungsratsmitglieds ist abhängig von der Einsetzung eines in Brasilien wohnhaften Vertreters, der bevollmächtigt ist, Zustellungen bei Klagen entgegenzunehmen, die gegen das genannte Ratsmitglied auf Grundlage der Aktiengesetzgebung angestrengt wurden, und zwar über Vollmacht, deren Dauer sich mindestens über 3 (drei) Jahre nach Ablauf der Amtszeit des Ratsmitglieds erstrecken muss.

Art. 147 – Quando a lei exigir certos requisitos para a investidura em cargo de administração da companhia, a assembléia geral somente poderá eleger quem tenha exibido os necessários comprovantes, dos quais se arquivará cópia autêntica na sede social.

Art. 147 – Wenn das Gesetz bestimmte Voraussetzungen für die Einsetzung in ein Verwaltungsamt der Gesellschaft vorschreibt, kann die Hauptversammlung nur jemanden wählen, der die erforderlichen Belege, von denen beglaubigte Abschriften am Sitz der Gesellschaft aufzubewahren sind, vorgelegt hat.

§ 1º – São inelegíveis para os cargos de administração da companhia as pessoas impedidas por lei especial, ou condenadas por crime falimentar, de prevaricação, peita ou suborno, concussão, peculato, contra a economia popular, a fé pública ou a propriedade, ou a pena criminal que vede, ainda que temporariamente, o acesso a cargos públicos.

§ 1 – In Verwaltungsämter der Gesellschaft kann nicht gewählt werden, wer durch ein besonderes Gesetz daran gehindert ist, oder wer wegen betrügerischen Bankrotts, Amtsmissbrauchs, aktiver oder passiver Bestechung, Veruntreuung im Amt, Unterschlagung im Amt, Verbrechens gegen die Volkswirtschaft, den öffentlichen Glauben oder das Eigentum, zu einer Strafe verurteilt worden ist, die, wenn auch nur vorübergehend, die Fähigkeit zur Bekleidung eines öffentlichen Amtes entzieht.

§ 2º – São ainda inelegíveis para os cargos de administração de companhia aberta as pessoas declaradas inabilitadas por ato da Comissão de Valores Mobiliários.

§ 2 – In Verwaltungsämter einer offenen Aktiengesellschaft können ferner Personen nicht gewählt werden, die durch Verfügung der Wertpapierkommission für ungeeignet erklärt worden sind.

§ 3º – O conselheiro deve ter reputação ilibada, não podendo ser eleito, salvo dispensa da assembléia geral, aquele que:

I – ocupar cargos em sociedades que possam ser consideradas concorrentes no mercado, em especial, em conselhos consultivos, de administração ou fiscal; e

II – tiver interesse conflitante com a sociedade.

§ 4º – A comprovação do cumprimento das condições previstas no § 3º será efetuada por meio de declaração firmada pelo conselheiro eleito nos termos definidos pela Comissão de Valores Mobiliários, com vistas ao disposto nos artigos 145 e 159, sob as penas da lei.

§ 3 – Das Verwaltungsratsmitglied muss über einen guten Leumund verfügen, wobei, ausgenommen bei Befreiung durch die Hauptversammlung, derjenige nicht gewählt werden darf:

I – der Ämter in Gesellschaften ausübt, die als Wettbewerber auf dem Markt betrachtet werden können, insbesondere in Verwaltungs- oder Überwachungsräten.

II – der in Interessenkonflikt zur Gesellschaft steht.

§ 4 – Der Nachweis der Erfüllung der in § 3 vorgesehenen Bedingungen ist über eine durch das gewählte Ratsmitglied unterschriebene Erklärung gemäß den von der Wertpapierkommission definierten Richtlinien im Hinblick auf die Vorschriften der Artikel 145 und 159 unter Androhung von gesetzlichen Strafen zu erbringen.

Garantia da Gestão

Art. 148 – O estatuto pode estabelecer que o exercício do cargo de administrador deve ser assegurado, pelo titular ou por terceiro, mediante penhor de ações da companhia ou outra garantia.

Parágrafo único – A garantia só será levantada após aprovação das últimas contas apresentadas pelo administrador que houver deixado o cargo.

Garantie bei Amtsführung

Art. 148 – Die Satzung kann bestimmen, dass die Ausübung des Amtes eines Verwalters vom Amtsträger oder einem Dritten durch Verpfändung von Aktien der Gesellschaft oder durch eine andere Sicherheit gewährleistet sein muss.

Einziger Paragraf – Die Garantie kann nur nach Genehmigung der letzten von dem ausgeschiedenen Verwalter vorgelegten Rechnungslegung freigegeben werden.

Investidura

Art. 149 – Os conselheiros e diretores serão investidos nos seus cargos mediante

Amtseinsetzung

Art. 149 – Die Mitglieder des Verwaltungsrats und die Vorstandsmitglieder

assinatura de termo de posse no livro de atas do conselho de administração ou da diretoria conforme o caso.

werden in ihre Ämter mittels Unterzeichnung der Einsetzungserklärung in dem Protokollbuch der Sitzungen des Verwaltungsrats bzw. des Vorstandes eingesetzt.

§ 1º – Se o termo não for assinado nos 30 (trinta) dias seguintes à nomeação, esta tornar-se-á sem efeito, salvo justificação aceita pelo órgão da administração para o qual tiver sido eleito.

§ 1 – Wird die Einsetzungserklärung nicht innerhalb von 30 (dreißig) Tagen nach der Ernennung unterzeichnet, verliert die Ernennung ihre Wirkung, vorbehaltlich eines Entschuldigungsgrundes, der von dem Verwaltungsorgan, für das der Betreffende gewählt worden ist, angenommen wird.

§ 2º – O termo de posse deverá conter, sob pena de nulidade, a indicação de pelo menos um domicílio no qual o administrador receberá as citações e intimações em processos administrativos e judiciais relativos a atos de sua gestão , as quais reputar-se-ão cumpridas mediante entrega no domicílio indicado, o qual somente poderá ser alterado mediante comunicação por escrito à companhia.

§ 2 – Die Einsetzungserklärung hat unter Androhung von Nichtigkeit die Angabe zumindest eines Aufenthaltsortes zu enthalten, an dem der Verwalter die Zustellungen und Benachrichtigungen in Verwaltungs- und Gerichtsverfahren betreffend Handlungen seiner Amtsführung entgegennimmt, die mittels Übergabe am angegebenen Aufenthaltsort als durchgeführt betrachtet werden, der nur über schriftliche Mitteilung an die Gesellschaft geändert werden darf.

Substituição e Término de Gestão

Ersetzung des Amtsinhabers und Beendigung der Amtsführung

Art. 150 – No caso de vacância do cargo de conselheiro, salvo disposição em contrário do estatuto, o substituto será nomeado pelos conselheiros remanescentes e servirá até a primeira assembléia geral. Se ocorrer vacância da maioria dos cargos, a assembléia geral será convocada para proceder a nova eleição.

Art. 150 – Ist das Amt eines Mitglieds des Verwaltungsrats vakant, wird, vorbehaltlich einer gegenteiligen Bestimmung der Satzung, von den übrigen Verwaltungsräten ein Vertreter ernannt, der bis zur ersten folgenden Hauptversammlung im Amt bleibt. Wenn die Mehrzahl der Stellen vakant wird, ist die Hauptversammlung einzuberufen, um die Neuwahl vorzunehmen.

§ 1º – No caso de vacância de todos os cargos do conselho de administração, compete à diretoria convocar a assembléia geral.

§ 1 – Bei Vakanz aller Stellen des Verwaltungsrats steht es dem Vorstand zu, die Hauptversammlung einzuberufen.

§ 2º – No caso de vacância de todos os cargos da diretoria, se a companhia não tiver conselho de administração, compete ao conselho fiscal, se em funcionamento, ou a qualquer acionista, convocar a assembléia geral, devendo o representante de maior número de ações praticar, até a realização da assembléia, os atos urgentes de administração da companhia.

§ 2 – Wenn alle Stellen des Vorstandes vakant sind und die Gesellschaft keinen Verwaltungsrat hat, obliegt es dem Überwachungsrat, soweit dieser tätig ist, oder jedem Aktionär, die Hauptversammlung einzuberufen; der Aktionär, der die größte Anzahl von Aktien innehat, hat bis zur Durchführung der Versammlung die dringenden Verwaltungsgeschäfte der Gesellschaft zu erledigen.

§ 3º – O substituto eleito para preencher cargo vago completará o prazo de gestão do substituído.

§ 3 – Der Vertreter, der zur Ausübung eines vakanten Amtes gewählt wurde, ist für die restliche Amtsdauer des Vertretenen tätig.

§ 4º – O prazo de gestão do conselho de administração ou da diretoria se estende até a investidura dos novos administradores eleitos.

§ 4 – Die Amtsführung des Mitglieds des Verwaltungsrates oder des Vorstandes läuft bis zum Tage der Amtseinsetzung der neu gewählten Verwalter.

Renúncia

Art. 151 – A renúncia do administrador torna-se eficaz, em relação à companhia, desde o momento em que lhe for entregue a comunicação escrita do renunciante, e em relação a terceiros de boa-fé, após arquivamento no registro de comércio e publicação, que poderão ser promovidos pelo renunciante.

Rücktritt

Art. 151 – Der Rücktritt eines Verwalters wird gegenüber der Gesellschaft in dem Augenblick wirksam, in dem ihr die schriftliche Mitteilung des Zurücktretenden übergeben wird, gegenüber gutgläubigen Dritten jedoch erst nach Eintragung in das Handelsregister und Veröffentlichung der Erklärung, die von dem Zurücktretenden veranlasst werden dürfen.

Remuneração

Art. 152 – A assembléia geral fixará o montante global ou individual da remuneração dos administradores, inclusive benefícios de qualquer natureza e verbas de representação, tendo em conta suas responsabilidades, o tempo dedicado às suas funções, sua competência e reputação profissional e o valor dos seus serviços no

Vergütung

Art. 152 – Die Hauptversammlung setzt die Gesamtvergütung oder die individuelle Vergütung der Verwalter, einschließlich jedweder Vergünstigungen und Abgeltung für die Vertretung des Unternehmens unter Berücksichtigung ihrer Verantwortung, der für die Ausübung ihrer Funktion gewidmeten Zeit, ihrer Sachkenntnis und

mercado.

§ 1º – O estatuto da companhia que fixar o dividendo obrigatório em 25% (vinte e cinco por cento) ou mais do lucro líquido, pode atribuir aos administradores participação no lucro da companhia, desde que o seu total não ultrapasse a remuneração anual dos administradores nem um décimo dos lucros (art. 190), prevalecendo o limite que for menor.

§ 2º – Os administradores somente farão jus à participação nos lucros do exercício social em relação ao qual for atribuído aos acionistas o dividendo obrigatório, de que trata o artigo 202.

ihres beruflichen Ansehens, sowie der Bewertung ihrer Dienste auf dem Arbeitsmarkt fest.

§ 1 – Die Satzung einer Gesellschaft, die die Pflichtdividende auf 25 % (fünfundzwanzig Prozent) des Nettogewinns oder mehr festlegt, kann den Verwaltern eine Beteiligung am Gewinn der Gesellschaft zuerkennen, wenn deren Gesamtbetrag weder die jährliche Vergütung der Verwalter, noch ein Zehntel der Gewinne (Art. 190) übersteigt, wobei der niedrigere dieser Beträge als Grenze gilt.

§ 2 – Die Verwalter haben nur dann Anspruch auf Beteiligung am Gewinn eines Geschäftsjahres, wenn den Aktionären in diesem Geschäftsjahr die Pflichtdividende gemäß Art. 202 zugeteilt worden ist.

Seção IV

Deveres e Responsabilidades

Dever de Diligencia

Art. 153 – O administrador da companhia deve empregar, no exercício de suas funções, o cuidado e o diligência que todo homem ativo e probo costuma empregar na administração dos seus próprios negócios.

Finalidades das Atribuições e Desvio de Poder

Art. 154 – O administrador deve exercer as atribuições que a lei e o estatuto lhe conferem para lograr os fins e no interesse da companhia, satisfeitas as exigências do

Abschnitt IV

Pflichten und Verantwortlichkeit

Sorgfaltspflicht

Art. 153 – Der Verwalter einer Gesellschaft hat bei der Ausübung seiner Funktionen die Sorgfalt anzuwenden, die jeder tüchtige und rechtschaffene Mensch bei der Führung seiner eigenen Geschäfte anzuwenden pflegt.

Zweck der Befugnisse und Machtmissbrauch

Art. 154 – Der Verwalter hat die Befugnisse, die ihm das Gesetz und die Satzung übertragen, unter Erfüllung der Erfordernisse des Gemeinwohls und der sozialen

bem público e da função social da empresa.

§ 1º – O administrador eleito por grupo ou classe de acionistas tem, para com a companhia, os mesmos deveres que os demais, não podendo, ainda que para defesa do interesse dos que o elegeram, faltar a esses deveres.

§ 2º – É vedado ao administrador:

a) praticar ato de liberalidade à custa da companhia;

b) sem prévia autorização da assembléia geral ou do conselho de administração, tomar por empréstimo recursos ou bens da companhia, ou usar, em proveito próprio, de sociedade em que tenha interesse, ou de terceiros, os seus bens, serviços ou crédito;

c) receber de terceiros, sem autorização estatutária ou da assembléia geral, qualquer modalidade de vantagem pessoal, direta ou indireta, em razão do exercício de seu cargo.

§ 3º – As importâncias com infração ao disposto na alínea "c" do § 2º pertencerão à companhia.

§ 4º – O conselho de administração ou a diretoria podem autorizar a prática de atos gratuitos razoáveis em benefício dos empregados ou da comunidade de que participe a empresa, tendo em vista suas responsabilidades sociais recebidas

Funktion der Gesellschaft in deren Interesse wahrzunehmen, um ihre Ziele zu erreichen.

§ 1 – Der von einer Gruppe oder Klasse von Aktionären gewählte Verwalter hat gegenüber der Gesellschaft dieselben Verpflichtungen wie die übrigen und darf diese Pflichten, auch zur Verteidigung der Interessen derer, die ihn gewählt haben, nicht außer Acht lassen.

§ 2 – Dem Verwalter ist verboten:

a) auf Kosten der Gesellschaft freigiebige Handlungen vorzunehmen;

b) ohne vorherige Zustimmung der Hauptversammlung oder des Verwaltungsrates Mittel oder Vermögensgegenstände der Gesellschaft als Darlehen zu nehmen oder von den Vermögensgegenständen, Diensten oder Guthaben zum Vorteil seiner selbst, zugunsten einer anderen Gesellschaft, an der er Interesse hat, oder zugunsten Dritter Gebrauch zu machen;

c) ohne Genehmigung durch die Satzung oder die Hauptversammlung einen unmittelbaren oder mittelbaren persönlichen Vorteil aufgrund der Ausübung seines Amtes von Dritten anzunehmen.

§ 3 – Die unter Verletzung der Bestimmungen unter Buchstabe "c" des § 2 erhaltenen Beträge stehen der Gesellschaft zu.

§ 4 – Der Verwaltungsrat oder der Vorstand können im Hinblick auf die sozialen Verpflichtungen der Gesellschaft die Vornahme unentgeltlicher Handlungen in vernünftigem Rahmen zugunsten der Betriebsangehörigen oder des

Gemeinwesens, dem die Gesellschaft angehört, genehmigen.

Dever de Lealdade

Art. 155 – O administrador deve servir com lealdade à companhia e manter reserva sobre os seus negócios, sendo-lhe vedado:

I – usar, em benefício próprio ou de outrem, com ou sem prejuízo para a companhia, as oportunidades comerciais de que tenha conhecimento em razão do exercício de seu cargo;

II – omitir-se no exercício ou proteção de direitos da companhia ou, visando à obtenção de vantagens, para si ou para outrem, deixar de aproveitar oportunidades de negócio de interesse da companhia;

III – adquirir, para revender com lucro, bem ou direito que sabe necessário à companhia, ou que esta tencione adquirir.

§ 1º – Cumpre, ademais, ao administrador de companhia aberta, guardar sigilo sobre qualquer informação que ainda não tenha sido divulgada para conhecimento do mercado, obtida em razão do cargo e capaz de influir de modo ponderável na cotação de valores mobiliários, sendo-lhe vedado valer-se da informação para obter, para si ou para outrem, vantagem mediante compra ou venda de valores mobiliários.

Treuepflicht

Art. 155 – Der Verwalter hat der Gesellschaft getreulich zu dienen und über ihre Geschäfte Stillschweigen zu bewahren. Es ist ihm verboten:

I – zum eigenen Vorteil oder zu dem eines anderen, mit oder ohne Schaden für die Gesellschaft, die Geschäftsmöglichkeiten auszunützen, von denen er aufgrund der Ausübung seines Amtes Kenntnis hat;

II – in Wahrnehmung oder Verteidigung der Rechte der Gesellschaft Handlungen zu unterlassen oder im Interesse der Gesellschaft liegende Geschäftsmöglichkeiten nicht wahrzunehmen in der Absicht, für sich oder einen anderen Vorteile zu erlangen;

III – einen Vermögenswert oder ein Recht mit der Absicht gewinnbringenden Wiederverkaufs zu erwerben, von denen er weiß, dass die Gesellschaft sie benötigt oder zu erwerben beabsichtigt.

§ 1 – Erlangt ein Verwalter einer offenen Aktiengesellschaft aufgrund seines Amtes Informationen, die auf dem Markt noch nicht bekanntgegeben wurden und geeignet sind, den Börsenkurs von Wertpapieren wesentlich zu beeinflussen, hat er darüber Schweigen zu bewahren. Es ist ihm verboten, sich einer solchen Information zu bedienen, um für sich oder einen anderen durch Kauf oder Verkauf von Wertpapieren Vorteile zu erlangen.

§ 2º – O administrador deve zelar para que a violação do disposto no § 1º não possa ocorrer através de subordinados ou terceiros de sua confiança.

§ 2 – Der Verwalter hat dafür zu sorgen, dass eine Verletzung der Bestimmung des § 1 nicht durch ihm untergeordnete oder dritte Personen seines Vertrauens erfolgen kann.

§ 3º – A pessoa prejudicada em compra e venda de valores mobiliários, contratada com infração do disposto nos §§ 1º e 2º, tem direito de haver do infrator indenização por perdas e danos, a menos que, ao contratar, já conhecesse a informação.

§ 3 – Die bei einem unter Verletzung der Bestimmungen der §§ 1 und 2 getätigtem Kauf oder Verkauf von Wertpapieren geschädigte Person hat gegen den Zuwiderhandelnden Anspruch auf Schadensersatz, es sei denn, dass sie die Information bei Vertragsabschluss schon gekannt hat.

§ 4º – É vedada a utilização de informação relevante ainda não divulgada, por qualquer pessoa que a ela tenha tido acesso, com a finalidade de auferir vantagem, para si ou para outrem, no mercado de valores mobiliários.

§ 4 – Die Verwendung von noch nicht veröffentlichten relevanten Informationen durch irgendeine Person, die zu diesen Zugang gehabt hat, mit der Absicht, für sich oder für andere Vorteile auf dem Wertpapiermarkt zu erzielen, ist untersagt.

Conflito de Interesses

Interessenkonflikte

Art. 156 – É vedado ao administrador intervir em qualquer operação social em que tiver interesse conflitante com o da companhia, bem como na deliberação que a respeito tomarem os demais administradores, cumprindo-lhe cientificá-los do seu impedimento e fazer consignar, em ata de reunião do conselho de administração ou da diretoria, a natureza e extensão do seu interesse.

Art. 156 – Dem Verwalter ist es verboten, bei einer geschäftlichen Handlung, bei der zwischen ihm und der Gesellschaft ein Interessenkonflikt besteht, sowie bei der diesbezüglichen Beschlussfassung der übrigen Verwalter mitzuwirken; er ist verpflichtet, diesen den Hinderungsgrund mitzuteilen und in der Niederschrift über die Sitzung des Verwaltungsrates oder des Vorstands Art und Umfang seines Interesses anzugeben.

§ 1º – Ainda que observado o disposto neste artigo, o administrador somente pode contratar com a companhia em condições razoáveis ou eqüitativas, idênticas às que prevalecem no mercado ou em que a companhia contrataria com terceiros.

§ 1 – Auch unter Beachtung der Bestimmungen dieses Artikels darf der Verwalter mit der Gesellschaft Geschäfte nur zu vernünftigen oder sachgerechten Bedingungen tätigen, die den am Markt herrschenden Bedingungen entsprechen oder unter denen die Gesellschaft mit Dritten abschließen würde.

§ 2º – O negócio contratado com infração do disposto no § 1º é anulável, e o administrador interessado será obrigado a transferir para a companhia as vantagens que dele tiver auferido.

§ 2 – Ein unter Verletzung der Bestimmung des § 1 abgeschlossenes Geschäft ist aufhebbar, und der interessierte Verwalter ist verpflichtet, die von ihm erzielten Vorteile an die Gesellschaft zu übertragen.

Dever de Informar

Art. 157 – O administrador de companhia aberta deve declarar, ao firmar o termo de posse, o número de ações, bônus de subscrição, opções de compra de ações e debêntures conversíveis em ações, de emissão da companhia e de sociedades controladas ou do mesmo grupo, de que seja titular.

§ 1º – O administrador de companhia aberta é obrigado a revelar à assembléia geral ordinária, a pedido de acionistas que representem 5% (cinco por cento) ou mais do capital social:

a) o número dos valores mobiliários de emissão da companhia ou de sociedades controladas, ou do mesmo grupo, que tiver adquirido ou alienado, diretamente ou através de outras pessoas, no exercício anterior;

b) as opções de compra de ações que tiver contratado ou exercido no exercício anterior;

c) os benefícios ou vantagens, indiretas ou complementares, que tenha recebido ou esteja recebendo da companhia e de sociedades coligadas, controladas ou do mesmo grupo;

Informationspflicht

Art. 157 – Der Verwalter einer offenen Aktiengesellschaft hat bei der Unterzeichnung der Einsetzungserklärung die Anzahl der ihm gehörenden Aktien, Zeichnungsboni und Optionen auf den Kauf von Aktien und Wandelschuldverschreibungen anzugeben, die von der Gesellschaft, von abhängigen Gesellschaften oder von Gesellschaften desselben Konzerns ausgegeben worden sind.

§ 1 – Der Verwalter einer offenen Aktiengesellschaft ist verpflichtet, auf Verlangen von Aktionären, die 5 % (fünf Prozent) oder mehr des Grundkapitals vertreten, der ordentlichen Hauptversammlung offenzulegen:

a) die Anzahl der von der Gesellschaft, von abhängigen Gesellschaften oder von Gesellschaften desselben Konzerns ausgegebenen Wertpapiere, die er direkt oder über Dritte im vorangegangenen Geschäftsjahr erworben oder veräußert hat;

b) die Optionen auf den Kauf von Aktien, die er im vorangegangenen Geschäftsjahr abgeschlossen oder ausgeübt hat;

c) die indirekten oder zusätzlichen Vergünstigungen oder Vorteile, die er von der Gesellschaft und von verbundenen Unternehmen, von abhängigen Gesellschaften oder

Gesellschaften desselben Konzerns erhalten hat oder erhält;

d) as condições dos contratos de trabalho que tenham sido firmados pela companhia com os diretores e empregados de alto nível;

d) die Bedingungen der Arbeitsverträge, die von der Gesellschaft mit den Vorstandsmitgliedern und den leitenden Angestellten abgeschlossen worden sind;

e) quaisquer atos ou fatos relevantes nas atividades da companhia.

e) andere für die Geschäftstätigkeit der Gesellschaft bedeutsame Handlungen oder Vorgänge.

§ 2º – Os esclarecimentos prestados pelo administrador poderão, a pedido de qualquer acionista, ser reduzidos a escrito, autenticados pela mesa da assembléia, e fornecidos por cópia aos solicitantes.

§ 2 – Auf Verlangen eines Aktionärs dürfen die von dem Verwalter abgegebenen Erklärungen schriftlich festgehalten, von der Leitung der Versammlung beglaubigt und in Form einer Abschrift denjenigen, die es beantragen, übergeben werden.

§ 3º – A revelação dos atos ou fatos de que trata este artigo só poderá ser utilizada no legítimo interesse da companhia ou do acionista, respondendo os solicitantes pelos abusos que praticarem.

§ 3 – Von der Offenlegung der Handlungen oder Umstände, von denen dieser Artikel handelt, darf nur im berechtigten Interesse der Gesellschaft oder des Aktionärs Gebrauch gemacht werden; die Antragsteller haften für einen von ihnen begangenen Missbrauch.

§ 4º – Os administradores da companhia aberta são obrigados a comunicar imediatamente à bolsa de valores e a divulgar pela imprensa qualquer deliberação de assembléia geral ou dos órgãos de administração da companhia, ou fato relevante ocorrido nos seus negócios, que possa influir, de modo ponderável, na decisão dos investidores do mercado de vender ou comprar valores mobiliários emitidos pela companhia.

§ 4 – Die Verwalter einer offenen Aktiengesellschaft sind verpflichtet, einen Beschluss der Hauptversammlung oder der Verwaltungsorgane der Gesellschaft, oder einen bei ihren Geschäften aufgetretenen erheblichen Vorgang, der maßgeblich die Entscheidung von Anlegern auf dem Markt, von der Gesellschaft ausgegebene Wertpapiere zu verkaufen oder zu kaufen, beeinflussen kann, unverzüglich der Wertpapierbörse mitzuteilen und durch die Presse veröffentlichen zu lassen.

§ 5º – Os administradores poderão recusar-se a prestar a informação (§ 1º, alínea "e"), ou deixar de divulgá-la (§ 4º), se entenderem que sua revelação porá em risco interesse legítimo da companhia,

§ 5 – Die Verwalter können es ablehnen, die Informationen (§ 1, Buchst. "e") zu erteilen oder zu verbreiten (§ 4), wenn sie der Auffassung sind, dass ihre Offenlegung ein berechtigtes Interesse der

cabendo à Comissão de Valores Mobiliários, a pedido dos administradores, de qualquer acionista, ou por iniciativa própria, decidir sobre a prestação de informação e responsabilizar os administradores, se for o caso.

Gesellschaft gefährdet; auf Ersuchen der Verwalter, eines Aktionärs oder aus eigener Initiative hat die Wertpapierkommission über die Erteilung der Information zu entscheiden und ggf. die Verwalter zur Verantwortung zu ziehen.

§ 6º – Os administradores da companhia aberta deverão informar imediatamente, nos termos e na forma determinados pela Comissão de Valores Mobiliários, a esta e às bolsas de valores ou entidades do mercado de balcão organizado nas quais os valores mobiliários de emissão da companhia estejam admitidos à negociação, as modificações em suas posições acionárias na companhia.

§ 6 – Die Verwalter der offenen Aktiengesellschaft haben unverzüglich in der durch die Wertpapierkommission festgesetzten Art und Weise diese und die Wertpapierbörsen oder die Institutionen des geregelten Freiverkehrs, bei denen die von der Gesellschaft ausgegebenen Wertpapiere zum Handel zugelassen sind, über die Änderungen ihrer Aktienposition innerhalb der Aktiengesellschaft zu unterrichten.

Responsabilidade dos Administradores

Art. 158 – O administrador não é pessoalmente responsável pelas obrigações que contrair em nome da sociedade e em virtude de ato regular de gestão; responde, porém, civilmente, pelos prejuízos que causar, quando proceder:

I – dentro de suas atribuições ou poderes, com culpa ou dolo;

II – com violação da lei ou do estatuto.

§ 1º – O administrador não é responsável por atos ilícitos de outros administradores, salvo se com eles for conivente, se negligenciar em descobri-los ou se, deles tendo conhecimento, deixar de agir para impedir a sua prática. Exime-se de responsabilidade o administrador dissidente que faça consignar sua divergência em ata de reunião do órgão de administração ou, não

Haftung der Verwalter

Art. 158 – Der Verwalter ist nicht persönlich verantwortlich für die Verpflichtungen, die er im Namen der Gesellschaft und aufgrund einer gewöhnlichen Geschäftsführungsmaßnahme eingeht; er haftet jedoch zivilrechtlich für die von ihm verursachten Schäden für Handlungen:

I – innerhalb seiner Zuständigkeiten oder Befugnisse mit Vorsatz oder Fahrlässigkeit;

II – unter Verletzung des Gesetzes oder der Satzung.

§ 1 – Der Verwalter haftet nicht für unerlaubte Handlungen der anderen Verwalter, es sei denn, dass er an ihrer Vornahme beteiligt ist, es vernachlässigt, diese aufzudecken oder es unterlässt, ihre Ausführung zu verhindern, wenn er von diesen Kenntnis hatte. Der nicht zustimmende Verwalter kann sich von seiner Haftung befreien, wenn er seine abweichende Meinung in

sendo possível, dela dê ciência imediata e por escrito ao órgão da administração, ao conselho fiscal, se em funcionamento, ou à assembléia geral.

der Niederschrift über die Sitzung des Verwaltungsorgans vermerken lässt, oder, falls dies nicht möglich ist, unverzüglich und schriftlich dem Verwaltungsorgan, dem Überwachungsrat, wenn dieser tätig ist, oder der Hauptversammlung hiervon Kenntnis gibt.

§ 2º – Os administradores são solidariamente responsáveis pelos prejuízos causados em virtude do não-cumprimento dos deveres impostos por lei para assegurar o funcionamento normal da companhia, ainda que, pelo estatuto, tais deveres não caibam a todos eles.

§ 2 – Die Verwalter haften gesamtschuldnerisch für die Schäden, die durch Nichterfüllung der ihnen gesetzlich auferlegten Pflichten zur Gewährleistung des normalen Funktionierens der Gesellschaft entstanden sind, auch wenn nach der Satzung diese Verpflichtung nicht allen von ihnen obliegen.

§ 3º – Nas companhias abertas, a responsabilidade de que trata o § 2º ficará restrita, ressalvado o disposto no § 4º, aos administradores que, por disposição do estatuto, tenham atribuição específica de dar cumprimento àqueles deveres.

§ 3 – Bei den offenen Aktiengesellschaften beschränkt sich die in § 2 bezeichnete Haftung, vorbehaltlich der Bestimmung in § 4, auf die Verwalter, denen die Satzung die Erfüllung jener Verpflichtungen ausdrücklich zuweist.

§ 4º – O administrador que, tendo conhecimento do não-cumprimento desses deveres por seu predecessor, ou pelo administrador competente nos termos do § 3º, deixar de comunicar o fato à assembléia geral, tornar-se-á por ele solidariamente responsável.

§ 4 – Der Verwalter, der von der Nichterfüllung dieser Verpflichtungen durch seinen Vorgänger oder durch den nach § 3 zuständigen Verwalter Kenntnis hat und es unterlässt, den Sachverhalt der Hauptversammlung mitzuteilen, haftet hierfür gesamtschuldnerisch.

§ 5º – Responderá solidariamente com o administrador quem, com o fim de obter vantagem para si ou para outrem, concorrer para a prática de ato com violação da lei ou do estatuto.

§ 5 – Wer mit dem Ziele, für sich oder einen anderen Vorteile zu erlangen, bei der Vornahme einer gesetzes- oder satzungswidrigen Handlung eines Verwalters mitwirkt, haftet mit diesem gesamtschuldnerisch.

Ação de Responsabilidade

Art. 159 – Compete à companhia, mediante prévia deliberação da assembléia geral, a ação de responsabilidade civil contra

Haftungsklage

Art. 159 – Die Gesellschaft kann auf Beschluss der Hauptversammlung die zivilrechtliche Haftungsklage gegen den

o administrador, pelos prejuízos causados ao seu patrimônio.

§ 1º – A deliberação poderá ser tomada em assembléia geral ordinária e, se prevista na ordem do dia, ou for consequência direta de assunto nela incluído, em assembléia geral extraordinária.

§ 2º – O administrador ou administradores contra os quais deva ser proposta a ação ficarão impedidos e deverão ser substituídos na mesma assembléia.

§ 3º – Qualquer acionista poderá promover a ação, se não for proposta no prazo de 3 (três) meses da deliberação da assembléia geral.

§ 4º – Se a assembléia deliberar não promover a ação, poderá ela ser proposta por acionistas que representem 5% (cinco por cento), pelo menos, do capital social.

§ 5º – Os resultados da ação promovida por acionista deferem-se à companhia, mas esta deverá indenizá-lo, até o limite daqueles resultados, de todas as despesas em que tiver incorrido, inclusive correção monetária e juros dos dispêndios realizados.

§ 6º – O juiz poderá reconhecer a exclusão da responsabilidade do administrador, se convencido de que este agiu de boa-fé e visando ao interesse da companhia.

§ 7º – A ação prevista neste artigo não exclui a que couber ao acionista ou terceiro diretamente prejudicado por ato de administrador.

Verwalter auf Ersatz des an ihrem Vermögen entstandenen Schaden erheben.

§ 1 – Der Beschluss kann in der ordentlichen Hauptversammlung und, wenn er in der Tagesordnung vorgesehen oder unmittelbare Folge eines Gegenstandes derselben ist, von der außerordentlichen Hauptversammlung gefasst werden.

§ 2 – Verwalter, gegen die die Klage erhoben werden soll, sind an der Amtsausübung verhindert und müssen in derselben Hauptversammlung ersetzt werden.

§ 3 – Jeder Aktionär kann die Klage erheben, wenn sie nicht innerhalb von 3 (drei) Monaten ab Beschlussfassung der Hauptversammlung erhoben worden ist.

§ 4 – Wenn die Hauptversammlung beschließt, die Klage nicht zu erheben, kann sie von Aktionären erhoben werden, die mindestens 5 % (fünf Prozent) des Grundkapitals vertreten.

§ 5 – Das Ergebnis der von einem Aktionär erhobenen Klage ist auf die Gesellschaft zu übertragen, aber diese muss ihn bis zum Betrag des Ergebnisses für alle ihm entstandenen Kosten einschließlich Wertberichtigung und Zinsen für seine Aufwendungen entschädigen.

§ 6 – Das Gericht kann die Haftung des Verwalters ausschließen, wenn es überzeugt ist, dass dieser gutgläubig und im Interesse der Gesellschaft gehandelt hat.

§ 7 – Die in diesem Artikel vorgesehene Klage schließt nicht die Klage seitens eines Aktionärs oder Dritten aus, der durch die Handlung eines Verwalters direkt geschädigt ist.

Órgãos Técnicos e Consultivos

Art. 160 – As normas desta seção aplicam-se aos membros de quaisquer órgãos, criados pelo estatuto, com funções técnicas ou destinadas a aconselhar os administradores.

Fachliche und beratende Organe

Art. 160 – Die Bestimmung dieses Abschnittes finden auf die Mitglieder aller durch die Satzung geschaffenen Organe Anwendung, die fachliche Ämter haben oder dazu bestimmt sind, die Verwalter zu beraten.

Capítulo XIII

Conselho Fiscal

Kapitel XIII

Überwachungsrat

Composição e Funcionamento

Art. 161 – A companhia terá um conselho fiscal e o estatuto disporá sobre seu funcionamento, de modo permanente ou nos exercícios sociais em que for instalado a pedido de acionistas.

§ 1º – O conselho fiscal será composto de no mínimo 3 (três) e, no máximo, 5 (cinco) membros, e suplentes em igual número, acionistas ou não, eleitos pela assembléia geral.

§ 2º – O conselho fiscal, quando o funcionamento não for permanente, será instalado pela assembléia geral a pedido de acionistas que representem, no mínimo, um décimo das ações com direito a voto, ou 5% (cinco por cento) das ações sem direito a voto, e cada período de seu funcionamento terminará na primeira assembléia geral ordinária após a sua instalação.

§ 3º – O pedido de funcionamento do conselho fiscal, ainda que a matéria não conste do anúncio de convocação, poderá ser formulado em qualquer assembléia

Zusammensetzung und Tätigkeit

Art. 161 Die Gesellschaft hat einen Überwachungsrat. Die Satzung bestimmt, ob er ständig oder nur in den Geschäftsjahren tätig ist, in denen er auf Antrag von Aktionären einberufen wird.

§ 1 – Der Überwachungsrat besteht aus mindestens 3 (drei) und höchstens 5 (fünf) Mitgliedern und ebensoviel Stellvertretern, die nicht Aktionäre sein müssen und von der Hauptversammlung gewählt werden.

§ 2 – Wenn der Überwachungsrat nicht ständig tätig ist, wird er durch die Hauptversammlung auf Antrag von Aktionären, die mindestens ein Zehntel des stimmberechtigten Kapitals oder 5 % (fünf Prozent) der Aktien ohne Stimmrecht vertreten, einberufen; jede dieser Tätigkeitsperioden endet mit der ersten ordentlichen Hauptversammlung nach seiner Einberufung.

§ 3 – Der Antrag auf Einrichtung des Überwachungsrates kann, auch wenn der Gegenstand nicht aus der Einberufungsbekanntmachung hervorgeht, in jeder

geral, que elegerá os seus membros.

§ 4 º – Na constituição do conselho fiscal serão observadas as seguintes normas:

a) os titulares de ações preferenciais sem direito a voto, ou com voto restrito, terão direito de eleger, em votação em separado, 1 (um) membro e respectivo suplente; igual direito terão os acionistas minoritários desde que representem, em conjunto, 10% (dez por cento) ou mais das ações com direito a voto;

b) ressalvado o disposto na alínea anterior, os demais acionistas com direito a voto poderão eleger os membros efetivos e suplentes que, em qualquer caso, serão em número igual ao dos eleitos nos termos da alínea "a", mais um.

§ 5º – Os membros do conselho fiscal e seus suplentes exercerão seus cargos até a primeira assembléia geral ordinária que se realizar após a sua eleição, e poderão ser reeleitos.

§ 6º – Os membros do conselho fiscal e seus suplentes exercerão seus cargos até a primeira assembléia geral ordinária que se realizar após a sua eleição, e poderão ser reeleitos.

§ 7º – A função de membro do conselho fiscal é indelegável.

Hauptversammlung gestellt werden, die dann seine Mitglieder wählt.

§ 4 – Bei der Einsetzung des Überwachungsrates sind folgende Bestimmungen zu beachten:

a) die Inhaber von stimmrechtslosen Vorzugsaktien oder mit eingeschränktem Stimmrecht haben das Recht, in getrennter Abstimmung 1 (ein) Mitglied und dessen Stellvertreter zu wählen; das gleiche Recht haben die Minderheitsaktionäre, wenn sie zusammen 10 % (zehn Prozent) oder mehr der stimmberechtigten Aktien vertreten;

b) vorbehaltlich der Bestimmung des vorhergehenden Buchstabens können die übrigen stimmberechtigten Aktionäre in jedem Falle die gleiche Anzahl von Mitgliedern und Stellvertretern wählen, die gemäß Buchstabe "a" gewählt worden sind, zuzüglich eines weiteren Mitglieds.

§ 5 – Die Mitglieder des Überwachungsrates und ihre Stellvertreter üben ihre Ämter bis zur ersten ordentlichen Hauptversammlung aus, die nach ihrer Wahl stattfindet; sie können wiedergewählt werden.

§ 6 – Die Mitglieder des Überwachungsrates und ihre Stellvertreter üben ihre Ämter bis zur ersten ordentlichen Hauptversammlung aus, die nach ihrer Wahl stattfindet; sie können wiedergewählt werden.[29]

§ 7 – Das Amt eines Mitglieds des Überwachungsrats ist nicht übertragbar.

---

29 Das Gesetz 10.303 vom 31.10.2001 wiederholt in § 6 den § 5.

Requisitos, Impedimentos e Remuneração

Art. 162 – Somente podem ser eleitos para o conselho fiscal pessoas naturais, residentes no País, diplomadas em curso de nível universitário, ou que tenham exercido, por prazo mínimo de 3 (três) anos, cargo de administrador de empresa ou de conselheiro fiscal.

§ 1º – Nas localidades em que não houver pessoas habilitadas, em número suficiente, para o exercício da função, caberá ao juiz dispensar a companhia da satisfação dos requisitos estabelecidos neste artigo.

§ 2º – Não podem ser eleitos para o conselho fiscal, além das pessoas enumeradas nos parágrafos do artigo 147, membros de órgãos de administração e empregados da companhia ou de sociedade controlada ou do mesmo grupo, e o cônjuge ou parente, até terceiro grau, de administrador da companhia.

§ 3º – A remuneração dos membros do conselho fiscal, além do reembolso, obrigatório, das despesas de locomoção e estada necessárias ao desempenho da função, será fixada pela assembléia geral que os eleger; e não poderá ser inferior, para cada membro em exercício, a dez por cento da que, em média, for atribuída a cada diretor, não computados benefícios, verbas de representação e participação nos lucros.

Voraussetzungen, Hinderungsgründe und Vergütung

Art. 162 – In den Überwachungsrat können nur natürliche, in Brasilien wohnhafte Personen gewählt werden, die entweder über ein abgeschlossenes Hochschulstudium verfügen oder mindestens 3 (drei) Jahre lang das Amt eines Unternehmensverwalters oder eines Mitglieds eines Überwachungsrates ausgeübt haben.

§ 1 – An Orten, an denen für die Ausübung der Funktion geeignete Personen nicht in genügender Zahl vorhanden sind, obliegt es dem Gericht, die Gesellschaft von der Erfüllung der in diesem Artikel festgelegten Voraussetzungen zu befreien.

§ 2 – Außer den in den Paragrafen des Art. 147 aufgeführten Personen können Mitglieder von Verwaltungsorganen und Betriebsangehörige der Gesellschaft, einer abhängigen Gesellschaft oder einer Gesellschaft desselben Konzerns, sowie der Ehegatte oder ein Verwandter eines Verwalters der Gesellschaft bis zum dritten Grad nicht in den Überwachungsrat gewählt werden.

§ 3 – Die Vergütung der Überwachungsratsmitglieder wird, neben der vorgeschriebenen Rückerstattung der erforderlichen Fahrt- und Übernachtungskosten in Ausübung der Funktion, in der Hauptversammlung, die sie wählt, festgesetzt, und darf für jedes amtierende Mitglied nicht geringer sein als zehn Prozent der im Durchschnitt jedem Vorstandsmitglied zustehenden Vergütung, ohne Berücksichtigung von Vergünstigungen, Abgeltungen für die Vertretung des Unternehmens und Gewinnbeteiligungen.

Competência

Art. 163 – Compete ao conselho fiscal:

I – fiscalizar, por qualquer de seus membros, os atos dos administradores e verificar o cumprimento dos seus deveres legais e estatutários;

II – opinar sobre o relatório anual da administração, fazendo constar do seu parecer as informações complementares que julgar necessárias ou úteis à deliberação da assembléia geral;

III – opinar sobre as propostas dos órgãos da administração, a serem submetidas à assembléia geral, relativas à modificação do capital social, emissão de debêntures ou bônus de subscrição, planos de investimento ou orçamentos de capital, distribuição de dividendos, transformação, incorporação, fusão ou cisão;

IV – denunciar, por qualquer de seus membros, aos órgãos de administração e, se estes não tomarem as providências necessárias para a proteção dos interesses da companhia, à assembléia geral, os erros, fraudes ou crimes que descobrirem, e sugerir providências úteis à companhia;

V – convocar a assembléia geral ordinária, se os órgãos da administração retardarem por mais de 1 (um) mês essa convocação, e a extraordinária,

Zuständigkeit

Art. 163 – Der Überwachungsrat hat die Aufgabe:

I – durch irgendeines seiner Mitglieder die Handlungen der Verwalter zu überwachen und die Erfüllung ihrer gesetzlichen und satzungsmäßigen Verpflichtungen nachzuprüfen;

II – zum Jahresbericht der Verwaltung Stellung zu nehmen und in seine Stellungnahme die zusätzlichen Informationen aufzunehmen, die er für die Beschlussfassung der Hauptversammlung erforderlich oder nützlich hält;

III – zu den der Hauptversammlung vorzulegenden Vorschlägen der Verwaltungsorgane über eine Änderung des Grundkapitals, über die Ausgabe von Schuldverschreibungen oder Zeichnungsboni, über Investitions- oder Finanzpläne, über die Verteilung von Dividenden, über die Umwandlung, Inkorporation, Fusion oder Spaltung Stellung zu nehmen;

IV – durch irgendeines seiner Mitglieder den Verwaltungsorganen und, wenn diese nicht die notwendigen Maßnahmen zum Schutze der Interessen der Gesellschaft ergreifen, der Hauptversammlung die von ihnen aufgedeckten Fehler, Betrugsfälle oder Verbrechen anzuzeigen, und die für die Aktiengesellschaft zweckmäßigen Maßnahmen vorzuschlagen;

V – die ordentliche Hauptversammlung einzuberufen, wenn die Verwaltungsorgane die Einberufung um mehr als 1 (einen) Monat verzögern,

sempre que ocorrerem motivos graves ou urgentes, incluindo na agenda das assembléias as matérias que considerarem necessárias;

und die außerordentliche Hauptversammlung immer dann, wenn schwerwiegende oder dringende Gründe vorliegen; in die Tagesordnung der Versammlung sind die für erforderlich gehaltenen Punkte aufzunehmen;

VI – analisar, ao menos trimestralmente, o balancete e demais demonstrações financeiras elaboradas periodicamente pela companhia;

VI – mindestens vierteljährlich die Zwischenbilanz und sonstige periodisch von der Gesellschaft erstellte Finanzberichte zu prüfen;

VII – examinar as demonstrações financeiras do exercício social e sobre elas opinar;

VII – die Jahresabschlüsse[30] zu überprüfen und zu diesen Stellung zu nehmen;

VIII – exercer essas atribuições, durante a liquidação, tendo em vista as disposições especiais que a regulam.

VIII – dieselben Zuständigkeiten während des Liquidationsverfahrens unter Berücksichtigung der dieses Verfahren regelnden besonderen Bestimmungen auszuüben.

§ 1º – Os órgãos de administração são obrigados, através de comunicação por escrito, a colocar à disposição dos membros em exercício do conselho fiscal, dentro de 10 (dez) dias, cópias das atas de suas reuniões e, dentro de 15 (quinze) dias do seu recebimento, cópias dos balancetes e demais demonstrações financeiras elaboradas periodicamente e, quando houver, dos relatórios de execução de orçamentos.

§ 1 – Die Verwaltungsorgane sind verpflichtet, den amtierenden Mitgliedern des Überwachungsrates mittels schriftlicher Mitteilung innerhalb von 10 (zehn) Tagen Abschriften der Niederschriften ihrer Sitzungen und innerhalb von 15 (fünfzehn) Tagen, vom Zeitpunkt des Empfangs an gerechnet, Abschriften der Zwischenbilanzen und sonstigen periodisch erstellten Finanzberichte, sowie ggf. der Berichte über die Ausführung von Haushaltsplänen zur Verfügung zu stellen.

§ 2º – O conselho fiscal, a pedido de qualquer dos seus membros, solicitará aos órgãos de administração esclarecimentos ou informações, desde que relativas à sua função fiscalizadora, assim como a elaboração de demonstrações financeiras ou contábeis especiais.

§ 2 – Auf Antrag irgendeines seiner Mitglieder verlangt der Überwachungsrat von den Verwaltungsorganen Erklärungen oder Informationen, soweit sie sich auf seine Kontrollfunktion beziehen, sowie die Erstellung von besonderen finanziellen oder buchhalterischen Berichten.

[30] "Demonstraçãoes financeiras" (Finanzberichte) hier im Sinne von Jahresabschluss.

§ 3º – Os membros do Conselho Fiscal assistirão às reuniões do Conselho de Administração, se houver, ou da diretoria, em que se deliberar sobre os assuntos em que devam opinar (n°s II, III e VII).

§ 3 – Die Mitglieder des Überwachungsrates müssen an den Sitzungen des Verwaltungsrates, wenn vorhanden, oder des Vorstands teilnehmen, in denen über Angelegenheiten Beschlüsse gefasst werden, zu denen sie Stellung nehmen müssen (Nr. II, III und VII).

§ 4º – Se a companhia tiver auditores independentes, o conselho fiscal, a pedido de qualquer de seus membros, poderá solicitar-lhes esclarecimentos ou informações, e a apuração de fatos específicos.

§ 4 – Wenn die Gesellschaft unabhängige Wirtschaftsprüfer hat, kann der Überwachungsrat auf Wunsch jedes seiner Mitglieder von diesen Erklärungen oder Informationen, sowie die Aufklärung besonderer Umstände fordern.

§ 5º – Se a companhia não tiver auditores independentes, o conselho fiscal poderá, para melhor desempenho das suas funções, escolher contador ou firma de auditoria e fixar-lhes os honorários dentro de níveis razoáveis, vigentes na praça e compatíveis com a dimensão econômica da companhia, os quais serão pagos por esta.

§ 5 – Wenn die Gesellschaft keine unabhängigen Wirtschaftsprüfer hat, kann der Überwachungsrat zur besseren Ausübung seiner Funktionen einen Buchhalter oder ein Wirtschaftsprüfungsunternehmen auswählen und innerhalb vernünftiger, am Ort geltender und mit der wirtschaftlichen Bedeutung der Gesellschaft im Einklang stehender Grenzen ihre von der Gesellschaft zu zahlenden Honorare vereinbaren.

§ 6º – O conselho fiscal deverá fornecer ao acionista, ou grupo de acionistas que representem, no mínimo 5% (cinco por cento) do capital social, sempre que solicitadas, informações sobre matérias de sua competência.

§ 6 – Der Überwachungsrat hat auf Antrag eines Aktionärs oder einer Gruppe von Aktionären, die mindestens 5 % (fünf Prozent) des Grundkapitals vertreten, Informationen über Angelegenheiten seiner Zuständigkeit zu erteilen.

§ 7º – As atribuições e poderes conferidos pela lei ao conselho fiscal não podem ser outorgados a outro órgão da companhia.

§ 7 – Die durch Gesetz dem Überwachungsrat zugewiesenen Zuständigkeiten und Befugnisse können nicht einem anderen Organ der Gesellschaft übertragen werden.

§ 8º – O conselho fiscal poderá, para apurar fato cujo esclarecimento seja necessário ao desempenho de suas funções, formular, com justificativa, questões a serem respondidas por perito e solicitar à diretoria que indique, para esse fim, no prazo máximo de trinta dias, três peritos,

§ 8 – Der Überwachungsrat kann zur Nachforschung einer Tatsache, deren Aufklärung zur Erfüllung seiner Aufgaben nötig sein könnte, Fragen mit Begründung formulieren, die von einem Sachverständigen zu beantworten sind und den Vorstand ersuchen, zu diesem Zweck, in einer

que podem ser pessoas físicas ou jurídicas, de notório conhecimento na área em questão, entre os quais o conselho fiscal escolherá um, cujos honorários serão pagos pela companhia.

Frist von maximal dreißig Tagen, drei Sachverständige, die natürliche oder juristische Personen sein können, vorzuschlagen, die über anerkannte Kenntnisse im in Frage stehenden Gebiet verfügen. Unter diesen wählt der Überwachungsrat einen Sachverständigen aus; seine Vergütung wird von der Gesellschaft gezahlt.

Pareceres e Representações

Art. 164 – Os membros do conselho fiscal, ou ao menos um deles, deverão comparecer às reuniões da assembléia geral e responder aos pedidos de informações formulados pelos acionistas.

Parágrafo único – Os pareceres e representações do conselho fiscal, ou de qualquer um de seus membros, poderão ser apresentados e lidos na assembléia geral, independentemente de publicação e ainda que a matéria não conste da ordem do dia.

Stellungnahmen und Vorlagen

Art. 164 – Die Mitglieder des Überwachungsrates oder mindestens eines von ihnen sollen zu den Hauptversammlungen erscheinen und den von den Aktionären gestellten Anträgen auf Erteilung von Informationen nachkommen.

Einziger Paragraf – Die Stellungnahmen und Vorlagen des Überwachungsrats oder irgendeines seiner Mitglieder können in der Hauptversammlung unabhängig von der Veröffentlichung, und auch wenn dies in der Tagesordnung nicht vorgesehen ist, vorgelegt und verlesen werden.

Deveres e Responsabilidades

Art. 165 – Os membros do conselho fiscal têm os mesmos deveres dos administradores de que tratam os artigos 153 a 156 e respondem pelos danos resultantes de omissão no cumprimento de seus deveres e de atos praticados com culpa ou dolo, ou com violação da lei ou do estatuto.

§ 1º – Os membros do conselho fiscal deverão exercer suas funções no exclusivo interesse da companhia; considerar-se-á abusivo o exercício da função com o fim de causar dano à companhia, ou aos seus

Pflichten und Verantwortlichkeiten

Art. 165 – Die Mitglieder des Überwachungsrates haben die gleichen in den Artikeln 153 bis 156 behandelten Pflichten wie die Verwalter und haften für Schäden, die durch Nichterfüllung ihrer Pflichten und aus den mit Fahrlässigkeit oder Vorsatz unter Verletzung des Gesetzes oder der Satzung begangenen Handlungen entstehen.

§ 1 – Die Mitglieder des Überwachungsrats haben ihr Amt im ausschließlichen Interesse der Aktiengesellschaft auszuüben; als missbräuchlich wird die Amtsausübung mit dem Ziel angesehen, der

acionistas ou administradores, ou de obter, para si ou para outrem, vantagem a que não faz jus e de que resulte, ou possa resultar, prejuízo para a companhia, seus acionistas ou administradores.

Aktiengesellschaft oder deren Aktionären oder Verwaltern Schaden zuzufügen, oder für sich oder andere ihnen rechtlich nicht zustehende Vorteile zu erlangen, aus denen sich ein Schaden für die Aktiengesellschaft, deren Aktionäre oder Verwalter ergibt oder ergeben kann.

§ 2º – O membro do conselho fiscal não é responsável pelos atos ilícitos de outros membros, salvo se com eles foi conivente, ou se concorrer para a prática do ato.

§ 2 – Ein Mitglied des Überwachungsrates ist nicht verantwortlich für unerlaubte Handlungen anderer Mitglieder, es sei denn, dass es von diesen wusste oder bei der Vornahme der Handlungen mitgewirkt hat.

§ 3º – A responsabilidade dos membros do conselho fiscal por omissão no cumprimento de seus deveres é solidária, mas dela se exime o membro dissidente que fizer consignar sua divergência em ata da reunião do órgão e a comunicar aos órgãos da administração e à assembléia geral.

§ 3 – Die Mitglieder des Überwachungsrates haften gesamtschuldnerisch für eine Nichterfüllung ihrer Pflichten, jedoch kann das nicht zustimmende Mitglied sich von der Verantwortung befreien, wenn es seine abweichende Meinung in die Sitzungsniederschrift des Organs aufnehmen lässt und dies den Verwaltungsorganen und der Hauptversammlung mitteilt.

Art. 165-A. – Os membros do conselho fiscal da companhia aberta deverão informar imediatamente as modificações em suas posições acionárias na companhia à Comissão de Valores Mobiliários e às Bolsas de Valores ou entidades do mercado de balcão organizado nas quais os valores mobiliários de emissão da companhia estejam admitidos à negociação, nas condições e na forma determinadas pela Comissão de Valores Mobiliários.

Art. 165-A. – Die Mitglieder des Überwachungsrats der offenen Aktiengesellschaft haben der Wertpapierkommission und den Wertpapierbörsen oder Stellen des organisierten Freiverkehrs, bei denen die von der Aktiengesellschaft ausgegebenen Wertpapiere zum Handel zugelassen sind, unverzüglich die Änderungen ihrer Aktionärsstellung in der Gesellschaft gemäß den Bedingungen und der Form, wie sie von der Wertpapierkommission bestimmt wurden, mitzuteilen.

Capítulo XIV

Modificação do Capital Social

Seção I

Aumento

Competência

Art. 166 – O capital social pode ser aumentado:

I – por deliberação da assembléia geral ordinária, para correção da expressão monetária do seu valor (artigo 167);

II – por deliberação da assembléia geral ou do conselho de administração, observado o que a respeito dispuser o estatuto, nos casos de emissão de ações dentro do limite autorizado no estatuto (artigo 168);

III – por conversão, em ações, de debêntures ou partes beneficiárias e pelo exercício de direitos conferidos por bônus de subscrição, ou de opções de compra de ações;

IV – por deliberação da assembléia geral extraordinária convocada para decidir sobre reforma do estatuto social, no caso de inexistir autorização de aumento, ou de estar a mesma esgotada.

§ 1º – Dentro dos 30 (trinta) dias subseqüentes à efetivação do aumento, a companhia requererá ao registro do comércio a

Kapitel XIV

Änderung des Grundkapitals

Abschnitt I

Erhöhung

Zuständigkeit

Art. 166 – Das Grundkapital kann erhöht werden:

I – durch Beschluss der ordentlichen Hauptversammlung zur Berichtigung seines Geldwertes (Art. 167);

II – durch Beschluss der Hauptversammlung oder des Verwaltungsrates in den Fällen der Aktienausgabe innerhalb des in der Satzung genehmigten Betrags, unter Beachtung der diesbezüglichen Satzungsbestimmungen (Art. 168);

III – durch Umwandlung von Schuldverschreibungen oder Genussscheinen in Aktien sowie durch Ausübung der mit Zeichnungsbonus verliehenen Rechte oder eines Aktienvorkaufsrechts;

IV – durch Beschluss der zum Zwecke der Satzungsänderung einberufenen außerordentlichen Hauptversammlung, wenn keine Genehmigung für die Erhöhung besteht oder wenn dieselbe ausgeschöpft ist.

§ 1 – Innerhalb der auf die Erhöhung folgenden 30 (dreißig) Tage hat die Gesellschaft in den Fällen der Absätze I bis

sua averbação, nos casos dos números I a III, ou o arquivamento da ata da assembléia de reforma do estatuto, no caso do número IV.

III den diesbezüglichen Vermerk, oder im Falle des Absatzes IV die Einreichung der Versammlungsniederschrift über die Satzungsänderung im Handelsregister zu beantragen.

§ 2º – O conselho fiscal, se em funcionamento, deverá, salvo nos casos do número III, ser obrigatoriamente ouvido antes da deliberação sobre o aumento de capital.

§ 2 – Ist ein Überwachungsrat eingerichtet, muss er, vorbehaltlich der Fälle des Absatzes III, vor der Beschlussfassung über die Kapitalerhöhung gehört werden.

Correção Monetária Anual

Jährliche Geldwertberichtigung

Art. 167 – A reserva de capital constituída por ocasião do balanço de encerramento do exercício social e resultante da correção monetária do capital realizado (art. 182, § 2º) será capitalizada por deliberação da assembléia geral ordinária que aprovar o balanço.

Art. 167 – Die bei der Jahresabschlussbilanz gebildete, aus der Geldwertberichtigung[31] des eingezahlten Kapitals (Art. 182, § 2) herrührende Kapitalrücklage ist durch Beschluss der ordentlichen Hauptversammlung, die die Bilanz genehmigt, zu kapitalisieren.

§ 1º – Na companhia aberta, a capitalização prevista neste artigo será feita sem modificação do número de ações emitidas e com aumento do valor nominal das ações, se for o caso.

§ 1 – Bei einer offenen Aktiengesellschaft erfolgt die in diesem Artikel vorgesehene Kapitalisierung ohne Änderung der Zahl der ausgegebenen Aktien und ggf. unter Erhöhung des Nennwertes der Aktien.

§ 2º – A companhia poderá deixar de capitalizar o saldo da reserva correspondente às frações de centavo do valor nominal das ações, ou, se não tiverem valor nominal, à fração inferior a 1% (um por cento) do capital social.

§ 2 – Einen Restsaldo der Rücklage, der einem Bruchteil des Nominalwertes der Aktie in Centavos oder, wenn die Aktien keinen Nennwert haben, einem geringeren Betrag als 1 % (ein Prozent) des Grundkapitals entspricht, muss die Gesellschaft nicht kapitalisieren

§ 3º – Se a companhia tiver ações com e sem valor nominal, a correção do capital correspondente às ações com valor nominal será feita separadamente, sendo a reserva resultante capitalizada em benefício dessas ações.

§ 3 – Wenn die Gesellschaft Aktien mit und ohne Nennwert hat, ist die Geldwertberichtigung[32] des Kapitals bezüglich der Aktien mit Nennwert getrennt vorzunehmen und die daraus sich ergebende Rücklage zugunsten dieser Aktien zu kapitalisieren.

---

[31] Die Geldwertberichtigung ist durch das Gesetz Nr. 9069 vom 29.06.1995 abgeschafft worden.

[32] Die Geldwertberichtigung ist durch das Gesetz Nr. 9069 vom 29.06.1995 abgeschafft worden.

Capital Autorizado

Art. 168 – O estatuto pode conter autorização para aumento do capital social independentemente de reforma estatutária.

§ 1º – A autorização deverá especificar:

a) o limite de aumento, em valor do capital ou em número de ações, e as espécies e classes das ações que poderão ser emitidas;

b) o órgão competente para deliberar sobre as emissões, que poderá ser a assembléia geral ou o conselho de administração;

c) as condições a que estiverem sujeitas as emissões;

d) os casos ou as condições em que os acionistas terão direito de preferência para subscrição, ou de inexistência desse direito (art. 172).

§ 2º – O limite de autorização, quando fixado em valor do capital social, será anualmente corrigido pela assembléia geral ordinária, com base nos mesmos índices adotados na correção do capital social.

§ 3º – O estatuto pode prever que a companhia, dentro do limite de capital autorizado, e de acordo com plano aprovado pela assembléia geral, outorgue opção de compra de ações a seus administradores ou empregados, ou a pessoas naturais que prestem serviços à companhia

Genehmigtes Kapital

Art. 168 – Die Satzung kann die Genehmigung enthalten, das Kapital ohne Satzungsänderung zu erhöhen.

§ 1 – Die Genehmigung muss angeben:

a) die Begrenzung der Erhöhung, ausgedrückt in Höhe des Kapitals oder Anzahl der Aktien, und die Arten und Klassen der Aktien, die ausgegeben werden können;

b) das für die Beschlussfassung über die Ausgabe von Aktien zuständige Organ, welches die Hauptversammlung oder der Verwaltungsrat sein kann;

c) die Bedingungen, denen die Ausgaben unterliegen;

d) die Fälle und die Bedingungen, unter denen die Aktionäre ein Bezugsrecht haben oder das Nichtbestehen dieses Rechtes (Art. 172).

§ 2 – Wenn die Begrenzung der Genehmigung in Höhe des Grundkapitals ausgedrückt wird, wird sie jährlich von der ordentlichen Hauptversammlung auf Grundlage der Sätze, welche bei der Geldwertberichtigung[33] des Grundkapitals angewendet werden, wertmäßig berichtigt.

§ 3 – Die Satzung kann vorsehen, dass die Gesellschaft, innerhalb der Grenze des genehmigten Kapitals und in Übereinstimmung mit einem von der Hauptversammlung genehmigten Plan, ihren Verwaltern oder Arbeitnehmern oder natürlichen Personen, die der Gesellschaft oder einer

[33] Die Geldwertberichtigung ist durch das Gesetz Nr. 9069 vom 29.06.1995 abgeschafft worden.

ou a sociedade sob seu controle.

von ihr abhängigen Gesellschaft Dienste leisten, ein Aktienvorkaufsrecht einräumt.

Capitalização de Lucros e Reservas

Art. 169 – O aumento mediante capitalização de lucros ou de reservas importará alteração do valor nominal das ações ou distribuição das ações novas, correspondentes ao aumento, entre acionistas, na proporção do número de ações que possuírem.

§ 1º – Na companhia com ações sem valor nominal, a capitalização de lucros ou de reservas poderá ser efetivada sem modificação do número de ações.

§ 2º – Às ações distribuídas de acordo com este artigo se estenderão, salvo cláusula em contrário dos instrumentos que os tenham constituído, o usufruto, o fideicomisso, a inalienabilidade e a incomunicabilidade que porventura gravarem as ações de que elas forem derivadas.

§ 3º – As ações que não puderem ser atribuídas por inteiro a cada acionista serão vendidas em bolsa, dividindo-se o produto da venda, proporcionalmente, pelos titulares das frações; antes da venda, a companhia fixará prazo, não inferior a 30 (trinta) dias, durante o qual os acionistas poderão transferir as frações de ação.

Umwandlung von Gewinn und Rücklagen in Kapital

Art. 169 – Die Erhöhung mittels Umwandlung von Gewinnen oder Rücklagen bedingt die Änderung des Nennwertes der Aktien oder die Verteilung neuer, der Erhöhung entsprechender Aktien unter die Aktionäre im Verhältnis der Zahl von Aktien, die sie besitzen.

§ 1 – Hat die Gesellschaft Aktien ohne Nennwert, kann die Umwandlung von Gewinnen oder Rücklagen ohne Änderung der Zahl der Aktien durchgeführt werden.

§ 2 – Auf die gemäß dieses Artikels verteilten Aktien erstrecken sich Nießbrauch, Fideikommiss[34], Unveräußerlichkeit und Unübertragbarkeit, mit denen ggf. die Aktien, denen sie zugewachsen sind, belastet sind, vorbehaltlich einer entgegenstehenden Bestimmung in den diesbezüglichen Bestellungsurkunden.

§ 3 – Die Aktien, die nicht vollständig jedem Aktionär zugeteilt werden können, werden an der Börse verkauft, und der Verkaufserlös wird im gleichen Verhältnis unter die Inhaber der Bruchteile verteilt; vor dem Verkauf hat die Gesellschaft eine Frist von mindestens 30 (dreißig) Tagen festzusetzen, innerhalb derer die Aktionäre die Aktienbruchteile übertragen können.

---

[34] Testamentsklausel, durch die eine Art Nachlasstreuhänder eingesetzt wird (vgl. Art. 1.951 Código Civil (brasilianisches BGB) von 2002)

Aumento mediante Subscrição de Ações

Art. 170 – Depois de realizados 3/4 (três quartos), no mínimo, do capital social, a companhia pode aumentá-lo mediante subscrição pública ou particular de ações.

§ 1º – O preço de emissão deverá ser fixado sem diluição injustificada da participação dos antigos acionistas, ainda que tenham direito de preferência para subscrevê-las, tendo em vista, alternativa ou conjuntamente:

I – a perspectiva de rentabilidade da companhia;

II – o valor do patrimônio líquido da ação;

III – a cotação de suas ações em Bolsa de Valores ou no mercado de balcão organizado, admitido ágio ou deságio em função das condições do mercado.

§ 2º – A assembléia geral, quando for de sua competência deliberar sobre o aumento, poderá delegar ao conselho de administração a fixação do preço de emissão de ações a serem distribuídas no mercado.

§ 3º – A subscrição de ações para realização em bens será sempre procedida com observância do disposto no artigo 8º, e a ela se aplicará o disposto nos §§ 2º e 3º do artigo 98.

§ 4º – As entradas e as prestações da realização das ações poderão ser recebidas pela

Erhöhung mittels Zeichnung von Aktien

Art. 170 – Wenn mindestens 3/4 (drei Viertel) des Grundkapitals eingezahlt sind, kann die Gesellschaft es durch öffentliche oder private Zeichnung von Aktien erhöhen.

§ 1 – Der Ausgabepreis ist, selbst wenn die bisherigen Aktionäre ein Bezugsrecht zur Sicherung haben, ohne ungerechtfertigte Beeinträchtigung ihrer Beteiligung festzulegen. Zu berücksichtigen sind allein oder gemeinsam:

I – die Rentabilitätsaussichten der Gesellschaft;

II – der Wert des Reinvermögens der Aktie;

III – die Notierung ihrer Aktien an der Wertpapierbörse oder im geregelten Freiverkehr, unter Zulassung von Agio oder Desagio im Rahmen der jeweiligen Marktbedingungen.

§ 2 – Ist die Hauptversammlung zur Beschlussfassung über die Erhöhung zuständig, kann sie dem Verwaltungsrat die Festlegung des Ausgabewertes der Aktien, die auf dem Markt untergebracht werden sollen, übertragen.

§ 3 – Die Zeichnung von Aktien, die durch Sacheinlagen eingezahlt werden, muss immer unter Beachtung der Bestimmungen des Art. 8 erfolgen; die Bestimmungen des Art. 98, §§ 2 und 3 finden auf sie entsprechende Anwendung.

§ 4 – Die Anzahlungen und Teilzahlungen zur Einzahlung der Aktien können von der

companhia independentemente de depósito bancário.

Gesellschaft unabhängig von einem Bankdepot entgegengenommen werden.

§ 5º – No aumento de capital observar-se-á, se mediante subscrição pública, o disposto no artigo 82, e se mediante subscrição particular, o que a respeito for deliberado pela assembléia geral ou pelo conselho de administração, conforme dispuser o estatuto.

§ 5 – Bei Kapitalerhöhung durch öffentliche Zeichnung muss die Bestimmung des Art. 82 und bei Kapitalerhöhung durch private Zeichnung der diesbezügliche Beschluss der Hauptversammlung oder des Verwaltungsrats beachtet werden.

§ 6º – Ao aumento de capital aplica-se, no que couber, o disposto sobre a constituição da companhia, exceto na parte final do § 2º do artigo 82.

§ 6 – Auf die Kapitalerhöhung sind die Bestimmungen über die Gründung der Gesellschaft mit Ausnahme des Schlussteils des § 2 des Art. 82 entsprechend anzuwenden.

§ 7º – A proposta de aumento do capital deverá esclarecer qual o critério adotado, nos termos do § 1° deste artigo, justificando pormenorizadamente os aspectos econômicos que determinaram a sua escolha.

§ 7 – Der Vorschlag der Kapitalerhöhung muss über das im Hinblick auf § 1 dieses Artikels angewandte Kriterium Aufschluss geben und genauestens die für die Auswahl entscheidenden wirtschaftlichen Aspekte rechtfertigen.

Direito de Preferência

Bezugsrecht

Art. 171 – Na proporção do número de ações que possuírem, os acionistas terão preferência para a subscrição do aumento de capital.

Art. 171 – Die Aktionäre haben im Verhältnis der Zahl der ihnen gehörenden Aktien ein Bezugsrecht zur Zeichnung der Kapitalerhöhung.

§ 1º – Se o capital for dividido em ações de diversas espécies ou classes e o aumento for feito por emissão de mais de uma espécie ou classe, observar-se-ão as seguintes normas:

a) no caso de aumento, na mesma proporção, do número de ações de todas as espécies e classes existentes, cada acionista exercerá o direito de preferência sobre ações idênticas às de que for possuidor;

§ 1 – Wenn das Kapital in Aktien verschiedener Arten oder Klassen eingeteilt ist und die Erhöhung durch Ausgaben von mehr als einer Art oder Klasse erfolgt, sind folgende Bestimmungen zu beachten:

a) im Falle der Erhöhung der Aktienanzahl aller bestehenden Arten und Klassen im gleichen Verhältnis übt jeder Aktionär das Bezugsrecht hinsichtlich der Aktien aus, die mit denen, die er besitzt, identisch sind;

b) se as ações emitidas forem de espécies e classes existentes, mas importarem alteração das respectivas proporções no capital social, a preferência será exercida sobre ações de espécies e classes idênticas às de que forem possuidores os acionistas, somente se estendendo às demais se aquelas forem insuficientes para lhes assegurar, no capital aumentado, a mesma proporção que tinham no capital antes do aumento;

b) wenn die ausgegebenen Aktien denen der bestehenden Arten und Klassen entsprechen, aber eine Änderung des Verhältnisses der Anteile derselben am Grundkapital zur Folge haben, wird das Bezugsrecht auf Aktien der Arten und Klassen ausgeübt, die mit denen der Aktionäre übereinstimmen, und erstreckt sich auf die übrigen nur, wenn diese nicht ausreichen, um ihnen dasselbe Beteiligungsverhältnis am erhöhten Kapital zu gewährleisten, das sie vor der Erhöhung am Grundkapital hatten;

c) se houver emissão de ações de espécie ou classe diversa das existentes, cada acionista exercerá a preferência, na proporção do número de ações que possuir, sobre ações de todas as espécies e classes do aumento.

c) wenn Aktien einer anderen Art oder Klasse als die bestehenden ausgegeben werden, übt jeder Aktionär das Bezugsrecht auf die Arten und Klassen der Erhöhung aus, in dem Verhältnis zur Zahl der Aktien, die er besitzt.

§ **2º** – No aumento mediante capitalização de créditos ou subscrição em bens, será sempre assegurado aos acionistas o direito de preferência e, se for o caso, as importâncias por eles pagas serão entregues ao titular do crédito a ser capitalizado ou do bem a ser incorporado.

§ **2** – Bei der Erhöhung mittels Umwandlung von Verbindlichkeiten oder Zeichnung mit Sacheinlagen ist den Aktionären das Bezugsrecht immer zu gewährleisten und die von ihnen ggf. gezahlten Beträge sind dem Gläubiger der umzuwandelnden Verbindlichkeiten oder dem Eigentümer des einzubringenden Vermögensgegenstandes auszuhändigen.

§ **3º** – Os acionistas terão direito de preferência para subscrição das emissões de debêntures conversíveis em ações, bônus de subscrição e partes beneficiárias conversíveis em ações emitidas para alienação onerosa; mas na conversão desses títulos em ações, ou na outorga e no exercício de opção de compra de ações, não haverá direito de preferência.

§ **3** – Die Aktionäre haben ein Bezugsrecht zur Zeichnung der Ausgaben von Wandelschuldverschreibungen, Zeichnungsboni und in Aktien umwandelbaren Genussscheinen, die zum Zweck entgeltlicher Veräußerung ausgegeben wurden; jedoch besteht kein Bezugsrecht bei der Umwandlung dieser Papiere in Aktien oder bei der Gewährung und Ausübung eines Aktienvorkaufsrechts.

§ **4º** – O estatuto ou a assembléia geral fixará prazo de decadência, não inferior a 30 (trinta) dias, para o exercício do direito de preferência.

§ **4** – Die Satzung oder die Hauptversammlung bestimmt eine Verfallfrist für die Ausübung des Bezugsrechts, die nicht kürzer als 30 (dreißig) Tage sein darf.

§ **5º** – No usufruto e no fideicomisso, o direito de preferência, quando não exercido pelo acionista até 10 (dez) dias antes do vencimento do prazo, poderá sê-lo pelo usufrutuário ou fideicomissário.

§ **5** – Im Falle eines Nießbrauchs oder Fideikommisses kann das Bezugsrecht vom Nießbraucher oder Fideikommissberechtigten ausgeübt werden, wenn der Aktionär es nicht bis 10 (zehn) Tage vor dem Ablauf der Frist ausgeübt hat.

§ **6º** – O acionista poderá ceder seu direito de preferência.

§ **6** – Der Aktionär kann sein Bezugsrecht abtreten.

§ **7º** – Na companhia aberta, o órgão que deliberar sobre a emissão mediante subscrição particular deverá dispor sobre as sobras de valores mobiliários não subscritos, podendo:

a) mandar vendê-las em bolsa, em benefício da companhia; ou

b) rateá-las, na proporção dos valores subscritos, entre os acionistas que tiverem pedido, no boletim ou lista de subscrição, reserva de sobras; nesse caso, a condição constará dos boletins e listas de subscrição e o saldo não rateado será vendido em bolsa, nos termos da alínea anterior.

§ **7** – Bei der offenen Aktiengesellschaft muss das Organ, welches über die Ausgabe durch private Zeichnung beschließt, Bestimmungen über die übrigen, nicht gezeichneten Wertpapiere treffen; dabei kann es:

a) sie an der Börse zugunsten der Gesellschaft verkaufen lassen; oder

b) sie im Verhältnis der gezeichneten Beträge auf die Aktionäre aufteilen, die in der Zeichnungsliste eine Vormerkung für diese Restbestände beantragt hatten; in diesem Falle muss die Bedingung aus den Zeichnungslisten hervorgehen und der nicht verteilte Saldo wird gemäß den Bestimmungen des vorhergehenden Absatzes an der Börse verkauft.

§ **8º** – Na companhia fechada, será obrigatório o rateio previsto na alínea "b" do § 7º, podendo o saldo, se houver, ser subscrito por terceiros, de acordo com os critérios estabelecidos pela assembléia geral ou pelos órgãos da administração.

§ **8** – Bei der geschlossenen Aktiengesellschaft ist die in § 7 Buchstabe "b" vorgesehene verhältnismäßige Verteilung zwingend; ein etwa verbleibender Saldo kann gemäß den von der Hauptversammlung oder den Verwaltungsorganen festgelegten Gesichtspunkten von Dritten gezeichnet werden.

Exclusão do Direito de Preferência

Art. 172 – O estatuto da companhia aberta que contiver autorização para o aumento do capital pode prever a emissão, sem direito de preferência para os antigos acionistas, ou com redução do prazo de que trata o § 4º do artigo 171, de ações e debêntures conversíveis em ações, ou bônus de subscrição, cuja colocação seja feita mediante:

I – venda em bolsa de valores ou subscrição pública; ou

II – permuta por ações, em oferta pública de aquisição de controle, nos termos dos artigos 257 e 263.

Parágrafo único – O estatuto da companhia, ainda que fechada, pode excluir o direito de preferência para subscrição de ações nos termos de lei especial sobre incentivos fiscais.

Ausschluss des Bezugsrechts

Art. 172 – Die Satzung der offenen Aktiengesellschaft, die die Genehmigung zur Kapitalerhöhung enthält, kann die Ausgabe von Aktien, Wandelschuldverschreibungen oder Zeichnungsvorrechtsscheinen ohne Bezugsrecht für die bisherigen Aktionäre, oder mit Herabsetzung der in Art. 171, § 4 geregelten Frist vorsehen, deren Unterbringung erfolgt durch:

I – Verkauf an der Wertpapierbörse oder öffentliche Zeichnung; oder

II – Aktienumtausch durch öffentliches Angebot zum Erwerb der Beherrschung gemäß den Bestimmungen der Art. 257 und 263.

Einziger Paragraf – Die Satzung der Aktiengesellschaft, selbst wenn sie geschlossen ist, kann das Bezugsrecht zur Zeichnung von Aktien entsprechend den Bestimmungen der besonderen Gesetzgebung über steuerliche Förderungsmaßnahmen ausschließen.

Seção II

Redução

Art. 173 – A assembléia geral poderá deliberar a redução do capital social se houver perda, até o montante dos prejuízos acumulados, ou se julgá-lo excessivo.

§ 1º – A proposta de redução do capital social, quando de iniciativa dos administradores, não poderá ser submetida à deliberação da assembléia geral sem o parecer

Abschnitt II

Herabsetzung

Art. 173 – Die Hauptversammlung kann die Herabsetzung des Grundkapitals im Falle von Verlusten bis zur Höhe der aufgelaufenen Verluste beschließen; dieses Recht steht ihr ebenfalls zu, wenn sie das Kapital als zu hoch beurteilt.

§ 1 – Wenn der Vorschlag einer Kapitalherabsetzung von Seiten der Verwalter kommt, kann er der Hauptversammlung nicht ohne das Gutachten des Über-

do conselho fiscal, se em funcionamento.

wachungsrates, wenn dieser tätig ist, zur Beschlussfassung unterbreitet werden.

§ 2º – A partir da deliberação de redução ficarão suspensos os direitos correspondentes às ações cujos certificados tenham sido emitidos, até que sejam apresentados à companhia para substituição.

§ 2 – Von der Beschlussfassung über die Kapitalherabsetzung an können die Rechte aus Aktienurkunden, deren Urkunden ausgegeben wurden, nicht ausgeübt werden, bis diese der Gesellschaft zwecks Umtausch vorgelegt werden.

Oposição dos Credores

Widerspruch der Gläubiger

Art. 174 – Ressalvado o disposto nos artigos 45 e 107, a redução do capital social com restituição aos acionistas de parte do valor das ações, ou pela diminuição do valor destas, quando não integralizadas, à importância das entradas, só se tornará efetiva 60 (sessenta) dias após a publicação da ata da assembléia geral que a tiver deliberado.

Art. 174 Eine Herabsetzung des Grundkapitals mit Teilrückerstattung oder, wenn die Aktien nicht voll eingezahlt sind, unter Verringerung ihres Nennwertes auf den Betrag der geleisteten Anzahlung wird, vorbehaltlich der Bestimmungen in Art. 45 und 107, erst 60 (sechzig) Tage nach der Veröffentlichung des Protokolls der Hauptversammlung, die sie beschlossen hat, wirksam.

§ 1º – Durante o prazo previsto neste artigo, os credores quirografários por títulos anteriores à data da publicação da ata poderão, mediante notificação, de que se dará ciência ao registro do comércio da sede da companhia, opor-se à redução do capital; decairão desse direito os credores que o não exercerem dentro do prazo.

§ 1 – Während der in diesem Artikel vorgesehenen Frist können die nicht bevorrechtigten Gläubiger aufgrund von vor dem Zeitpunkt der Veröffentlichung des Protokolls ausgestellten Schuldtiteln der Herabsetzung des Kapitals durch amtlich zugestellte Mitteilung, von der dem Handelsregister am Sitz der Gesellschaft Kenntnis zu geben ist, widersprechen; das Recht der Gläubiger, die dieses nicht innerhalb der Frist ausüben, verfällt.

§ 2º – Findo o prazo, a ata da assembléia geral que houver deliberado a redução poderá ser arquivada se não tiver havido oposição ou, se tiver havido oposição de algum credor, desde que feita a prova do pagamento do seu crédito ou do depósito judicial da importância respectiva.

§ 2 – Das Protokoll der Hauptversammlung, welche die Herabsetzung des Kapitals beschlossen hat, kann nach Ablauf der Frist eingetragen werden, wenn kein Widerspruch erfolgt ist, oder, falls ein Gläubiger widersprochen hat, nach Nachweis der Befriedigung seiner Forderung oder der gerichtlichen Hinterlegung des betreffenden Betrags.

§ 3º – Se houver em circulação debêntures emitidas pela companhia, a redução do capital, nos casos previstos neste artigo, não poderá ser efetivada sem prévia aprovação pela maioria dos debenturistas, reunidos em assembléia especial.

§ 3 – Wenn von der Gesellschaft ausgegebene Schuldverschreibungen im Umlauf sind, kann die Herabsetzung des Kapitals in den in diesem Artikel vorgesehenen Fällen nur mit vorheriger Zustimmung der Mehrheit der Schuldverschreibungsinhaber, die sich zu diesem Zweck in einer besonderen Versammlung zusammenfinden, durchgeführt werden.

Capítulo XV

Exercício Social e Demonstrações Financeiras

Kapitel XV

Geschäftsjahr und Jahresabschluss[35]

Seção I

Abschnitt I

Exercício Social

Geschäftsjahr

Art. 175 – O exercício social terá duração de 1 (um) ano e a data do término será fixada no estatuto.

Parágrafo único – Na constituição da companhia e nos casos de alteração estatutária o exercício social poderá ter duração diversa.

Art. 175 – Das Geschäftsjahr entspricht der Dauer eines Jahres, dessen Endtermin in der Satzung zu bestimmen ist.

Einziger Paragraf – Bei Errichtung der Gesellschaft und in den Fällen einer Satzungsänderung kann das Geschäftsjahr eine andere Dauer haben.

Seção II

Demonstrações Financeiras

Abschnitt II

Jahresabschluss

Disposições Gerais

Allgemeine Bestimmungen

Art. 176 – Ao fim de cada exercício social, a diretoria fará elaborar, com base na escrituração mercantil da companhia, as

Art. 176 – Am Ende eines jeden Geschäftsjahres hat der Vorstand auf der Grundlage der Handelsbücher der

[35] "Demonstraçãoes financeiras" (Finanzberichte) hier im Sinne von Jahresabschluss.

seguintes demonstrações financeiras, que deverão exprimir com clareza a situação do patrimônio da companhia e as mutações ocorridas no exercício:

I – balanço patrimonial;

II – demonstração dos lucros ou prejuízos acumulados;

III – demonstração do resultado do exercício;

IV – demonstração dos fluxos de caixa; e

V – se companhia aberta, demonstração do valor adicionado.

§ 1º – As demonstrações de cada exercício serão publicadas com a indicação dos valores correspondentes das demonstrações do exercício anterior.

§ 2º – Nas demonstrações, as contas semelhantes poderão ser agrupadas; os pequenos saldos poderão ser agregados, desde que indicada a sua natureza e não ultrapassem 0,1 (um décimo) do valor do respectivo grupo de contas; mas é vedada a utilização de designações genéricas, como "diversas contas" ou "contas-correntes".

§ 3º – As demonstrações financeiras registrarão a destinação dos lucros segundo a proposta dos órgãos da administração, no pressuposto de sua aprovação pela assembléia geral.

§ 4º – As demonstrações serão complementadas por notas explicativas e outros quadros analíticos ou demonstrações contábeis necessários para esclarecimento da

Gesellschaft die nachstehenden Jahresabschlüsse zu erstellen, die die Vermögenslage der Gesellschaft und die im Laufe des Geschäftsjahres eingetretenen Veränderungen mit Klarheit wiedergeben müssen:

I – Bilanz;

II – Darstellung des kumulierten Bilanzgewinns bzw. Bilanzverlustes;

III – Jahres-Gewinn- und Verlustrechnung;

IV – Darstellung des Kassenflusses; und

V – bei offener Aktiengesellschaft, die Darstellung des Mehrwertes.

§ 1 – Die Abschlüsse eines jeden Geschäftsjahres sind zusammen mit den entsprechenden Zahlen des Vorjahresabschlusses zu veröffentlichen.

§ 2 – In den Abschlüssen können ähnliche Konten in Gruppen zusammengefasst werden; geringfügige Posten können in einer Kontengruppe vereinigt werden, wenn ihre Herkunft angegeben wird und sie 0,1 (ein Zehntel) des Betrages der betreffenden Kontengruppe nicht übersteigen; die Benutzung von allgemeinen Bezeichnungen wie "verschiedene Konten" oder "Kontokorrentkonten" ist nicht gestattet.

§ 3 – Die Abschlüsse müssen die Verwendung der Gewinne gemäß dem Vorschlag der Verwaltungsorgane enthalten, soweit dieser durch die Hauptversammlung angenommen wird.

§ 4 – Der Abschluss ist durch erläuternde Anmerkungen und andere aufgliedernde oder buchhalterische Darstellungen zu ergänzen, die zur Erklärung der Vermögens-

situação patrimonial e dos resultados do exercício.	und Ertragslage des Geschäftsjahres erforderlich sind.
§ 5º – As notas explicativas devem:	§ 5 – Die erläuternden Anmerkungen müssen:
I – apresentar informações sobre a base de preparação das demonstrações financeiras e das práticas contábeis específicas selecionadas e aplicadas para negócios e eventos significativos;	I – Informationen über die Grundlagen der Ausarbeitung der Abschlüsse und der für Geschäfte und bedeutende Ereignisse ausgewählten und angewandten spezifischen buchhalterischen Praktiken angeben;
II – divulgar as informações exigidas pelas práticas contábeis adotadas no Brasil que não estejam apresentadas em nenhuma outra parte das demonstrações financeiras;	II – Informationen bekannt geben, die von der in Brasilien angewandten Buchhaltungspraxis verlangt werden, und die nicht in irgendeinem anderen Teil der Abschlüsse enthalten sind;
III – fornecer informações adicionais não indicadas nas próprias demonstrações financeiras e consideradas necessárias para uma apresentação adequada; e	III – zusätzliche Informationen liefern, die nicht in den eigentlichen Abschlüssen enthalten sind und als notwendig für eine angemessene Vorlage erachtet werden; und
IV – indicar:	IV – angeben:
a) os principais critérios de avaliação dos elementos patrimoniais, especialmente estoques, dos cálculos de depreciação, amortização e exaustão, de constituição de provisões para encargos ou riscos, e dos ajustes para atender a perdas prováveis na realização de elementos do ativo;	a) die wichtigsten Kriterien für die Bewertung der Vermögensgegenstände, insbesondere der Vorräte, für die Berechnung der Abschreibungen, Amortisation und Abgang von Vermögensgegenständen, für die Bildung von Rückstellungen für Aufwendungen oder Risiken, sowie für die Berücksichtigung voraussichtlicher Verluste bei der Realisierung von Vermögensgegenständen;
b) os investimentos em outras sociedades, quando relevantes (art. 247 parágrafo único);	b) Beteiligungen an anderen Gesellschaften, soweit sie erheblich sind (Art. 247, Einziger Paragraf);

c) o aumento de valor de elementos do ativo resultante de novas avaliações (art. 182, § 3º);

d) os ônus reais constituídos sobre elementos do ativo, as garantias prestadas a terceiros e outras responsabilidades eventuais ou contingentes;

e) a taxa de juros, as datas de vencimento e as garantias das obrigações a longo prazo;

f) o número, espécies e classes das ações do capital social;

g) as opções de compra de ações outorgadas e exercidas no exercício;

h) os ajustes de exercícios anteriores (art. 186, § 1º);

i) os eventos subseqüentes à data de encerramento do exercício que tenham, ou possam vir a ter, efeito relevante sobre a situação financeira e os resultados futuros da companhia.

§ 6º – A companhia fechada com patrimônio líquido, na data do balanço, inferior a R$ 2.000.000,00 (dois milhões de reais) não será obrigada à elaboração e publicação da demonstração dos fluxos de caixa.

§ 7º – A Comissão de Valores Mobiliários poderá, a seu critério, disciplinar de forma diversa o registro de que trata o § 3º deste artigo.

c) Werterhöhungen von Vermögensgegenständen, die aus Neubewertungen herrühren (Art. 182, § 3);

d) dingliche Belastungen von Vermögensgegenständen, zugunsten Dritter geleistete Sicherheiten sowie andere Eventualverbindlichkeiten oder drohende Verluste;

e) Zinssätze, Fälligkeitstermine und Sicherheiten für langfristige Verbindlichkeiten;

f) Anzahl, Arten und Klassen der Aktien des Grundkapitals;

g) die Vorkaufsrechte für Aktien, die im Geschäftsjahr vergeben und ausgeübt wurden;

h) Nachbuchungen, die Vorjahre betreffen (Art. 186, § 1);

i) nach dem Bilanzstichtag eingetretene Ereignisse, die eine wesentliche Auswirkung auf die Finanzlage und die zukünftige Ertragslage der Gesellschaft haben oder haben können.

§ 6 – Eine geschlossene Aktiengesellschaft, die zum Bilanzstichtag ein Eigenkapital ausweist, das niedriger ist als R$ 2.000.000,00 (zwei Millionen Reais), ist nicht zur Erstellung und Veröffentlichung der Darstellung des Kassenflusses verpflichtet.

§ 7 – Die Wertpapierkommission kann die in § 3 dieses Artikels behandelte Erfassung nach ihrem Ermessen in anderer Form regeln.

Escrituração

Art. 177 – A escrituração da companhia será mantida em registros permanentes, com obediência aos preceitos da legislação comercial e desta lei e aos princípios de contabilidade geralmente aceitos, devendo observar métodos ou critérios contábeis uniformes no tempo e registrar as mutações patrimoniais segundo o regime de competência.

§ 1º – As demonstrações financeiras do exercício em que houver modificação de métodos ou critérios contábeis, de efeitos relevantes, deverão indicá-la em nota e ressaltar esses efeitos.

§ 2º – A companhia observará exclusivamente em livros ou registros auxiliares, sem qualquer modificação da escrituração mercantil e das demonstrações reguladas nesta Lei, as disposições da lei tributária, ou de legislação especial sobre a atividade que constitui seu objeto, que prescrevam, conduzam ou incentivem a utilização de métodos ou critérios contábeis diferentes ou determinem registros, lançamentos ou ajustes ou a elaboração de outras demonstrações financeiras.

§ 3º – As demonstrações financeiras das companhias abertas observarão, ainda, as normas expedidas pela Comissão de Valores Mobiliários e serão obrigatoriamente submetidas a auditoria por auditores independentes nela registrados.

Buchführung

Art. 177 – Die Buchführung der Gesellschaft hat unter Beachtung der Vorschriften des Handelsrechts, dieses Gesetzes sowie der allgemein anerkannten Grundsätze ordnungsgemäßer Buchführung in fortlaufenden Büchern zu erfolgen, wobei einheitliche Buchführungsmethoden und -grundsätze innerhalb einer Darstellungsperiode anzuwenden und die Vermögensveränderungen periodengerecht abzugrenzen sind.

§ 1 – Die Abschlüsse eines Geschäftsjahres, in dem die Buchführungsmethoden oder -grundsätze mit erheblichen Auswirkungen geändert wurden, müssen die Änderungen in einer Anmerkung angeben und ihre Auswirkungen hervorheben.

§ 2 – Die Bestimmungen der Steuergesetzgebung oder von besonderen Gesetzgebungen über die Tätigkeiten, die ihren Gesellschaftszweck bilden, und welche die Anwendung von abweichenden Buchführungsmethoden und -kriterien oder die Erstellung von anderen Abschlüssen vorschreiben, anleiten oder anregen, sind von der Gesellschaft ausschließlich in Hilfsgeschäftsbüchern oder -registern, ohne irgendwelche Änderung der kaufmännischen Buchführung und der in diesem Gesetz geregelten Abschlüsse zu beachten.

§ 3 – Abschlüsse offener Aktiengesellschaften müssen außerdem die von der Wertpapierkommission aufgestellten Normen beachten und sind obligatorisch der Prüfung durch unabhängige Wirtschaftsprüfer, die bei derselben registriert sind, zu unterwerfen.

§ 4º – As demonstrações financeiras serão assinadas pelos administradores e por contabilistas legalmente habilitados.

§ 4 – Die Jahresabschlüsse sind von den Verwaltern und von gesetzlich zugelassenen Buchhaltern zu unterzeichnen.

§ 5º – As normas expedidas pela Comissão de Valores Mobiliários a que se refere o § 3º deste artigo deverão ser elaboradas em consonância com os padrões internacionais de contabilidade adotados nos principais mercados de valores mobiliários.

§ 5 – Die von der Wertpapierkommission erlassenen Vorschriften, die sich auf den § 3 dieses Artikels beziehen, sind in Übereinstimmung mit den internationalen Buchführungsgrundsätzen, die in den wichtigsten Wertpapiermärkten angewandt werden, auszuarbeiten.

§ 6º – As companhias fechadas poderão optar por observar as normas sobre demonstrações financeiras expedidas pela Comissão de Valores Mobiliários para as companhias abertas.

§ 6 – Die geschlossenen Aktiengesellschaften können sich für die Befolgung der von der Wertpapierkommission für offene Gesellschaften erlassenen Vorschriften über Jahresabschlüsse entscheiden.

Seção III

Balanço Patrimonial

Abschnitt III

Bilanz

Grupo de Contas

Art. 178 – No balanço, as contas serão classificadas segundo os elementos do patrimônio que registrem, e agrupadas de modo a facilitar o conhecimento e a análise da situação financeira da companhia.

§ 1º – No ativo, as contas serão dispostas em ordem decrescente de grau de liquidez dos elementos nelas registrados, nos seguintes grupos:

I – ativo circulante;

II – ativo não circulante, composto por ativo realizável a longo prazo, investimentos, imobilizado e intangível.

Kontengruppen

Art. 178 – In der Bilanz sind die Konten nach den von ihnen verzeichneten Vermögensbestandteilen anzuordnen und so in Gruppen zusammenzufassen, dass die Beurteilung und die Analyse der Finanzlage der Gesellschaft erleichtert wird.

§ 1 – Auf der Aktivseite sind die Konten nach abnehmendem Liquiditätsgrad in folgenden Gruppen anzuordnen:

I – Umlaufvermögen;

II – Vermögenswerte, die nicht Bestandteil des Umlaufvermögens sind, bestehend aus langfristig realisierbaren Aktivposten, Finanzanlagen,

Sachanlagen und immateriellen Vermögenswerten.

§ 2º – No passivo, as contas serão classificadas nos seguintes grupos:

§ 2 – Auf der Passivseite sind die Konten in folgenden Gruppen anzuordnen:

I – passivo circulante;

I – kurzfristige Verbindlichkeiten;

II – passivo não circulante; e

II – Passivposten, die nicht Bestandteil der kurzfristigen Verbindlichkeiten sind; und

III – patrimônio líquido, dividido em capital social, reservas de capital, ajustes de avaliação patrimonial, reservas de lucros, ações em tesouraria e prejuízos acumulados.

III – Eigenkapital, unterteilt in Grundkapital, Kapitalrücklagen, Anpassungen der Eigenkapitalbewertung, Gewinnrücklagen, im Portefeuille gehaltene eigene Aktien und aufgelaufene Verluste.

§ 3º – Os saldos devedores e credores que a companhia não tiver direito de compensar serão classificados separadamente.

§ 3 – Nicht verrechenbare Verbindlichkeiten und Forderungen sind gesondert auszuweisen.

Ativo

Aktivposten

Art. 179 – As contas serão classificadas do seguinte modo:

Art. 179 – Die Konten sind wie folgt zu gliedern:

I – no ativo circulante: as disponibilidades, os direitos realizáveis no curso do exercício social subseqüente e as aplicações de recursos em despesas do exercício seguinte;

I – im Umlaufvermögen: flüssige Mittel, im Laufe des folgenden Geschäftsjahres fällige Forderungen und die für Kosten des folgenden Geschäftsjahres angelegten Mittel;

II – no ativo realizável a longo prazo: os direitos realizáveis após o término do exercício seguinte, assim como os derivados de vendas, adiantamentos ou empréstimos a sociedades coligadas ou controladas (art. 243), diretores, acionistas ou participantes no lucro da companhia, que não constituírem negócio usuais na exploração do objeto da companhia;

II – in den langfristig realisierbaren Aktivposten: die nach Ablauf des folgenden Geschäftsjahres fälligen Forderungen, sowie solche aus Verkäufen, Vorauszahlungen oder Darlehen an verbundene oder abhängige Gesellschaften (Art. 243), Vorstandsmitglieder, Aktionäre oder am Gewinn der Gesellschaft beteiligte Personen, die nicht im Rahmen der üblichen Geschäfte zur Ausübung des Gesellschaftszwecks liegen;

III – em investimentos: as participações permanentes em outras sociedades e os direitos de qualquer natureza, não classificáveis no ativo circulante, e que não se destinem à manutenção da atividade da companhia ou da empresa;

III – im Finanzanlagevermögen: Beteiligungen an anderen Gesellschaften und die Forderungen jeder Art, die nicht im Umlaufvermögen auszuweisen und nicht zur Aufrechterhaltung der Tätigkeit der Gesellschaft oder des Unternehmens bestimmt sind;

IV – no ativo imobilizado: os direitos que tenham por objeto bens corpóreos destinados à manutenção das atividades da companhia ou da empresa ou exercidos com essa finalidade, inclusive os decorrentes de operações que transfiram à companhia os benefícios, riscos e controle desses bens;

IV – im Sachanlagevermögen: die Rechte, die materielle Vermögenswerte zum Gegenstand haben, die zur Aufrechterhaltung der Tätigkeiten der Gesellschaft oder des Unternehmens bestimmt sind oder zu diesem Zweck ausgeübt werden, einschließlich derjenigen, die sich aus Geschäften ergeben, welche auf die Gesellschaft die Vorteile, Risiken und Kontrolle dieser Vermögenswerte übertragen;

V – Revogado

V – Aufgehoben (eingefügt durch Gesetz Nr. 11.638 vom 28.12.2007 und aufgehoben durch Gesetz Nr. 11.941 vom 27.05.2009)

VI – no intangível: os direitos que tenham por objeto bens incorpóreos destinados à manutenção da companhia ou exercidos com essa finalidade, inclusive o fundo de comércio adquirido.

VI – in den immateriellen Vermögenswerten: die Rechte, die nicht gegenständliche Güter zum Gegenstand haben, die zur Aufrechterhaltung der Tätigkeiten der Gesellschaft bestimmt sind oder zu diesem Zweck ausgeübt werden, einschließlich eines erworbenen Fonds du Commerce.

Parágrafo único – Na companhia em que o ciclo operacional da empresa tiver duração maior que o exercício social, a classificação no circulante ou longo prazo terá por base o prazo desse ciclo.

Einziger Paragraf – Bei einer Gesellschaft, deren Wirtschaftsjahr einen längeren Zeitraum als das Geschäftsjahr umfasst, erfolgt die Einstufung in das Umlaufvermögen oder in langfristig realisierbare Aktivposten nach dem Wirtschaftsjahr.

Passivo Exigível

Art. 180 – As obrigações da companhia, inclusive financiamentos para aquisição de direitos do ativo não circulante, serão classificadas no passivo circulante, quando se vencerem no exercício seguinte, e no passivo não circulante, se tiverem vencimento em prazo maior, observado o disposto no parágrafo único do art. 179 desta Lei.

Fremdkapital

Art. 180 – Die Verpflichtungen der Gesellschaft, einschließlich aus Finanzierungen zum Erwerb von Rechten an Aktivposten, die nicht Bestandteil des Umlaufvermögens sind, sind unter den kurzfristigen Verbindlichkeiten auszuweisen, wenn sie im folgenden Geschäftsjahr, und unter den langfristigen Verbindlichkeiten, wenn sie später fällig werden, wobei die Bestimmung des Art. 179, Einziger Paragraf, zu beachten ist.

Resultados de Exercícios Futuros

Art. 181 – Revogado

Passive Rechnungsabgrenzungsposten

Art. 181 – Aufgehoben (durch Gesetz Nr. 11.941 vom 27.05.2009)

Patrimônio Líquido

Art. 182 – A conta do capital social discriminará o montante subscrito e, por dedução, a parcela ainda não realizada.

§ 1º – Serão classificadas como reservas de capital as contas que registrarem:

a) a contribuição do subscritor de ações que ultrapassar o valor nominal e a parte do preço de emissão das ações, sem valor nominal, que ultrapassar a importância destinada à formação do capital social, inclusive nos casos de conversão em ações de debêntures ou partes beneficiárias;

Eigenkapital

Art. 182 – Das Konto Grundkapital hat den gezeichneten Betrag und als Abzug den noch nicht eingezahlten Teil auszuweisen.

§ 1 – Als Kapitalrücklage sind auszuweisen:

a) die Zahlung eines Zeichners von Aktien, die den Nennwert übersteigt, und der Teil des Ausgabepreises von Aktien ohne Nennwert, der den zur Bildung des Grundkapitals bestimmten Betrag übersteigt, einschließlich der Fälle von Umwandlung von Schuldverschreibungen oder Genussscheinen in Aktien;

b) o produto da alienação de partes beneficiárias e bônus de subscrição;

b) der Ertrag aus der Veräußerung von Genussscheinen und Zeichnungsboni;

c) Revogado

c) Aufgehoben (durch Gesetz Nr. 11.638 vom 28.12.2007)

d) Revogado

d) Aufgehoben (durch Gesetz Nr. 11.638 vom 28.12.2007)

§ **2º** – Será ainda registrado como reserva de capital o resultado da correção monetária do capital realizado, enquanto não capitalizado.

§ **2** – Ebenso ist das Ergebnis der Geldwertberichtigung[36] des eingezahlten Kapitals als Kapitalrücklage zu behandeln, solange es noch nicht in Kapital umgewandelt ist.

§ **3º** – Serão classificadas como ajustes de avaliação patrimonial, enquanto não computadas no resultado do exercício em obediência ao regime de competência, as contrapartidas de aumentos ou diminuições de valor atribuídos a elementos do ativo e do passivo, em decorrência da sua avaliação a valor justo, nos casos previstos nesta Lei ou, em normas expedidas pela Comissão de Valores Mobiliários, com base na competência conferida pelo § 3º do art. 177 desta Lei.

§ **3** – In den in diesem Gesetz vorgesehenen Fällen, oder nach den von der Wertpapierkommission aufgestellten Normen auf Grundlage der durch § 3 des Art. 177 dieses Gesetzes zugewiesenen Zuständigkeit, sind, solange die Gegenbuchungen der Werterhöhungen oder -verminderungen von Aktiv- und Passivposten infolge ihrer Bewertung zum angemessenen Wert nicht periodengerecht in der Gewinn- und Verlustrechnung des Geschäftsjahres verbucht sind, dieselben als Anpassungen der Eigenkapitalbewertung einzuordnen.

§ **4º** – Serão classificadas como reservas de lucros as contas constituídas pela apropriação de lucros da companhia.

§ **4** – Als Gewinnrücklagen sind die Konten einzuordnen, die aus dem Jahresgewinn der Gesellschaft gebildet werden.

§ **5º** – As ações em tesouraria deverão ser destacadas no balanço como dedução da conta do patrimônio líquido que registrar a origem dos recursos aplicados na sua aquisição.

§ **5** – Die im Portefeuille gehaltenen eigenen Aktien sind in der Bilanz als Abzug von dem Konto des Eigenkapitals zu kennzeichnen, das auch die Herkunft der für ihren Erwerb verwendeten Mittel ausweisen muss.

[36] Die Geldwertberichtigung ist durch das Gesetz Nr. 9069 vom 29.06.1995 abgeschafft worden.

Critérios de Avaliação do Ativo

Art. 183 – No balanço, os elementos do ativo serão avaliados segundo os seguintes critérios:

I – as aplicações em instrumentos financeiros, inclusive derivativos, e em direitos e títulos de créditos, classificados no ativo circulante ou no realizável a longo prazo:

a) pelo seu valor justo, quando se tratar de aplicações destinadas à negociação ou disponíveis para venda; e

b) pelo valor de custo de aquisição ou valor de emissão, atualizado conforme disposições legais ou contratuais, ajustado ao valor provável de realização, quando este for inferior, no caso das demais aplicações e os direitos e títulos de crédito;

II – os direitos que tiverem por objeto mercadorias e produtos do comércio da companhia, assim como matérias-primas, produtos em fabricação e bens em almoxarifado, pelo custo de aquisição ou produção, deduzido de provisão para ajustá-lo ao valor de mercado, quando este for inferior;

III – os investimentos em participação no capital social de outras sociedades, ressalvado o disposto nos artigos 248 a 250, pelo custo de aquisição, deduzido de provisão para perdas prováveis na realização do seu valor, quando essa perda estiver comprovada como permanente, e que não será modificado em razão do

Bewertungsgrundsätze für Aktivposten

Art. 183 – In der Bilanz sind die Aktivposten nach folgenden Grundsätzen zu bewerten:

I – Die Anlagen in Finanzinstrumenten, einschließlich Derivaten, sowie in Kreditrechten und -papieren, die dem Umlaufvermögen oder den langfristigen Forderungen zugeordnet sind:

a) zu ihrem angemessenen Wert, wenn es sich um zum Handel bestimmte oder zur Veräußerung verfügbare Anlagen handelt; und

b) zum Wert der Anschaffungskosten oder zum Ausgabewert, aktualisiert nach gesetzlichen oder vertraglichen Bestimmungen, und angepasst an den wahrscheinlichen Veräußerungswert, wenn dieser niedriger ist, im Falle der übrigen Anlagen sowie der Kreditrechte und -papiere;

II – Forderungen, die Handelswaren und Produkte der Gesellschaft zum Gegenstand haben, sowie Rohstoffe, Halbfertigwaren oder Herstellungskosten, abzüglich der Wertminderung zur Anpassung an den Marktwert, wenn dieser niedriger ist;

III – Anlagen in Form von Beteiligungen am Kapital anderer Gesellschaften, vorbehaltlich der Bestimmungen der Art. 248 bis 250, zu Anschaffungskosten, abzüglich der Wertminderung für voraussichtliche Verluste bei ihrer Realisierung, sobald dieser Verlust nachweislich als dauernd anzusehen ist und nicht aufgrund des

recebimento, sem custo para a companhia, de ações ou quotas bonificadas;

Erhalts von Gratisaktien oder -anteilen ohne Kosten für die Gesellschaft verändert wird;

IV – os demais investimentos, pelo custo de aquisição, deduzido de provisão para atender às perdas prováveis na realização do seu valor, ou para redução do custo de aquisição ao valor de mercado, quando este for inferior;

IV – die übrigen Anlagen zu Anschaffungskosten abzüglich der Wertminderung für voraussichtliche Verluste bei ihrer Realisierung oder um die Anschaffungskosten auf den Marktwert zurückzuführen, wenn dieser niedriger ist;

V – os direitos classificados no imobilizado, pelo custo de aquisição, deduzido do saldo da respectiva conta de depreciação, amortização ou exaustão;

V – die Gegenstände des Sachanlagevermögens zu Anschaffungskosten, abzüglich des Saldos des entsprechenden Kontos für Abschreibung, Amortisation oder Abgang von Vermögensgegenständen;

VI – Revogado

VI – Aufgehoben (durch Gesetz Nr. 11.941 vom 27.05.2009)

VII – os direitos classificados no intangível, pelo custo incorrido na aquisição deduzido do saldo da respectiva conta de amortização;

VII – die unter immateriellen Vermögenswerten eingeordneten Rechte zu den beim Erwerb entstandenen Kosten, abzüglich des Saldos des entsprechenden Amortisationskontos;

VIII – os elementos do ativo decorrentes de operações de longo prazo serão ajustados a valor presente, sendo os demais ajustados quando houver efeito relevante.

VIII – die sich aus langfristigen Geschäften ergebenden Aktivposten werden zu ihrem Gegenwartswert angepasst; bei den übrigen Posten geschieht dies nur, wenn ein maßgeblicher Effekt vorliegt.

§ 1º – Para efeitos do disposto neste artigo, considera-se valor justo:

§ 1 – Im Sinne dieses Artikels ist als angemessener Wert anzusehen:

a) das matérias-primas e dos bens em almoxarifado, o preço pelo qual possam ser repostos, mediante compra no mercado;

a) für Rohstoffe und auf Lager befindliche Waren der Wiederbeschaffungspreis auf dem Markt;

b) dos bens ou direitos destinados à venda, o preço líquido de realização mediante venda no

b) für zum Verkauf bestimmte Vermögensgegenstände oder Rechte der Nettoverkaufspreis auf dem Markt,

mercado, deduzidos os impostos e demais despesas necessárias para a venda, e a margem de lucro;

abzüglich Steuern und sonstiger für den Verkauf notwendiger Kosten sowie der Gewinnspanne;

c) dos investimentos, o valor líquido pelo qual possam ser alienados a terceiros.

c) für Anlagen der Nettowert, zu dem sie an Dritte veräußert werden können.

d) dos instrumentos financeiros, o valor que pode se obter em um mercado ativo, decorrente de transação não compulsória realizada entre partes independentes; e, na ausência de um mercado ativo para um determinado instrumento financeiro:

d) für Finanzinstrumente der Wert, der auf einem aktiven Markt bei einer nicht zwingenden Geschäftshandlung zwischen unabhängigen Parteien erlangt werden kann; und, sofern ein aktiver Markt für ein bestimmtes Finanzinstrument fehlt:

1) o valor que se pode obter em um mercado ativo com a negociação de outro instrumento financeiro de natureza, prazo e risco similares;

1) der Wert, der auf einem aktiven Markt beim Handel eines anderen Finanzinstruments ähnlicher Art, Laufzeit und Risikostruktur erlangt werden kann;

2) o valor presente líquido dos fluxos de caixa futuros para instrumentos financeiros de natureza, prazo e risco similares; ou

2) der Nettogegenwartswert der zukünftigen Kassenflüsse für Finanzinstrumente ähnlicher Art, Laufzeit und Risikostruktur; oder

3) o valor obtido por meio de modelos matemático-estatísticos de precificação de instrumentos financeiros.

3) der Wert, der durch mathematisch-statistische Modelle der Wertfeststellung von Finanzinstrumenten erlangt wird.

§ 2º – A diminuição de valor dos elementos dos ativos imobilizado e intangível será registrada periodicamente nas contas de:

§ 2 – Die Wertminderung der Aktivposten des Sachanlagevermögens und der immateriellen Vermögensgegenstände ist periodisch auf den folgenden Konten zu buchen:

a) depreciação, quando corresponder à perda do valor dos direitos que têm por objeto bens físicos sujeitos a desgaste ou perda de utilidade por uso, ação da natureza ou obsolescência;

a) als Abschreibung für Abnutzung, wenn sie dem Wertverlust von Rechten entspricht, die Sachen zum Gegenstand haben, die einem Verschleiß oder einem Verlust des Nutzungswertes durch Gebrauch,

Natureinwirkung oder Veralten unterliegen;

b) amortização, quando corresponder à perda do valor do capital aplicado na aquisição de direitos da propriedade industrial ou comercial e quaisquer outros com existência ou exercício de duração limitada, ou cujo objeto sejam bens de utilização por prazo legal ou contratualmente limitado;

b) als Amortisation, wenn sie dem Wertverlust des für den Erwerb von gewerblichen Schutzrechten oder anderen Rechten aufgewendeten Kapitals entspricht, deren Gegenstand oder Ausübung einer begrenzten Dauer unterliegt, oder die Güter zum Gegenstand haben, deren Nutzungsdauer gesetzlich oder vertraglich beschränkt ist;

c) exaustão, quando corresponder à perda do valor, decorrente da sua exploração, de direitos cujo objeto sejam recursos minerais ou florestais, ou bens aplicados nessa exploração.

c) als Abgang von Vermögensgegenständen, wenn sie dem Wertverlust infolge Ausbeutung von Rechten entsprechen, die Bodenschätze oder Waldbestände, oder bei deren Abbau eingesetzte Güter zum Gegenstand haben.

§ 3º – A companhia deverá efetuar, periodicamente, análise sobre a recuperação dos valores registrados no imobilizado e no intangível, a fim de que sejam:

§ 3 – Die Gesellschaft hat periodisch Untersuchungen anzustellen über die Wiedererlangung der als Sachanlagevermögen und als immaterielle Vermögensgegenstände verbuchten Werte, damit:

I – registradas as perdas de valor do capital aplicado quando houver decisão de interromper os empreendimentos ou atividades a que se destinavam ou quando comprovado que não poderão produzir resultados suficientes para recuperação desse valor; ou

I – die Wertverluste des angelegten Kapitals registriert werden können, wenn entschieden wird, die Unternehmungen oder die Tätigkeiten, für die sie bestimmt waren, zu unterbrechen, oder wenn feststeht, dass sie keine ausreichenden Erträge zur Wiedererlangung dieses Wertes erzielen können; oder

II – revisados e ajustados os critérios utilizados para determinação da vida útil econômica estimada e para cálculo da depreciação, exaustão e amortização.

II – die angewandten Kriterien zur Bestimmung der angenommenen wirtschaftlichen Lebensdauer und zur Berechnung von Abschreibung, Abgang und Amortisation geprüft und angepasst werden können.

§ 4º – Os estoques de mercadorias fungíveis destinadas à venda poderão ser avaliados pelo valor de mercado, quando esse for o costume mercantil aceito pela técnica contábil.

§ 4 – Die Vorräte an zum Verkauf bestimmten vertretbaren Waren können zum Marktpreis bewertet werden, wenn dies einem im Rechnungswesen anerkannten Handelsbrauch entspricht.

Critérios de Avaliação do Passivo

Bewertungsgrundsätze für Passivposten

Art. 184 – No balanço, os elementos do passivo serão avaliados de acordo com os seguintes critérios:

I – as obrigações, encargos e riscos, conhecidos ou calculáveis, inclusive Imposto sobre a Renda a pagar com base no resultado do exercício, serão computados pelo valor atualizado até a data do balanço;

II – as obrigações em moeda estrangeira, com cláusula de paridade cambial, serão convertidas em moeda nacional à taxa de câmbio em vigor na data do balanço;

III – as obrigações, os encargos e os riscos classificados no passivo não circulante serão ajustados ao seu valor presente, sendo os demais ajustados quando houver efeito relevante.

Art. 184 – Die Passivposten sind in der Bilanz nach folgenden Grundsätzen zu bewerten:

I – Verbindlichkeiten, Belastungen und bekannte oder berechenbare Risiken, einschließlich der auf der Grundlage des Ergebnisses des Geschäftsjahres zu zahlenden Körperschaftsteuer, sind mit dem zum Bilanzstichtag aktualisierten Wert anzusetzen;

II – die Fremdwährungsverbindlichkeiten mit Währungsklausel sind zum Wechselkurs am Bilanzstichtag in Inlandswährung umzurechnen;

III – die Verbindlichkeiten, Belastungen und Risiken, die als nicht kurzfristige Passivposten klassifiziert wurden, werden zu ihrem Gegenwartswert angepasst, wobei die übrigen angepasst werden, wenn ein maßgeblicher Effekt vorliegt.

Critérios de Avaliação em Operações Societárias

Bewertungsgrundsätze bei Beteiligungsvorgängen

Art. 184-A. – A Comissão de Valores Mobiliários estabelecerá, com base na competência conferida pelo § 3º do art. 177 desta Lei, normas especiais de avaliação e contabilização aplicáveis à aquisição de controle, participações

Art. 184-A. – Die Wertpapierkommission wird auf der Grundlage der ihr durch § 3 des Art. 177 dieses Gesetzes zugewiesenen Zuständigkeit spezifische Normen für die Bewertung und Verbuchung festlegen, die auf den Erwerb der Kontrolle, von

societárias ou negócios.

Gesellschaftsbeteiligungen oder Geschäften anzuwenden sind.

Correção Monetária

Art. 185 – Revogado

Geldwertberichtigung

Art. 185 – Aufgehoben (durch Art. 29 des Gesetzes Nr. 7.730 vom 31.1.1989)

Seção IV

Demonstração de Lucros ou Prejuízos Acumulados

Art. 186 – A demonstração de lucros ou prejuízos acumulados discriminará:

I – o saldo do início do período, os ajustes de exercícios anteriores e a correção monetária do saldo inicial;

II – as reversões de reservas e o lucro líquido do exercício;

III – as transferências para reservas, os dividendos, a parcela dos lucros incorporada ao capital e o saldo ao fim do período.

§ 1º – Como ajustes de exercícios anteriores serão considerados apenas os decorrentes de efeitos da mudança de critério contábil, ou da retificação de erro imputável a determinado exercício anterior, e que não possam ser atribuídos a fatos subseqüentes.

§ 2º – A demonstração de lucros ou prejuízos acumulados deverá indicar o mon-

Abschnitt IV

Darstellung der aufgelaufenen Gewinne oder Verluste

Art. 186 – Die Darstellung der aufgelaufenen Gewinne oder Verluste muss enthalten:

I – den Saldo am Beginn des Bilanzzeitraums, die Berichtigungen aus Vorjahren und die Geldwertberichtigung[37] des Saldovortrages;

II – die Auflösung von Rücklagen und den Nettogewinn des Geschäftsjahres;

III – die Zuführungen zu Rücklagen, die Dividenden, den zur Kapitalerhöhung verwendeten Teil der Gewinne und den Saldo zum Bilanzstichtag.

§ 1 – Als Berichtigungen aus Vorjahren sind nur solche anzusehen, die aus der Änderung eines Buchführungsgrundsatzes oder der Berichtigung einer Fehlbuchung aus einem bestimmten Vorjahr herrühren und die nicht später eingetretenen Tatbeständen zuzurechnen sind.

§ 2 – Die Darstellung der aufgelaufenen Gewinne oder Verluste muss den Betrag

[37] Die Geldwertberichtigung ist durch das Gesetz Nr. 9069 vom 29.06.1995 abgeschafft worden.

tante do dividendo por ação do capital social e poderá ser incluída na demonstração das mutações do patrimônio líquido, se elaborada e publicada pela companhia.

der Dividende pro Aktie des Grundkapitals angeben und kann in die Darstellung der Veränderungen des Eigenkapitals einbezogen werden, falls eine solche von der Gesellschaft erstellt und veröffentlicht wird.

Seção V

Demonstração do Resultado do Exercício

Art. 187 – A demonstração do resultado do exercício discriminará:

I – a receita bruta das vendas e serviços, as deduções das vendas, os abatimentos e os impostos;

II – a receita líquida das vendas e serviços, o custo das mercadorias e serviços vendidos e o lucro bruto;

III – as despesas com as vendas, as despesas financeiras, deduzidas das receitas, as despesas gerais e administrativas, e outras despesas operacionais;

IV – o lucro ou prejuízo operacional, as outras receitas e as outras despesas;

V – o resultado do exercício antes do Imposto sobre a Renda e a provisão para o imposto;

VI – as participações de debêntures, empregados, administradores e partes beneficiárias, mesmo na forma de instrumentos financeiros, e de instituições ou fundos de assistência ou previdência de empregados, que

Abschnitt V

Gewinn- und Verlustrechnung

Art. 187 – Die Gewinn- und Verlustrechnung muss enthalten:

I – den Bruttoumsatzerlös aus Verkäufen und Dienstleistungen, Nachlässe, Abschläge und Steuern;

II – den Nettoumsatzerlös aus Verkäufen und Dienstleistungen, die Kosten für die hergestellten Güter und verkauften Dienstleistungen und den Bruttogewinn;

III – die Vertriebskosten, die Finanzaufwendungen, die von den Erträgen abgezogen werden, die Verwaltungs- und Gemeinkosten sowie andere betriebliche Aufwendungen;

IV – den Betriebsgewinn oder Betriebsverlust, die sonstigen Erträge und sonstigen Aufwendungen;

V – das Ergebnis des Geschäftsjahres vor Körperschaftsteuer und die Rückstellung für dieselbe;

VI – die Beteiligungen über Schuldverschreibungen, von Betriebsangehörigen, von Verwaltern und über Genussscheine, selbst in Form von Finanzinstrumenten, sowie von Einrichtungen oder Fonds zur

não se caracterizem como despesa;	Unterstützung oder Altersversorgung der Betriebsangehörigen, die sich nicht als Aufwand kennzeichnen;
VII – o lucro ou prejuízo líquido do exercício e o seu montante por ação do capital social.	VII – den Nettogewinn oder Nettoverlust des Geschäftsjahres und dessen Betrag je Aktie des Grundkapitals.
§ 1º – Na determinação do resultado do exercício serão computados:	**§ 1** – Bei der Ermittlung des Jahresergebnisses sind zu berücksichtigen:
a) as receitas e os rendimentos ganhos no período, independentemente da sua realização em moeda; e	a) die im Berichtszeitraum erzielten Erträge und Einkünfte, unabhängig davon, ob sie schon in Geld realisiert worden sind;
b) os custos, despesas, encargos e perdas, pagos ou incorridos, correspondentes a essas receitas e rendimentos.	b) die Aufwendungen, Kosten, Belastungen und Verluste, die diesen Erträgen und Einkünften entsprechen und gezahlt oder angefallen sind.
§ 2º – Revogado	**§ 2** – Aufgehoben (durch Gesetz Nr. 11.941 vom 27.05.2009)
Seção VI	Abschnitt VI
Demonstrações dos Fluxos de Caixa e do Valor Adicionado	*Darstellung des Kassenflusses und des Mehrwerts*
Art. 188 – As demonstrações referidas nos incisos IV e V do caput do art. 176 desta Lei indicarão, no mínimo:	**Art. 188** – Die in Absätzen IV und V des Hauptteils des Art. 176 dieses Gesetzes genannten Darstellungen haben mindestens anzugeben:
I – demonstração dos fluxos de caixa – as alterações ocorridas, durante o exercício, no saldo de caixa e equivalentes de caixa, segregando-se essas alterações em, no mínimo, 3 (três) fluxos:	I – Darstellung des Kassenflusses, d.h. die während des Geschäftsjahrs im Kassensaldo und gleichwertigen Kassenangaben eingetretenen Änderungen, wobei diese Änderungen mindestens in 3 (drei) Flüssen abzusondern sind:
a) das operações;	a) der Geschäfte;

b) dos financiamentos; e

c) dos investimentos;

II – demonstração do valor adicionado – o valor da riqueza gerada pela companhia, a sua distribuição entre os elementos que contribuíram para a geração dessa riqueza, tais como empregados, financiadores, acionistas, governo e outros, bem como a parcela da riqueza não distribuída.

III – Revogado

IV – Revogado

b) der Finanzierungen; und

c) der Investitionen;

II – Darstellung des Mehrwerts, d.h. des Wertes des von der Aktiengesellschaft erzeugten Vermögens, seine Aufteilung unter den Elementen, die zur Erzeugung dieses Vermögens beigetragen haben, wie zum Beispiel Betriebsangehörige, Kreditgeber, Aktionäre, Regierung und sonstige, sowie auch der Anteil des nicht verteilten Vermögens.

III – Aufgehoben (durch Gesetz Nr. 11.941 vom 27.05.2009)

IV – Aufgehoben (durch Gesetz Nr. 11.941 vom 27.05.2009)

Capítulo XVI

Lucros, Reservas e Dividendos

Kapitel XVI

Gewinn, Rücklagen und Dividenden

Seção I

Dedução de Prejuízos e Imposto Sobre a Renda

Abschnitt I

Abzug von Verlusten und Körperschaftsteuer

Art. 189 – Do resultado do exercício serão deduzidos, antes de qualquer participação, os prejuízos acumulados e a provisão para o Imposto sobre a Renda.

Parágrafo único – O prejuízo do exercício será obrigatoriamente absorvido pelos lucros acumulados, pelas reservas de lucros e pela reserva legal, nessa ordem.

Art. 189 – Von dem Ergebnis des Geschäftsjahres sind vor einer Gewinnbeteiligung die aufgelaufenen Verluste und die Rückstellung für die Körperschaftsteuer abzuziehen.

Einziger Paragraf – Der Verlust des Geschäftsjahres ist zwingend in nachstehender Reihenfolge mit aufgelaufenen Gewinnen, Gewinnrücklagen und der gesetzlichen Rücklage auszugleichen.

Participações

Art. 190 – As participações estatutárias de empregados, administradores e partes beneficiárias serão determinadas, sucessivamente e nessa ordem, com base nos lucros que remanescerem depois de deduzida a participação anteriormente calculada.

Parágrafo único – Aplica-se ao pagamento das participações dos administradores e das partes beneficiárias o disposto nos parágrafos do artigo 201.

Gewinnbeteiligungen

Art. 190 – Die satzungsgemäßen Gewinnbeteiligungen von Betriebsangehörigen, Verwaltern und Genussscheininhabern sind nacheinander und in dieser Reihenfolge auf der Grundlage des verbleibenden Gewinns abzüglich der jeweils vorher verrechneten Beteiligung zu ermitteln.

Einziger Paragraf – Auf die Zahlung der Gewinnbeteiligungen von Verwaltern und Inhabern von Genussscheinen finden die Bestimmungen der Paragrafen des Art. 201 Anwendung.

Lucro Líquido

Art. 191 – Lucro líquido do exercício é o resultado do exercício que remanescer depois de deduzidas as participações de que trata o artigo 190.

Nettogewinn

Art. 191 – Der Jahresnettogewinn ist das nach Abzug der in Art. 190 behandelten Gewinnbeteiligung verbleibende Ergebnis des Geschäftsjahres.

Proposta de Destinação do Lucro

Art. 192 – Juntamente com as demonstrações financeiras do exercício, os órgãos da administração da companhia apresentarão à assembléia geral ordinária, observado o disposto nos artigos 193 a 203 e no estatuto, proposta sobre a destinação a ser dada ao lucro líquido do exercício.

Gewinnverwendungsvorschlag

Art. 192 – Zusammen mit dem Jahresabschluss haben die Verwaltungsorgane der Gesellschaft der ordentlichen Hauptversammlung unter Beachtung der Bestimmungen der Art. 193 bis 203 sowie der Satzung einen Vorschlag über die Verwendung des Nettogewinns des Geschäftsjahres vorzulegen.

Seção II

Reservas e Retenção de Lucros

Reserva Legal

Art. 193 – Do lucro líquido do exercício, 5% (cinco por cento) serão aplicados, antes de qualquer outra destinação, na constituição da reserva legal, que não excederá de 20% (vinte por cento) do capital social.

§ 1º – A companhia poderá deixar de constituir a reserva legal no exercício em que o saldo dessa reserva, acrescido do montante das reservas de capital de que trata o § 1º do artigo 182, exceder de 30% (trinta por cento) do capital social.

§ 2º – A reserva legal tem por fim assegurar a integridade do capital social e somente poderá ser utilizada para compensar prejuízos ou aumentar o capital.

Reservas Estatutárias

Art. 194 – O estatuto poderá criar reservas desde que, para cada uma:

I – indique, de modo preciso e completo, a sua finalidade;

II – fixe os critérios para determinar a parcela anual dos lucros líquidos que serão destinados à sua constituição; e

III – estabeleça o limite máximo da reserva.

Abschnitt II

Rücklagen und Gewinnthesaurierung

Gesetzliche Rücklage

Art. 193 – Vom Jahresnettogewinn sind vor jeder anderen Verwendung 5 % (fünf Prozent) für die Bildung der gesetzlichen Rücklage zu verwenden, die 20 % (zwanzig Prozent) des Grundkapitals nicht übersteigen darf.

§ 1 – Die Gesellschaft kann die Zuführung zur gesetzlichen Rücklage in einem Geschäftsjahr unterlassen, in dem die Summe aus dieser Rücklage und dem Betrag der in Art. 182, § 1 behandelten Kapitalrücklagen 30 % (dreißig Prozent) des Grundkapitals übersteigt.

§ 2 – Die gesetzliche Rücklage dient der Sicherung des Grundkapitals und kann nur zum Ausgleich von Verlusten und zur Kapitalerhöhung verwendet werden.

Satzungsgemäße Rücklagen

Art. 194 – Die Satzung kann die Bildung von Rücklagen vorsehen, wenn sie für jede einzelne:

I – ihren Zweck genau und vollständig angibt;

II – die Kriterien für die Ermittlung des jährlichen Teilbetrages des Nettogewinns, der ihr zugeführt werden soll, festlegt; und

III – eine Höchstgrenze für die Rücklage bestimmt.

Reservas para Contingências

Art. 195 – A assembléia geral poderá, por proposta dos órgãos da administração, destinar parte do lucro líquido à formação de reserva com a finalidade de compensar, em exercício futuro, a diminuição do lucro decorrente de perda julgada provável, cujo valor possa ser estimado.

§ 1º – A proposta dos órgãos da administração deverá indicar a causa da perda prevista e justificar, com as razões de prudência que a recomendem, a constituição da reserva.

§ 2º – A reserva será revertida no exercício em que deixarem de existir as razões que justificarem a sua constituição ou em que ocorrer a perda.

Rücklage für drohende Verluste

Art. 195 – Die Hauptversammlung kann auf Vorschlag der Verwaltungsorgane einen Teil des Nettogewinns einer Rücklage mit dem Zweck zuführen, die aus einem für wahrscheinlich gehaltenen Verlust, dessen Höhe schätzbar sein muss, herrührende Gewinnminderung in zukünftigen Geschäftsjahren zu kompensieren.

§ 1 – Der Vorschlag der Verwaltungsorgane muss den Grund für den drohenden Verlust angeben und die Bildung der Rücklage unter Berücksichtigung der gebotenen Vorsicht begründen.

§ 2 – Die Rücklage ist in dem Geschäftsjahr aufzulösen, in dem die Gründe, die die Bildung gerechtfertigt haben, entfallen oder in dem der Verlust eintritt.

Reserva de Incentivos Fiscais

Art. 195-A. – A assembléia geral poderá, por proposta dos órgãos de administração, destinar para a reserva de incentivos fiscais a parcela do lucro líquido decorrente de doações ou subvenções governamentais para investimentos, que poderá ser excluída da base de cálculo do dividendo obrigatório (inciso I do caput do art. 202 desta Lei).

Rücklage für Steuervergünstigungen

Art. 195-A. – Die Hauptversammlung kann auf Vorschlag der Verwaltungsorgane den Anteil des Nettogewinns, der sich aus Schenkungen oder Regierungszuschüssen für Investitionen ergibt, und der von der Bemessungsgrundlage der Pflichtdividende (Absatz I des Hauptteils des Art. 202 dieses Gesetzes) ausgeschlossen werden kann, der Rücklage für Steuervergünstigungen zuweisen.

Retenção de Lucros

Art. 196 – A assembléia geral poderá, por proposta dos órgãos da administração, deliberar reter parcela do lucro líquido do exercício prevista em orçamento de capital por ela previamente aprovado.

Gewinnthesaurierung

Art. 196 – Die Hauptversammlung kann auf Vorschlag der Verwaltungsorgane beschließen, einen Teil des Nettogewinns des Geschäftsjahres gemäß einem von ihr vorher genehmigten Finanzplan einzubehalten.

§ 1º – O orçamento, submetido pelos órgãos da administração com a justificativa da retenção de lucros proposta, deverá compreender todas as fontes de recursos e aplicações de capital, fixo ou circulante, e poderá ter a duração de até 5 (cinco) exercícios, salvo no caso de execução, por prazo maior, de projeto de investimento.

§ 1 – Der von den Verwaltungsorganen mit einer Begründung der vorgeschlagenen Gewinnthesaurierung vorgelegte Finanzplan muss alle Quellen für die Mittel und die Verwendung des Anlage- oder Umlaufvermögens und des darin gebundenen Kapitals enthalten und kann sich auf bis zu 5 (fünf) Geschäftsjahre erstrecken, es sei denn, die Durchführung eines Investitionsprojektes bedarf eines längeren Zeitraums.

§ 2º – O orçamento poderá ser aprovado pela assembléia geral ordinária que deliberar sobre o balanço do exercício e revisado anualmente, quando tiver duração superior a um exercício social.

§ 2 – Der Finanzplan kann in der ordentlichen Hauptversammlung, die die Jahresbilanz feststellt, genehmigt und jährlich überprüft werden, wenn seine Geltung über ein Geschäftsjahr hinausgeht.

Reserva de Lucros a Realizar

Rücklage aus noch nicht realisierten Gewinnen

Art. 197 – No exercício em que o montante do dividendo obrigatório, calculado nos termos do estatuto ou do art. 202, ultrapassar a parcela realizada do lucro líquido do exercício, a assembléia geral poderá, por proposta dos órgãos de administração, destinar o excesso à constituição de reserva de lucros a realizar.

Art. 197 – In dem Geschäftsjahr, in dem die gemäß Satzung oder Art. 202 berechnete Pflichtdividende den realisierten Teil des Nettogewinns übersteigt, kann die Hauptversammlung auf Vorschlag der Verwaltungsorgane den Überschuss der Bildung einer Rücklage aus nicht realisierten Gewinnen zuweisen.

§ 1º – Para os efeitos deste artigo, considera-se realizada a parcela do lucro líquido do exercício que exceder da soma dos seguintes valores:

I – o resultado líquido positivo da equivalência patrimonial (art. 248); e

II – o lucro, rendimento ou ganho líquidos em operações ou contabilização de ativo e passivo pelo valor de mercado, cujo prazo de realização financeira ocorra após o término do

§ 1 – Als realisiert wird im Sinne dieses Artikels der Teil des Nettogewinns aus dem Geschäftsjahr betrachtet, der die Summe folgender Beträge übersteigt:

I – das positive Nettoergebnis des bilanzierten Vermögens (Art. 248); und

II – der Nettogewinn, -verdienst oder -ertrag aus Geschäften oder Buchungen von Aktiva und Passiva zu ihrem Marktwert, deren finanzielles Zahlungsziel nach Ablauf des

exercício social seguinte.

nachfolgenden Geschäftsjahres eintritt.

§ 2° – A reserva de lucros a realizar somente poderá ser utilizada para pagamento do dividendo obrigatório e, para efeito do inciso III do art. 202, serão considerados como integrantes da reserva os lucros a realizar de cada exercício que forem os primeiros a serem realizados em dinheiro.

§ 2 – Die Rücklage aus noch nicht realisierten Gewinnen kann nur zur Zahlung der Pflichtdividende verwendet werden, und im Sinne von Art. 202 Absatz III werden die nicht realisierten Gewinne eines jeden Geschäftsjahres, die als erste in Bargeld realisiert werden, als Bestandteil der Rücklage betrachtet.

Limite da Constituição de Reservas e Retenção de Lucros

Art. 198 – A destinação dos lucros para constituição das reservas de que trata o artigo 194 e a retenção nos termos do artigo 196 não poderão ser aprovadas, em cada exercício, em prejuízo da distribuição do dividendo obrigatório (artigo 202).

Begrenzung der Rücklagenbildung und der Gewinnthesaurierung

Art. 198 – Die Verwendung von Gewinnen für die Bildung der in Art. 194 behandelten Rücklagen und die Thesaurierung gemäß den Bestimmungen des Art. 196 können in keinem Geschäftsjahr zu Lasten der Ausschüttung der Pflichtdividende beschlossen werden (Art. 202).

Limite do Saldo das Reservas de Lucro

Art. 199 – O saldo das reservas de lucros, exceto as para contingências, de incentivos fiscais e de lucros a realizar, não poderá ultrapassar o capital social. Atingindo esse limite, a assembléia deliberará sobre aplicação do excesso na integralização ou no aumento do capital social ou na distribuição de dividendos.

Höchstgrenze für Gewinnrücklagen

Art. 199 – Der Saldo aus Gewinnrücklagen, ausgenommen derjenigen für drohende Verluste, aus Steuervergünstigungen und aus zu realisierenden Gewinnen, darf das Grundkapital nicht übersteigen. Wird diese Grenze erreicht, hat die Hauptversammlung über die Verwendung dieses Überhangs zur Ergänzung oder Erhöhung des Grundkapitals oder zur Verteilung von Dividenden zu beschließen.

Reservas de Capital

Art. 200 – As reservas de capital somente poderão ser utilizadas para:

Kapitalrücklagen

Art. 200 – Die Kapitalrücklagen können nur verwendet werden zur:

I – absorção de prejuízos que ultrapassarem os lucros acumulados e as reservas de lucros (artigo 189, parágrafo único);

II – resgate, reembolso ou compra de ações;

III – resgate de partes beneficiárias;

IV – incorporação ao capital social;

V – pagamento de dividendo a ações preferenciais, quando essa vantagem lhes for assegurada (Art. 17, § 5º).

Parágrafo único – A reserva constituída com o produto da venda de partes beneficiárias poderá ser destinada ao resgate desses títulos.

I – Verrechnung mit Verlusten, die die aufgelaufenen Gewinne und die Gewinnrücklagen (Art. 189, Einziger Paragraf) übersteigen;

II – Einlösung, Rückerstattung oder Erwerb von Aktien;

III – Einlösung von Genussscheinen;

IV – Zuführung zum Grundkapital;

V – Zahlung von Dividenden auf Vorzugsaktien, wenn denselben dieses Vorrecht zugesichert ist (Art. 17, § 5).

Einziger Paragraf – Die aus dem Verkaufserlös von Genussscheinen gebildete Rücklage kann zu deren Einlösung verwendet werden.

Seção III

Dividendos

Abschnitt III

Dividenden

Origem

Art. 201 – A companhia somente pode pagar dividendos à conta de lucro líquido do exercício, de lucros acumulados e de reserva de lucros; e à conta de reserva de capital, no caso das ações preferenciais de que trata o § 5º do artigo 17.

§ 1º – A distribuição de dividendos com inobservância do disposto neste artigo implica responsabilidade solidária dos administradores e fiscais, que deverão repor à caixa social a importância distribuída, sem prejuízo da ação penal que no

Herkunft

Art. 201 – Die Gesellschaft darf Dividenden nur zu Lasten des Nettogewinns des Geschäftsjahres, der aufgelaufenen Gewinne und der Gewinnrücklage und im Falle der in Art. 17, § 5 behandelten Vorzugsaktien zu Lasten der Kapitalrücklage zahlen.

§ 1 – Die Ausschüttung von Dividenden unter Nichtbeachtung der Bestimmungen dieses Artikels hat die gesamtschuldnerische Haftung der Verwalter und der Mitglieder des Überwachungsrates zur Folge, die, unbeschadet eines etwaigen Strafver-

caso couber.

fahrens, den ausgeschütteten Betrag der Gesellschaftskasse erstatten müssen.

§ 2º – Os acionistas não são obrigados a restituir os dividendos que em boa-fé tenham recebido. Presume-se a má-fé quando os dividendos forem distribuídos sem o levantamento do balanço ou em desacordo com os resultados deste.

§ 2 – Die Aktionäre sind nicht zur Rückerstattung der Dividenden verpflichtet, die sie gutgläubig erhalten haben. Bösgläubigkeit wird unterstellt, wenn die Dividenden ohne Erstellung einer Bilanz oder im Widerspruch zum Bilanzergebnis ausgeschüttet wurden.

Dividendo Obrigatório

Art. 202 – Os acionistas têm direito de receber como dividendo obrigatório, em cada exercício, a parcela dos lucros estabelecida no estatuto ou, se este for omisso, a importância determinada de acordo com as seguintes normas:

I – metade do lucro líquido do exercício diminuído ou acrescido dos seguintes valores:

a) importância destinada à constituição da reserva legal (Art. 193); e

b) importância destinada à formação da reserva para contingências (Art. 195) e reversão da mesma reserva formada em exercícios anteriores.

I – o pagamento do dividendo determinado nos termos do inciso I poderá ser limitado ao montante do lucro líquido do exercício que tiver sido realizado, desde que a diferença seja registrada como reserva de lucros a realizar (Art. 197);

II – os lucros registrados na reserva de

Pflichtdividende

Art. 202 – Die Aktionäre haben in jedem Geschäftsjahr Anspruch darauf, als Pflichtdividende den in der Satzung festgesetzten Teil der Gewinne zu erhalten oder, wenn die Satzung hierüber schweigt, den gemäß den nachstehenden Normen bestimmten Betrag:

I – die Hälfte des Nettogewinns aus dem Geschäftsjahr abzüglich oder zuzüglich folgender Beträge:

a) des zur Bildung der gesetzlichen Rücklage bestimmten Betrages (Art. 193); und

b) des zur Bildung der Rücklage für drohende Verluste (Art. 195) bestimmten Betrages und der Auflösung derselben, in den vorausgegangenen Geschäftsjahren gebildeten Rücklage.

I – die Zahlung der gemäß Absatz I bestimmten Dividende kann auf die Höhe des Nettogewinns im realisierten Geschäftsjahr beschränkt werden, sofern die Differenz als Rücklage aus noch nicht realisierten Gewinnen ausgewiesen wird (Art. 197);

III – die unter der Rücklage für noch

lucros a realizar, quando realizados e se não tiverem sido absorvidos por prejuízos em exercícios subseqüentes, deverão ser acrescidos ao primeiro dividendo declarado após a realização.

nicht realisierte Gewinne ausgewiesenen Gewinne sind, sobald sie realisiert werden, und sofern sie nicht durch Verluste in nachfolgenden Geschäftsjahren aufgebraucht werden, auf die erste Dividende aufzuschlagen, die nach der Gewinnrealisierung verkündet wird.

§ 1º – O estatuto poderá estabelecer o dividendo como porcentagem do lucro ou do capital social, ou fixar outros critérios para determiná-lo, desde que sejam regulados com precisão e minúcia e não sujeitem os acionistas minoritários ao arbítrio dos órgãos de administração ou da maioria.

§ 1 – Die Satzung kann die Dividenden als Prozentsatz des Gewinns oder des Grundkapitals bestimmen oder andere Kriterien hierfür festlegen, sofern diese eindeutig und genau sind und die Minderheitsaktionäre nicht der Willkür der Verwaltungsorgane oder der Mehrheit unterwerfen.

§ 2º – Quando o estatuto for omisso e a assembléia geral deliberar alterá-lo para introduzir norma sobre a matéria, o dividendo obrigatório não poderá ser inferior a 25% (vinte e cinco por cento) do lucro líquido ajustado nos termos do inciso I deste artigo.

§ 2 – Wenn die Satzung hierzu schweigt und die Hauptversammlung ihre Änderung beschließt, um eine Bestimmung darüber einzuführen, darf die Pflichtdividende nicht geringer als 25 % (fünfundzwanzig Prozent) des gemäß Absatz I dieses Artikels berichtigten Nettogewinns sein.

§ 3º – A assembléia geral pode, desde que não haja oposição de qualquer acionista presente, deliberar a distribuição de dividendo inferior ao obrigatório, nos termos deste artigo, ou a retenção de todo o lucro líquido, nas seguintes sociedades:

§ 3 – Die Hauptversammlung kann, sofern keiner der anwesenden Aktionäre widerspricht, die Ausschüttung einer geringeren als der gemäß diesem Artikel vorgeschriebenen Dividende oder die Einbehaltung des gesamten Gewinns bei folgenden Gesellschaften beschließen:

I – companhias abertas exclusivamente para a captação de recursos por debêntures não conversíveis em ações;

I – offene Aktiengesellschaften ausschließlich zur Beschaffung von Mitteln für nicht in Aktien umwandelbare Wandelschuldverschreibungen;

II – companhias fechadas, exceto nas controladas por companhias abertas que não se enquadrem na condição prevista no inciso I.

II – geschlossene Aktiengesellschaften, ausgenommen die, die von offenen Aktiengesellschaften beherrscht werden, die sich nicht unter die in Absatz I vorgesehene Voraussetzung einordnen lassen.

§ **4º** – O dividendo previsto neste artigo não será obrigatório no exercício social em que os órgãos da administração informarem à assembléia geral ordinária ser ele incompatível com a situação financeira da companhia. O conselho fiscal, se em funcionamento, deverá dar parecer sobre essa informação e, na companhia aberta, seus administradores encaminharão à Comissão de Valores Mobiliários, dentro de 5 (cinco) dias da realização da assembléia geral, exposição justificativa da informação transmitida à assembléia.

§ **4** – Die in diesem Artikel vorgesehene Dividende muss in dem Geschäftsjahr nicht gezahlt werden, in dem die Verwaltungsorgane der ordentlichen Hauptversammlung berichten, dass sie mit der finanziellen Lage der Gesellschaft unvereinbar ist. Soweit der Überwachungsrat tätig ist, muss er ein Gutachten zu diesem Bericht abgeben, und bei einer offenen Aktiengesellschaft müssen die Verwalter der Wertpapierkommission innerhalb von 5 (fünf) Tagen nach der Abhaltung der Hauptversammlung eine Begründung des der Versammlung vorgelegten Berichts einreichen.

§ **5º** – Os lucros que deixarem de ser distribuídos nos termos do § 4º serão registrados como reserva especial e, se não absorvidos por prejuízos em exercícios subseqüentes, deverão ser pagos como dividendo assim que o permitir a situação financeira da companhia.

§ **5** – Die im Falle des § 4 nicht ausgeschütteten Gewinne sind als besondere Rücklagen zu buchen und, wenn sie in nachfolgenden Geschäftsjahren nicht mit Verlusten ausgeglichen werden, als Dividende zu zahlen, sobald es die finanzielle Lage der Gesellschaft erlaubt.

§ **6º** – Os lucros não destinados nos termos dos arts. 193 a 197 deverão ser distribuídos como dividendos.

§ **6** – Die keiner Bestimmung gemäß Art. 193 bis 197 zugeführten Gewinne sind als Dividenden auszuschütten.

Dividendos de Ações Preferenciais

Art. 203 – O disposto nos artigos 194 a 197, e 202, não prejudicará o direito dos acionistas preferenciais de receber os dividendos fixos ou mínimos a que tenham prioridade, inclusive os atrasados, se cumulativos.

Dividenden auf Vorzugsaktien

Art. 203 – Die Bestimmungen der Art. 194 bis 197 und 202 beeinträchtigen nicht das Recht der Inhaber von Vorzugsaktien, die Fest- oder Mindestdividenden, einschließlich der rückständigen Dividenden, wenn diese kumulativ sind, gemäß ihrem Vorrecht entgegenzunehmen.

Dividendos Intermediários

Art. 204 – A companhia que, por força de lei ou de disposição estatutária, levantar balanço semestral, poderá declarar, por

Zwischendividenden

Art. 204 – Die Gesellschaft, die nach Gesetz oder Satzungsbestimmung eine Halbjahresbilanz erstellt, kann auf Beschluss

deliberação dos órgãos de administração, se autorizados pelo estatuto, dividendo à conta do lucro apurado nesse balanço.

der Verwaltungsorgane, wenn diese von der Satzung dazu ermächtigt sind, eine Dividende zu Lasten des in dieser Bilanz ausgewiesenen Gewinns ausschütten.

§ 1º – A companhia poderá, nos termos de disposição estatutária, levantar balanço e distribuir dividendos em períodos menores, desde que o total dos dividendos pagos em cada semestre do exercício social não exceda o montante das reservas de capital de que trata o § 1º do artigo 182.

§ 1 – Gemäß den Satzungsbestimmungen kann die Gesellschaft in kürzeren Zeiträumen Bilanzen erstellen und Dividenden ausschütten, soweit der Gesamtbetrag der in jedem Geschäftsjahr gezahlten Dividende die Höhe der in Art. 182, § 1 behandelten Kapitalrücklage nicht überschreitet.

§ 2º – O estatuto poderá autorizar os órgãos de administração a declarar dividendos intermediários, à conta de lucros acumulados ou de reservas de lucros existentes no último balanço anual ou semestral.

§ 2 – Die Satzung kann die Verwaltungsorgane ermächtigen, Zwischendividenden zu Lasten von aufgelaufenen Gewinnen oder von in der letzten Jahres- oder Halbjahresbilanz enthaltenen Gewinnrücklagen festzustellen.

Pagamento de Dividendos

Zahlung von Dividenden

Art. 205 – A companhia pagará o dividendo de ações nominativas à pessoa que, na data do ato de declaração do dividendo, estiver inscrita como proprietária ou usufrutuária da ação.

Art. 205 – Die Dividende auf Namensaktien ist von der Gesellschaft an die Person zu zahlen, die im Zeitpunkt der Feststellung der Dividende als Eigentümer oder Nießbraucher der Aktie eingetragen ist.

§ 1º – Os dividendos poderão ser pagos por cheque nominativo remetido por via postal para o endereço comunicado pelo acionista à companhia, ou mediante crédito em conta corrente bancária aberta em nome do acionista.

§ 1 – Die Dividenden können durch Übersendung eines Namensschecks auf dem Postwege an die der Gesellschaft von dem Aktionär angegebene Anschrift oder durch Gutschrift auf ein im Namen des Aktionärs eröffnetes Bankkonto gezahlt werden.

§ 2º – Os dividendos das ações em custódia bancária ou em depósito nos termos dos artigos 41 e 43 serão pagos pela companhia à instituição financeira depositária, que será responsável pela sua entrega aos titulares das ações depositadas.

§ 2 – Die Dividenden auf Aktien, die sich gemäß den Bestimmungen der Art. 41 und 43 in Bankverwahrung oder in einem Depot befinden, sind von der Gesellschaft an das für die Hinterlegung zuständige Finanzinstitut zu zahlen, das für die Weitergabe an die Eigentümer der hinterlegten Aktien verantwortlich ist.

§ 3º – O dividendo deverá ser pago, salvo deliberação em contrário da assembléia geral, no prazo de 60 (sessenta) dias da data em que for declarado e, em qualquer caso, dentro do exercício social.

§ 3 – Vorbehaltlich gegenteiliger Beschlussfassung der Hauptversammlung ist die Dividende innerhalb von 60 (sechzig) Tagen ab Datum ihrer Feststellung, jedenfalls jedoch innerhalb des Geschäftsjahres zu zahlen.

Capítulo XVII

Dissolução, Liquidação e Extinção

Kapitel XVII

Auflösung, Liquidation und Erlöschen

Seção I

Abschnitt I

Dissolução

Auflösung

Art. 206 – Dissolve-se a companhia:

Art. 206 – Die Gesellschaft wird aufgelöst:

I – de pleno direito:

I – von Rechts wegen:

a) pelo término do prazo de duração;

a) durch Zeitablauf;

b) nos casos previstos no estatuto;

b) in den in der Satzung vorgesehenen Fällen;

c) por deliberação da assembléia geral (art. 136, X);

c) durch Beschluss der Hauptversammlung (Art. 136, X);

d) pela existência de 1 (um) único acionista, verificada em assembléia geral ordinária, se o mínimo de 2 (dois) não for reconstituído até à do ano seguinte, ressalvado o disposto no artigo 251;

d) wenn vorbehaltlich der Bestimmung des Art. 251 die ordentliche Hauptversammlung feststellt, dass nur ein Aktionär vorhanden ist, und wenn bis zu der Hauptversammlung des kommenden Jahres die Mindestzahl von 2 (zwei) Aktionären nicht wiederhergestellt ist;

e) pela extinção, na forma da lei, da autorização para funcionar.

e) durch Erlöschen der Genehmigung zur Tätigkeit aufgrund gesetzlicher Vorschrift.

II – por decisão judicial:

a) quando anulada a sua constituição, em ação proposta por qualquer acionista;

b) quando provado que não pode preencher o seu fim, em ação proposta por acionistas que representem 5% (cinco por cento) ou mais do capital social;

c) em caso de falência, na forma prevista na respectiva lei.

III – Por decisão de autoridade administrativa competente, nos casos e na forma previstos em lei especial.

II – durch gerichtliche Entscheidung:

a) wenn die Gründung aufgrund einer von einem Aktionär erhobenen Klage für nichtig erklärt wird;

b) wenn in einem von Aktionären, die 5 % (fünf Prozent) oder mehr des Grundkapitals vertreten, angestrengten Verfahren bewiesen ist, dass der Gesellschaftszweck nicht erreicht werden kann;

c) im Falle eines Konkurses entsprechend der im betreffenden Gesetz vorgesehenen Form.

III – Durch Entscheidung der zuständigen Verwaltungsbehörde in den Fällen und in der Form, die in einem besonderen Gesetz vorgesehen sind.

Efeitos

Art. 207 – A companhia dissolvida conserva a personalidade jurídica, até a extinção, com o fim de proceder à liquidação.

Wirkungen

Art. 207 – Die aufgelöste Gesellschaft bewahrt, um die Liquidation durchzuführen, bis zum Erlöschen ihre Rechtspersönlichkeit.

Seção II

Liquidação

Abschnitt II

Liquidation

Liquidação pelos Órgãos da Companhia

Art. 208 – Silenciando o estatuto, compete à assembléia geral, nos casos do número I do artigo 206, determinar o modo de liquidação e nomear o liquidante e o conselho fiscal que devam funcionar

Liquidation durch die Gesellschaftsorgane

Art. 208 – Falls die Satzung hierzu schweigt, steht es der Hauptversammlung in den Fällen des Art. 206 Absatz I zu, die Art der Liquidation zu bestimmen und den Liquidator und den Überwachungsrat

durante o período de liquidação.

zu ernennen, die während der Liquidation tätig sein sollen.

§ 1º – A companhia que tiver conselho de administração poderá mantê-lo, competindo-lhe nomear o liquidante; o funcionamento do conselho fiscal será permanente ou a pedido de acionistas, conforme dispuser o estatuto.

§ 1 – Falls die Gesellschaft einen Verwaltungsrat hat, kann sie diesen beibehalten, wobei es diesem zusteht, den Liquidator zu ernennen; je nachdem, wie die Satzung es vorsieht, ist der Überwachungsrat ständig oder nur auf Antrag der Aktionäre tätig.

§ 2º – O liquidante poderá ser destituído, a qualquer tempo, pelo órgão que o tiver nomeado.

§ 2 – Der Liquidator kann jederzeit von dem Organ abberufen werden, das ihn ernannt hat.

Liquidação Judicial

Art. 209 – Além dos casos previstos no número II do artigo 206, a liquidação será processada judicialmente:

I – a pedido de qualquer acionista, se os administradores ou a maioria de acionistas deixarem de promover a liquidação, ou a ela se opuserem, nos casos do número I do artigo 206;

II – a requerimento do Ministério Público, à vista de comunicação da autoridade competente, se a companhia, nos 30 (trinta) dias subseqüentes à dissolução, não iniciar a liquidação ou, se após iniciá-la, interrompê-la por mais de 15 (quinze) dias, no caso da alínea "e" do número I do artigo 206.

Parágrafo único – Na liquidação judicial será observado o disposto na lei processual, devendo o liquidante ser nomeado pelo juiz.

Gerichtliche Liquidation

Art. 209 – Abgesehen von den in Art. 206 Absatz II vorgesehenen Fällen wird die Gesellschaft gerichtlich liquidiert:

I – in den Fällen des Art. 206 Absatz I auf Antrag eines Aktionärs, falls die Verwalter oder die Aktionärsmehrheit es unterlassen, die Liquidation durchzuführen oder sich gegen die Liquidation zu erklären;

II – im Falle des Art. 206 Absatz I, Buchstabe "e" auf Antrag des Vertreters des öffentlichen Interesses aufgrund der Mitteilung der zuständigen Behörde, wenn die Gesellschaft innerhalb von 30 (dreißig) Tagen nach der Auflösung noch nicht mit der Liquidation begonnen hat oder sie nach deren Beginn für mehr als 15 (fünfzehn) Tage unterbricht.

Einziger Paragraf – Bei einer gerichtlichen Liquidation sind die Vorschriften der Prozessordnung zu beachten; der Liquidator wird vom Richter ernannt.

Deveres do Liquidante

Art. 210 – São deveres do liquidante:

I – arquivar e publicar a ata da assembléia geral, ou certidão de sentença, que tiver deliberado ou decidido a liquidação;

II – arrecadar os bens, livros e documentos da companhia, onde quer que estejam;

III – fazer levantar, de imediato, em prazo não superior ao fixado pela assembléia geral ou pelo juiz, o balanço patrimonial da companhia;

IV – ultimar os negócios da companhia, realizar o ativo, pagar o passivo, partilhar o remanescente entre os acionistas;

V – exigir dos acionistas, quando o ativo não bastar para a solução do passivo, a integralização de suas ações;

VI – convocar a assembléia geral, nos casos previstos em lei ou quando julgar necessário;

VII – confessar a falência da companhia e pedir concordata, nos casos previstos

Pflichten des Liquidators

Art. 210 – Dem Liquidator obliegen folgende Pflichten:

I – die Niederschrift über die Hauptversammlung, die über die Liquidation beschlossen hat, oder eine Ausfertigung des auf Liquidation erkennenden Urteils beim Handelsregister eintragen und veröffentlichen zu lassen;

II – die Vermögensgegenstände, Bücher und Unterlagen der Gesellschaft, wo immer sie sich befinden, in Gewahrsam zu nehmen;

III – die Bilanz der Gesellschaft unverzüglich innerhalb eines von der Hauptversammlung oder vom Richter festgelegten Zeitraums erstellen zu lassen;

IV – die Geschäfte der Gesellschaft zu Ende zu führen, die Aktivposten zu realisieren, die Verbindlichkeiten zu erfüllen und das verbleibende Vermögen unter den Aktionären aufzuteilen;

V – falls die Aktivposten nicht zur Erfüllung der Verbindlichkeiten ausreichen, von den Aktionären die restliche Einzahlung ihrer Aktien zu verlangen;

VI – die Hauptversammlung in den im Gesetz vorgesehenen Fällen oder wenn er es für notwendig hält, einzuberufen;

VII – in den gesetzlich vorgesehenen Fällen den Konkurs der Gesellschaft

em lei;

VIII – finda a liquidação, submeter à assembléia geral relatório dos atos e operações da liquidação e suas contas finais;

IX – arquivar e publicar a ata da assembléia geral que houver encerrado a liquidação.

anzumelden oder den Vergleichsantrag zu stellen;

VIII – bei Beendigung der Liquidation der Hauptversammlung einen Bericht über die Liquidationshandlungen und -geschäfte und die Schlussrechnung vorzulegen;

IX – die Niederschrift über die Hauptversammlung, die die Liquidation für beendet erklärt hat, beim Handelsregister eintragen und veröffentlichen zu lassen.

Poderes do Liquidante

Art. 211 – Compete ao liquidante representar a companhia e praticar todos os atos necessários à liquidação, inclusive alienar bens móveis ou imóveis, transigir, receber e dar quitação.

Parágrafo único – Sem expressa autorização da assembléia geral o liquidante não poderá gravar bens e contrair empréstimos, salvo quando indispensáveis ao pagamento de obrigações inadiáveis, nem prosseguir, ainda que para facilitar a liquidação, na atividade social.

Befugnisse des Liquidators

Art. 211 – Es obliegt dem Liquidator, die Gesellschaft zu vertreten und alle zur Liquidation notwendigen Handlungen vorzunehmen, einschließlich der Veräußerung von beweglichen Sachen und Grundstücken, Vergleiche zu schließen, Quittungen zu erteilen und entgegenzunehmen.

Einziger Paragraf – Ohne ausdrückliche Zustimmung der Hauptversammlung darf der Liquidator Vermögensgegenstände nicht belasten und keine Darlehen aufnehmen, es sei denn, dass dies zur Zahlung unaufschiebbarer Verpflichtungen unumgänglich ist; er darf ebensowenig die Geschäftstätigkeit der Gesellschaft fortführen, auch nicht, um die Liquidation zu erleichtern.

Denominação da Companhia

Art. 212 – Em todos os atos ou operações, o liquidante deverá usar a denominação social seguida das palavras "em liquidação".

Firma der Gesellschaft

Art. 212 – Bei allen Handlungen oder Geschäften muss der Liquidator die Firma mit dem Zusatz "in Liquidation" benutzen.

Assembléia Geral

Art. 213 – O liquidante convocará a assembléia geral cada 6 (seis) meses, para prestar-lhe contas dos atos e operações praticados no semestre e apresentar-lhe o relatório e o balanço do estado da liquidação; a assembléia geral pode fixar, para essas prestações de contas, períodos menores ou maiores que, em qualquer caso, não serão inferiores a 3 (três), nem superiores a 12 (doze) meses.

§ 1º – Nas assembléias gerais da companhia em liquidação todas as ações gozam de igual direito de voto, tornando-se ineficazes as restrições ou limitações porventura existentes em relação às ações ordinárias ou preferenciais; cessando o estado de liquidação, restaura-se a eficácia das restrições ou limitações relativas ao direito de voto.

§ 2.º – No curso da liquidação judicial, as assembléias gerais necessárias para deliberar sobre os interesses da liquidação serão convocadas por ordem do juiz, a quem compete presidi-las e resolver, sumariamente, as dúvidas e litígios que forem suscitados. As atas das assembléias gerais serão, por cópias autênticas, apensadas ao processo judicial.

Hauptversammlung

Art. 213 – Der Liquidator beruft die Hauptversammlung alle 6 (sechs) Monate ein, um über die Handlungen und Geschäfte des vergangenen Halbjahres Rechenschaft abzulegen, sowie Bericht und Bilanz über den Stand des Liquidationsverfahrens vorzulegen; die Hauptversammlung kann für diese Rechenschaftslegung einen kürzeren oder längeren Zeitraum bestimmen, der jedoch auf keinen Fall weniger als 3 (drei) Monate und mehr als 12 (zwölf) Monate betragen darf.

§ 1 – In den Hauptversammlungen der Gesellschaft, die sich in Liquidation befindet, genießen alle Aktien das gleiche Stimmrecht; für Stamm- oder Vorzugsaktien ggf. bestehende Einschränkungen oder Begrenzungen sind unwirksam; bei Aufhebung der Liquidation leben die Einschränkungen und Begrenzungen des Stimmrechts wieder auf.

§ 2 – Während einer gerichtlichen Liquidation werden Hauptversammlungen, die über Angelegenheiten der Liquidation Beschlüsse fassen sollen, auf Anweisung des Richters einberufen, der sie leitet und dem die Aufgabe zusteht, auftretende Zweifel und Streitfälle im summarischem Verfahren zu entscheiden. Die Niederschriften über die Hauptversammlungen werden in beglaubigter Abschrift zu den Gerichtsakten genommen.

Pagamento do Passivo

Art. 214 – Respeitados os direitos dos credores preferenciais, o liquidante pagará as dívidas sociais proporcionalmente e sem distinção entre vencidas e vincendas, mas, em relação a estas, com desconto às

Begleichung der Verbindlichkeiten

Art. 214 – Unter Berücksichtigung der Rechte der bevorrechtigten Gläubiger begleicht der Liquidator die Gesellschaftsschulden anteilmäßig und ohne Unterschied zwischen bereits fälligen und noch

taxas bancárias.

nicht fälligen Schulden, jedoch die noch nicht fälligen Schulden mit einem Diskont zu banküblichen Zinssätzen.

Parágrafo único – Se o ativo for superior ao passivo, o liquidante poderá, sob sua responsabilidade pessoal, pagar integralmente as dívidas vencidas.

Einziger Paragraf – Wenn die Aktivposten die Verbindlichkeiten übersteigen, kann der Liquidator unter seiner persönlichen Verantwortung die fälligen Schulden vollständig bezahlen.

Partilha do Ativo

Aufteilung der Aktivposten

Art. 215 – A assembléia geral pode deliberar que antes de ultimada a liquidação, e depois de pagos todos os credores, se façam rateios entre os acionistas, à proporção que se forem apurando os haveres sociais.

Art. 215 – Die Hauptversammlung kann beschließen, dass vor Abschluss der Liquidation und nach Befriedigung sämtlicher Gläubiger zwischen den Aktionären eine Verteilung in dem Verhältnis erfolgt, das ihrem Gesellschaftsvermögen entspricht.

§ 1º – É facultado à assembléia geral aprovar, pelo voto de acionistas que representem 90% (noventa por cento), no mínimo, das ações, depois de pagos ou garantidos os credores, condições especiais para a partilha do ativo remanescente, com a atribuição de bens aos sócios, pelo valor contábil ou outro por ela fixado.

§ 1 – Nachdem die Gläubiger ausbezahlt oder ihnen Garantien gegeben worden sind, kann die Hauptversammlung mit den Stimmen von Aktionären, die mindestens 90 % (neunzig Prozent) der Aktien vertreten, besondere Bedingungen für die Aufteilung der verbleibenden Aktivposten beschließen; in diesem Fall kann die Verteilung von Vermögensgegenständen an die Gesellschafter zum Buchwert oder zu einem anderen Wert, der von der Hauptversammlung zu bestimmen ist, erfolgen.

§ 2º – Provado pelo acionista dissidente (art. 216, § 2º) que as condições especiais de partilha visaram a favorecer a maioria, em detrimento da parcela que lhe tocaria, se inexistissem tais condições, será a partilha suspensa, se não consumada, ou, se já consumada, os acionistas majoritários indenizarão os minoritários pelos prejuízos apurados.

§ 2 – Weist ein nicht zustimmender Aktionär (Art. 216, § 2) nach, dass die besonderen Bedingungen der Aufteilung den Zweck verfolgen, die Mehrheit zum Nachteil des ohne solche Bedingungen auf ihn entfallenden Anteils zu begünstigen, so wird die Aufteilung aufgehoben, falls sie noch nicht beendet ist; falls sie schon beendet worden ist, sind die Mehrheitsaktionäre verpflichtet, die Minderheitsaktionäre für die festgestellten Verluste zu entschädigen.

Prestação de Contas

Art. 216 – Pago o passivo e rateado o ativo remanescente, o liquidante convocará a assembléia geral para a prestação final das contas.

§ 1º – Aprovadas as contas, encerra-se a liquidação e a companhia se extingue.

§ 2º – O acionista dissidente terá o prazo de 30 (trinta) dias, a contar da publicação da ata, para promover a ação que lhe couber.

Rechnungslegung

Art. 216 – Nachdem die Verbindlichkeiten bezahlt und die verbleibenden Aktivposten verteilt sind, beruft der Liquidator die Hauptversammlung zur abschließenden Rechnungslegung ein.

§ 1 – Mit Genehmigung der Rechnungslegung ist die Liquidation beendet und die Gesellschaft erloschen.

§ 2 – Der nichtzustimmende Aktionär hat eine Frist von 30 (dreißig) Tagen ab Veröffentlichung der Niederschrift der Hauptversammlung zur Erhebung einer entsprechenden Klage.

Responsabilidade na Liquidação

Art. 217 – O liquidante terá as mesmas responsabilidades do administrador, e os deveres e responsabilidades dos administradores, fiscais e acionistas subsistirão até a extinção da companhia.

Haftung bei der Liquidation

Art. 217 – Der Liquidator haftet wie ein Verwalter; die Verantwortungen und Pflichten der Verwalter, Mitglieder des Aufsichtsrats und der Aktionäre bleiben bis zum Erlöschen der Gesellschaft bestehen.

Direito do Credor Não-Satisfeito

Art. 218 – Encerrada a liquidação o credor não-satisfeito só terá direito de exigir dos acionistas, individualmente, o pagamento de seu crédito, até o limite da soma, por eles recebida, e de propor contra o liquidante, se for o caso, ação de perdas e danos. O acionista executado terá direito de haver dos demais a parcela que lhes couber no crédito pago.

Rechte des nicht befriedigten Gläubigers

Art. 218 – Nach Beendigung der Liquidation hat der nicht befriedigte Gläubiger lediglich das Recht, von jedem Aktionär einzeln die Zahlung seiner Forderung bis zur Höhe der den Aktionären ausgezahlten Summe zu verlangen; gegen den Liquidator kann er Schadensersatzklage erheben. Der Aktionär, gegen den vollstreckt worden ist, hat das Recht, von den übrigen Aktionären den auf sie entfallenden Teil der bezahlten Forderung zurückzuverlangen.

Seção III

Extinção

Art. 219 – Extingue-se a companhia:

I – pelo encerramento da liquidação;

II – pela incorporação ou fusão, e pela cisão com versão de todo o patrimônio em outras sociedades.

Abschnitt III

Erlöschen

Art. 219 – Die Gesellschaft erlischt:

I – durch Beendigung der Liquidation;

II – durch Inkorporation oder Fusion, sowie durch Spaltung mit Übertragung des gesamten Gesellschaftsvermögens auf andere Gesellschaften

Capítulo XVIII

Transformação, Incorporação, Fusão e Cisão

Kapitel XVIII

Umwandlung, Verschmelzung durch Aufnahme (Inkorporation), Verschmelzung durch Neugründung (Fusion) und Spaltung[38]

Seção I

Transformação

Abschnitt I

Umwandlung

Conceito e Forma

Art. 220 – A transformação é a operação pela qual a sociedade passa, independentemente de dissolução e liquidação, de um tipo para outro.

Parágrafo único – A transformação obedecerá aos preceitos que regulam a constituição e o registro do tipo a ser

Begriff und Form

Art. 220 – Eine Umwandlung liegt vor, wenn eine Gesellschaft, ohne aufgelöst oder liquidiert zu werden, von einer Gesellschaftsform in eine andere umgewandelt wird.

Einziger Paragraf – Bei der Umwandlung sind die Bestimmungen anzuwenden, die für die Gründung und die Eintragung

[38] Die im Deutschen Aktienrecht verwendeten Ausdrücke "Verschmelzung durch Aufnahme" und "Verschmelzung durch Neugründung" werden in den folgenden Artikeln aus Vereinfachungsgründen mit den den portugiesischen Ausdrücken entsprechenden Bezeichnungen "Inkorporation" bzw. "Fusion" wiedergegeben.

adotado pela sociedade.

der Gesellschaftsform gelten, in die die Gesellschaft umgewandelt werden soll.

Deliberação

Art. 221 – A transformação exige o consentimento unânime dos sócios ou acionistas, salvo se prevista no estatuto ou no contrato social, caso em que o sócio dissidente terá o direito de retirar-se da sociedade.

Parágrafo único – Os sócios podem renunciar, no contrato social, ao direito de retirada no caso de transformação em companhia.

Beschluss

Art. 221 – Die Umwandlung erfordert die einstimmige Zustimmung der Gesellschafter oder Aktionäre, soweit in der Satzung oder im Gesellschaftsvertrag nichts anderes bestimmt ist; in diesem Fall hat der nicht zustimmende Gesellschafter das Recht, aus der Gesellschaft auszuscheiden.

Einziger Paragraf – Die Gesellschafter können im Gesellschaftsvertrag für den Fall der Umwandlung in eine Aktiengesellschaft auf das Recht verzichten, aus der Gesellschaft auszuscheiden.

Direito dos Credores

Art. 222 – A transformação não prejudicará, em caso algum, os direitos dos credores, que continuarão, até o pagamento integral dos seus créditos, com as mesmas garantias que o tipo anterior de sociedade lhes oferecia.

Parágrafo único – A falência da sociedade transformada somente produzirá efeitos em relação aos sócios que, no tipo anterior, a eles estariam sujeitos, se o pedirem os titulares de créditos anteriores à transformação, e somente a estes beneficiará.

Rechte der Gläubiger

Art. 222 – Die Umwandlung beeinträchtigt nicht die Rechte der Gläubiger der Gesellschaft; bis zur vollständigen Befriedigung ihrer Forderungen bleiben ihnen dieselben Sicherheiten gewährleistet, welche die vorherige Rechtsform der Gesellschaft ihnen gewährte.

Einziger Paragraf – Im Konkurs einer umgewandelten Gesellschaft treten Rechtswirkungen aus der Rechtsform der Altgesellschaft gegenüber Altgesellschaftern nur auf Verlangen der Gläubiger von Forderungen, die vor der Umwandlung bestanden haben, und nur zu deren Gunsten ein.

Seção II

Incorporação, Fusão e Cisão

Competência e Processo

Art. 223 – A incorporação, fusão ou cisão podem ser operadas entre sociedades de tipos iguais ou diferentes e deverão ser deliberadas na forma prevista para a alteração dos respectivos estatutos ou contratos sociais.

§ 1º – Nas operações em que houver criação de sociedade serão observadas as normas reguladoras da constituição das sociedades do seu tipo.

§ 2º – Os sócios ou acionistas das sociedades incorporadas, fundidas ou cindidas receberão, diretamente da companhia emissora, as ações que lhes couberem.

§ 3º – Se a incorporação, fusão ou cisão envolverem companhia aberta, as sociedades que a sucederem serão também abertas, devendo obter o respectivo registro, e, se for o caso, promover a admissão de negociação das novas ações no mercado secundário, no prazo máximo de 120 (cento e vinte) dias, contados da data da assembléia geral que aprovou a operação, observando as normas pertinentes baixadas pela Comissão de Valores Mobiliários.

Abschnitt II

Inkorporation, Fusion und Spaltung

Zuständigkeit und Verfahren

Art. 223 – Die Inkorporation, Fusion oder Spaltung können zwischen Gesellschaften gleicher oder unterschiedlicher Rechtsform durchgeführt werden und müssen in der für Satzungs- oder Gesellschaftsvertragsänderungen vorgesehenen Form beschlossen werden.

§ 1 – Bei den Handlungen, die zur Entstehung einer Gesellschaft führen, sind die Bestimmungen für die Gründung von Gesellschaften dieser Rechtsform zu beachten.

§ 2 – Die Gesellschafter oder Aktionäre der Gesellschaften, die durch Inkorporation oder Fusion verschmelzen, oder die aufgespalten wurden, erhalten die ihnen zustehenden Aktien direkt von der ausgebenden Gesellschaft.

§ 3 – Wenn die Inkorporation, Fusion oder Spaltung eine offene Aktiengesellschaft betrifft, sind die Gesellschaften, die ihr nachfolgen, ebenfalls offene Gesellschaften, die den entsprechenden Registereintrag erhalten müssen. Wenn dies der Fall sein sollte, muss sie innerhalb einer Frist von höchstens 120 (einhundertzwanzig) Tagen, gerechnet ab dem Datum der Hauptversammlung, die das Geschäft gebilligt hat, die Zulassung des Handels der neuen Aktien am Sekundärmarkt in die Wege leiten; dabei sind die von der Wertpapierkommission erlassenen Normen zu beachten.

§ 4º – O descumprimento do previsto no parágrafo anterior dará ao acionista direito de retirar-se da companhia, mediante reembolso do valor das suas ações (Art. 45), nos 30 (trinta) dias seguintes ao término do prazo nele referido, observado o disposto nos §§ 1º e 4º do Art. 137.

§ 4 – Die Nichtbeachtung der Vorschriften des vorangegangenen Paragrafen gibt dem Aktionär das Recht, innerhalb der dem Ablauf der dort bestimmten Frist folgenden 30 (dreißig) Tage unter Beachtung der §§ 1 und 4 des Art. 137 mittels Rückerstattung des Wertes seiner Aktien (Art. 45) aus der Gesellschaft auszuscheiden.

Protocolo

Art. 224 – As condições da incorporação, fusão ou cisão com incorporação em sociedade existente constarão de protocolo firmado pelos órgãos de administração ou sócios das sociedades interessadas, que incluirá:

I – o número, espécie e classe das ações que serão atribuídas em substituição dos direitos de sócios que se extinguirão e os critérios utilizados para determinar as relações de substituição;

II – os elementos ativos e passivos que formarão cada parcela do patrimônio, no caso de cisão;

III – os critérios de avaliação do patrimônio líquido, a data a que será referida a avaliação, e o tratamento das variações patrimoniais posteriores;

IV – a solução a ser adotada quanto às ações ou quotas do capital de uma das sociedades possuídas por outra;

V – o valor do capital das sociedades a serem criadas ou do aumento ou re-

Protokoll

Art. 224 – Die Bedingungen der Inkorporation, Fusion oder Spaltung mit Inkorporation in eine bereits bestehende Gesellschaft müssen aus einem von den Verwaltungsorganen oder den Gesellschaftern der beteiligten Gesellschaften unterschriebenen Protokoll hervorgehen. Dieses muss enthalten:

I – die Anzahl, Art und Klasse der Aktien, die als Ersatz für die untergehenden Gesellschaftsrechte ausgegeben werden, sowie die bei der Festlegung der Umtauschverhältnisse angewandten Kriterien;

II – im Falle der Spaltung, die Aktiv- und Passivposten, die dazu bestimmt sind, die neuen Teilvermögen zu bilden;

III – die Grundsätze für die Bewertung des Reinvermögens, das Datum, auf das sich die Bewertung bezieht und die Behandlung der nachträglichen Vermögensveränderungen;

IV – die Regelung für die Aktien oder Gesellschaftsanteile, die eine der Gesellschaften bei der anderen hält;

V – die Höhe des Kapitals der neu entstehenden Gesellschaften oder

dução do capital das sociedades que forem parte na operação;

VI – o projeto ou projetos de estatuto, ou de alterações estatutárias, que deverão ser aprovados para efetivar a operação;

VII – todas as demais condições a que estiver sujeita a operação.

Parágrafo único – Os valores sujeitos a determinação serão indicados por estimativa.

der Kapitalerhöhung bzw. -herabsetzung bei den am Verfahren beteiligten Gesellschaften;

VI – den Entwurf oder die Entwürfe der Satzung oder der Satzungsänderungen, die zur Durchführung des Verfahrens zu genehmigen sind;

VII – alle sonstigen Bedingungen, denen das Verfahren unterliegt.

Einziger Paragraf – Werte, die erst später festgestellt werden können, sind geschätzt anzugeben.

Justificação

Art. 225 – As operações de incorporação, fusão e cisão serão submetidas à deliberação da assembléia geral das companhias interessadas mediante justificação, na qual serão expostos:

I – os motivos ou fins da operação, e o interesse da companhia na sua realização;

II – as ações que os acionistas preferenciais receberão e as razões para a modificação dos seus direitos, se prevista;

III – a composição, após a operação segundo espécie e classes das ações, do capital das companhias que deverão emitir ações em substituição às que se deverão extinguir;

IV – o valor de reembolso das ações a que terão direito os acionistas dissidentes.

Begründung

Art. 225 – Das Vorhaben einer Inkorporation, Fusion oder Spaltung ist der beschließenden Hauptversammlung der beteiligten Gesellschaften mit einer Begründung zu unterbreiten, in der folgendes anzugeben ist:

I – die Gründe und Ziele des Vorhabens und das Interesse der Gesellschaft an seiner Durchführung;

II – die Aktien, die die Vorzugsaktionäre erhalten, und die Gründe für die Änderung ihrer Rechte, falls vorgesehen;

III – die Angabe, wie sich nach Abschluss des Verfahrens das Kapital der Gesellschaften, die Aktien an Stelle der verfallenden ausgeben müssen, nach Arten und Klassen der Aktien zusammensetzt;

IV – der Rückerstattungswert von Aktien, auf den die nicht zustimmenden Aktionäre Anspruch haben.

Transformação, Incorporação, Fusão e Cisão

Art. 226 – As operações de incorporação, fusão e cisão somente poderão ser efetivadas nas condições aprovadas se os peritos nomeados determinarem que o valor do patrimônio ou patrimônios líquidos a serem vertidos para a formação de capital social é, ao menos, igual ao montante do capital a realizar.

§ 1º – As ações ou quotas do capital da sociedade a ser incorporada que forem de propriedade da companhia incorporadora poderão, conforme dispuser o protocolo de incorporação, ser extintas, ou substituídas por ações em tesouraria da incorporadora, até o limite dos lucros acumulados e reservas, exceto a legal.

§ 2º – O disposto no § 1º aplicar-se-á aos casos de fusão, quando uma das sociedades fundidas for proprietária de ações ou quotas de outra, e de cisão com incorporação, quando a companhia que incorporar parcela do patrimônio da cindida for proprietária de ações ou quotas do capital desta.

§ 3º – A Comissão de Valores Mobiliários estabelecerá normas especiais de avaliação e contabilização aplicáveis às operações de fusão, incorporação e cisão que envolvam companhia aberta.

Umwandlung, Inkorporation, Fusion und Spaltung

Art. 226 – Das Vorhaben der Inkorporation, Fusion und Spaltung kann zu den beschlossenen Bedingungen nur dann durchgeführt werden, wenn die ernannten Sachverständigen entscheiden, dass der Wert des oder der Reinvermögen, die zur Bildung des Grundkapitals zu übertragen sind, mindestens dem Betrag des zu realisierenden Kapitals entspricht.

§ 1 – Die Aktien oder Kapitalanteile der übertragenden Gesellschaft, die im Eigentum der übernehmenden Gesellschaft stehen, können gemäß den Bestimmungen des Protokolls über die Inkorporation für verfallen erklärt oder durch Portefeuille-Aktien der übernehmenden Gesellschaft ersetzt werden und zwar bis zur Höhe der aufgelaufenen Gewinne und der Rücklagen, mit Ausnahme der gesetzlichen Rücklagen.

§ 2 – Die Bestimmung des § 1 findet auch in Fusionsfällen Anwendung, in denen eine der sich vereinigenden Gesellschaften Eigentümerin von Aktien oder Anteilen der anderen Gesellschaft ist, sowie in den Fällen der Spaltung mit Inkorporation, in denen die Gesellschaft, die Teile des Vermögens der sich spaltenden Gesellschaft übernimmt, Eigentümerin von deren Aktien oder Kapitalanteilen ist.

§ 3 – Die Wertpapierkommission wird besondere Normen der Bewertung und Verbuchung festlegen, die anzuwenden sind auf Vorgänge der Fusion, Inkorporation und Spaltung, welche die offene Aktiengesellschaft betreffen.

Incorporação

Art. 227 – A incorporação é a operação pela qual uma ou mais sociedades são absorvidas por outra, que lhes sucede em todos os direitos e obrigações.

§ **1º** – A assembléia geral da companhia incorporadora, se aprovar o protocolo da operação, deverá autorizar o aumento de capital a ser subscrito e realizado pela incorporadora mediante versão do seu patrimônio líquido, e nomear os peritos que o avaliarão.

§ **2º** – A sociedade que houver de ser incorporada, se aprovar o protocolo da operação, autorizará seus administradores a praticarem os atos necessários à incorporação, inclusive a subscrição do aumento de capital da incorporadora.

§ **3º** – Aprovados pela assembléia geral da incorporadora o laudo de avaliação e a incorporação, extingue-se a incorporada, competindo à primeira promover o arquivamento e a publicação dos atos da incorporação.

Inkorporation

Art. 227 – Die Inkorporation ist das Verfahren, durch das eine oder mehrere Gesellschaften von einer anderen Gesellschaft übernommen werden, die deren uneingeschränkte Rechtsnachfolgerin wird.

§ **1** – Wenn die Hauptversammlung der übernehmenden Gesellschaft das Protokoll über das Verfahren billigt, muss sie die Kapitalerhöhung, die von der übertragenden Gesellschaft zu zeichnen und mittels Übertragung ihres Reinvermögens einzuzahlen ist, genehmigen und die Sachverständigen zur Bewertung desselben bestellen.

§ **2** – Wenn die übertragende Gesellschaft das Protokoll über das Verfahren gebilligt hat, ermächtigt sie ihre Verwalter, alle zur Inkorporation notwendigen Handlungen einschließlich der Zeichnung der Kapitalerhöhung bei der übernehmenden Gesellschaft vorzunehmen.

§ **3** – Wenn die Hauptversammlung der übernehmenden Gesellschaft das Bewertungsgutachten und die Inkorporation gebilligt hat, erlischt die übertragende Gesellschaft, wobei es der erstgenannten obliegt, die Eintragung und die Veröffentlichung der die Inkorporation betreffenden Unterlagen zu veranlassen.

Fusão

Art. 228 – A fusão é a operação pela qual se unem duas ou mais sociedades para formar sociedade nova, que lhes sucederá em todos os direitos e obrigações.

Fusion

Art. 228 – Die Fusion ist das Verfahren, bei dem sich zwei oder mehrere Gesellschaften zur Bildung einer neuen Gesellschaft vereinigen, die deren uneingeschränkte Rechtsnachfolgerin wird.

§ 1º – A assembléia geral de cada companhia, se aprovar o protocolo de fusão, deverá nomear os peritos que avaliarão os patrimônios líquidos das demais sociedades.

§ 1 – Die Hauptversammlung jeder Gesellschaft muss, wenn sie das Protokoll über die Fusion billigt, die Sachverständigen bestellen, die die Reinvermögen der anderen Gesellschaften bewerten.

§ 2º – Apresentados os laudos, os administradores convocarão os sócios ou acionistas das sociedades para uma assembléia geral, que deles tomará conhecimento e resolverá sobre a constituição definitiva da nova sociedade, vedado aos sócios ou acionistas votar o laudo de avaliação do patrimônio líquido da sociedade de que fazem parte.

§ 2 – Sobald die Gutachten vorliegen, laden die Verwalter die Gesellschafter oder Aktionäre der Gesellschaften zu einer Hauptversammlung ein, die von den Gutachten Kenntnis nimmt und über die endgültige Errichtung der neuen Gesellschaft beschließt; den Gesellschaftern oder Aktionären ist es untersagt, über das Bewertungsgutachten bezüglich des Reinvermögens der Gesellschaft, an der sie beteiligt sind, abzustimmen.

§ 3º – Constituída a nova companhia, incumbirá aos primeiros administradores promover o arquivamento e a publicação dos atos da fusão.

§ 3 – Sobald die neue Gesellschaft errichtet ist, obliegt es den ersten Verwaltern, die Eintragung und die Veröffentlichung der die Fusion betreffenden Unterlagen zu veranlassen.

Cisão

Spaltung

Art. 229 – A cisão é a operação pela qual a companhia transfere parcelas do seu patrimônio para uma ou mais sociedades, constituídas para esse fim ou já existentes, extinguindo-se a companhia cindida, se houver versão de todo o seu patrimônio, ou dividindo-se o seu capital, se parcial a versão.

Art. 229 – Die Spaltung ist das Verfahren, bei dem eine Gesellschaft Teile ihres Vermögens auf eine oder mehrere andere Gesellschaften, die zu diesem Zweck gegründet werden oder bereits bestehen, überträgt; wird das gesamte Vermögen übertragen, erlischt die sich aufspaltende Gesellschaft; erfolgt nur eine teilweise Übertragung, wird ihr Kapital entsprechend aufgeteilt.

§ 1º – Sem prejuízo do disposto no artigo 233, a sociedade que absorver parcela do patrimônio da companhia cindida sucede a esta nos direitos e obrigações relacionados no ato da cisão; no caso de cisão com extinção, as sociedades que absorverem parcelas do patrimônio da companhia cindida

§ 1 – Unbeschadet der Bestimmung in Art. 233 tritt die Gesellschaft, die einen Teil des Vermögens der sich spaltenden Gesellschaft übernimmt, in die im Protokoll über die Spaltung aufgeführten Rechte und Pflichten ein; im Falle der Spaltung mit Erlöschen treten die

sucederão a esta, na proporção dos patrimônios líquidos transferidos, nos direitos e obrigações não relacionados.

Gesellschaften, die Teile des Vermögens der sich aufspaltenden Gesellschaft übernehmen, in die nicht aufgeführten Rechte und Pflichten im Verhältnis zu den ihnen übertragenen Reinvermögen ein.

§ 2º – Na cisão com versão de parcela do patrimônio em sociedade nova, a operação será deliberada pela assembléia geral da companhia à vista de justificação que incluirá as informações de que tratam os números do artigo 224; a assembléia, se a aprovar, nomeará os peritos que avaliarão a parcela do patrimônio a ser transferida, e funcionará como assembléia de constituição da nova companhia.

§ 2 – Bei der Spaltung mit Übertragung eines Vermögensteils auf eine neue Gesellschaft beschließt die Hauptversammlung der Gesellschaft über dieses Verfahren im Hinblick auf die Begründung, die die in den Ziffern des Art. 224 behandelten Angaben enthalten muss; stimmt die Hauptversammlung zu, bestellt sie die Sachverständigen, die den zu übertragenden Vermögensteil bewerten; sie dient gleichzeitig als Gründungsversammlung der neuen Gesellschaft.

§ 3º – A cisão com versão de parcela de patrimônio em sociedade já existente obedecerá às disposições sobre incorporação (Art. 227).

§ 3 – Die Spaltung mit Übertragung eines Teils des Vermögens auf eine bereits bestehende Gesellschaft unterliegt den Bestimmungen über die Inkorporation (Art. 227).

§ 4º – Efetivada a cisão com extinção da companhia cindida, caberá aos administradores das sociedades que tiverem absorvido parcelas do seu patrimônio promover o arquivamento e publicação dos atos da operação; na cisão com versão parcial do patrimônio, esse dever caberá aos administradores da companhia cindida e da que absorver parcela do seu patrimônio.

§ 4 – Ist die Spaltung mit Erlöschen der Gesellschaft erfolgt, obliegt es den Verwaltern der Gesellschaften, die Teile ihres Vermögens übernommen haben, für die Handelsregistereintragung und die Veröffentlichung der betreffenden Unterlagen zu sorgen; bei Spaltung mit teilweiser Übertragung des Vermögens obliegt diese Verpflichtung den Verwaltern der sich spaltenden Gesellschaft und den Verwaltern der Gesellschaft, die einen Teil des Vermögens übernommen hat.

§ 5º – As ações integralizadas com parcelas de patrimônio da companhia cindida serão atribuídas a seus titulares, em substituição às extintas, na proporção das que possuíam; a atribuição em proporção diferente requer aprovação de todos os titulares, inclusive das ações sem direito a voto.

§ 5 – Die Aktien, die mit Teilen des Vermögens der sich spaltenden Gesellschaft eingezahlt worden sind, werden ihren Inhabern im Verhältnis ihrer bisherigen Beteiligung als Ersatz für die verfallenen zugeteilt; die Spaltung in einem anderen Verhältnis erfordert die Zustimmung aller

Inhaber, einschließlich derjenigen der Aktien ohne Stimmrecht.

Direito de Retirada

Art. 230 – Nos casos de incorporação ou fusão, o prazo para exercício do direito de retirada, previsto no Art. 137, inciso II, será contado a partir da publicação da ata que aprovar o protocolo ou justificação, mas o pagamento do preço de reembolso somente será devido se a operação vier a efetivar-se.

Recht des Ausscheidens

Art. 230 – Im Falle der Inkorporation oder Fusion wird die Frist zum Ausüben des in Art. 137 Absatz II vorgesehenen Rechts des Ausscheidens ab der Veröffentlichung der Billigung des Protokolls oder der Rechtfertigung gerechnet, aber die Zahlung des Rückerstattungsbetrages wird erst geschuldet, wenn das Geschäft wirksam wird.

Direitos dos Debenturistas

Art. 231 – A incorporação, fusão ou cisão da companhia emissora de debêntures em circulação dependerá da prévia aprovação dos debenturistas, reunidos em assembléia especialmente convocada com esse fim.

Rechte der Inhaber von Schuldverschreibungen

Art. 231 – Die Inkorporation, Fusion oder Spaltung einer Gesellschaft, die im Umlauf befindliche Schuldverschreibungen ausgegeben hat, hängt von der vorherigen Zustimmung der Inhaber dieser Schuldverschreibungen ab, die in einer zu diesem Zweck einberufenen Sonderversammlung zusammentreten.

§ 1º – Será dispensada a aprovação pela assembléia se for assegurado aos debenturistas que o desejarem, durante o prazo mínimo de 6 (seis) meses a contar da data da publicação das atas das assembléias relativas à operação, o resgate das debêntures de que forem titulares.

§ 1 – Die Zustimmung durch eine solche Versammlung ist nicht erforderlich, wenn denjenigen Inhabern von Schuldverschreibungen, die dieses wünschen, die Einlösung ihrer Schuldverschreibungen innerhalb einer Frist von mindestens 6 (sechs) Monaten ab dem Datum der Veröffentlichung der das Verfahren betreffenden Hauptversammlungsniederschriften zugesichert wird.

§ 2º – No caso do § 1º, a sociedade cindida e as sociedades que absorverem parcelas do seu patrimônio responderão solidariamente pelo resgate das debêntures.

§ 2 – Im Falle des § 1 haften die sich spaltende Gesellschaft und die Gesellschaften, die Teile des Vermögens übernommen haben, gesamtschuldnerisch für die Einlösung der Schuldverschreibungen.

Direitos dos Credores na Incorporação ou Fusão

Art. 232 – Até 60 (sessenta) dias depois de publicados os atos relativos à incorporação ou à fusão, o credor anterior por ela prejudicado poderá pleitear judicialmente a anulação da operação; findo o prazo, decairá do direito o credor que não o tiver exercido.

§ 1º – A consignação da importância em pagamento prejudicará a anulação pleiteada.

§ 2º – Sendo ilíquida a dívida, a sociedade poderá garantir-lhe a execução, suspendendo-se o processo de anulação.

§ 3º – Ocorrendo, no prazo deste artigo, a falência da sociedade incorporadora ou da sociedade nova, qualquer credor anterior terá o direito de pedir a separação dos patrimônios, para o fim de serem os créditos pagos pelos bens das respectivas massas.

Rechte der Gläubiger bei der Inkorporation oder Fusion

Art. 232 – Bis 60 (sechzig) Tage nach der Veröffentlichung der Protokolle über die Inkorporation oder Fusion kann der dadurch geschädigte frühere Gläubiger die Nichtigkeit eines solchen Verfahrens gerichtlich geltend machen; nach Ablauf dieser Frist verliert der Gläubiger, der davon keinen Gebrauch gemacht hat, dieses Recht.

§ 1 – Die gerichtliche Hinterlegung des Betrages an Zahlungs Statt führt zur Erledigung der Nichtigkeitsklage.

§ 2 – Handelt es sich um einen nicht fälligen Anspruch, kann die Gesellschaft durch Ausstellung eines vollstreckbaren Titels die Aussetzung des Nichtigkeitsverfahrens erwirken.

§ 3 – Falls innerhalb der in diesem Artikel erwähnten Frist die übernehmende oder die neue Gesellschaft in Konkurs geht, hat jeder frühere Gläubiger das Recht, die Trennung der Vermögen zu beantragen, um die Befriedigung seiner Forderungen aus den Vermögensgegenständen der betreffenden Konkursmassen zu erreichen.

Direitos dos Credores na Cisão

Art. 233 – Na cisão com extinção da companhia cindida, as sociedades que absorverem parcelas do seu patrimônio responderão solidariamente pelas obrigações da companhia extinta. A companhia cindida que substituir e as que absorverem parcelas do seu patrimônio responderão solidariamente pelas obrigações da primeira anteriores à cisão.

Rechte der Gläubiger bei der Spaltung

Art. 233 – Bei der Spaltung mit Erlöschen der sich aufspaltenden Gesellschaft haften die Gesellschaften, die Teile des Vermögens dieser Gesellschaft übernommen haben, gesamtschuldnerisch für die Verbindlichkeiten der erloschenen Gesellschaft. Die sich spaltende Gesellschaft, die weiter besteht, und die Gesellschaften, die Teile ihres Vermögens übernommen haben, haften gesamtschuldnerisch für die vor der Spaltung entstandenen Verbindlichkeiten der sich spaltenden Gesellschaft.

Parágrafo único – O ato de cisão parcial poderá estipular que as sociedades que absorverem parcelas do patrimônio da companhia cindida serão responsáveis apenas pelas obrigações que lhes forem transferidas, sem solidariedade entre si ou com a companhia cindida, mas nesse caso, qualquer credor anterior poderá se opor à estipulação, em relação ao seu crédito, desde que notifique a sociedade no prazo de 90 (noventa) dias a contar da data da publicação dos atos da cisão.

Einziger Paragraf – Der Spaltungsvertrag einer fortbestehenden Gesellschaft kann die gesamtschuldnerische Haftung der teilübernehmenden Gesellschaften ausschließen und die Haftung jeder Gesellschaft auf die auf sie übertragenen Verpflichtungen begrenzen; jeder Altgläubiger kann einer solchen Bestimmung im Umfang seiner Forderung widersprechen; von diesem Widerspruch hat er der aufgespaltenen Gesellschaft innerhalb von 90 (neunzig) Tagen nach Veröffentlichung des Spaltungsvorgangs Kenntnis zu geben.

Averbação da Sucessão

Art. 234 – A certidão, passada pelo Registro do Comércio, da incorporação, fusão ou cisão, é documento hábil para averbação, nos registros públicos competentes, da sucessão, decorrente da operação, em bens, direitos e obrigações.

Eintragung der Rechtsnachfolge

Art. 234 – Die vom Handelsregister ausgegebene amtliche Bescheinigung der Inkorporation, Fusion oder Spaltung ist der Berechtigungsnachweis für die Eintragung der sich aus dem Vorgang ergebenden Rechtsnachfolge bezüglich der Vermögensgegenstände, Rechte und Pflichten in den zuständigen öffentlichen Registern.

Capítulo XIX

Sociedades de Economia Mista

Kapitel XIX

Gemischtwirtschaftliche Gesellschaften

Legislação Aplicável

Art. 235 – As sociedades anônimas de economia mista estão sujeitas a esta Lei, sem prejuízo das disposições especiais de lei federal.

Anwendbare Gesetzgebung

Art. 235 – Dieses Gesetz findet auf die gemischtwirtschaftlichen Gesellschaften mit Inhaberaktien Anwendung, unbeschadet besonderer Bestimmungen eines Bundesgesetzes.

§ 1º – As companhias abertas de economia mista estão também sujeitas às normas expedidas pela Comissão de Valores Mobiliários.

§ 1 – Die offenen gemischtwirtschaftlichen Aktiengesellschaften unterliegen außerdem den von der Wertpapierkommission erlassenen Bestimmungen.

§ 2º – As companhias de que participarem, majoritária ou minoritariamente, as sociedades de economia mista, estão sujeitas ao disposto nesta Lei, sem as exceções previstas neste capítulo.

§ 2 – Die Aktiengesellschaften, an denen gemischtwirtschaftliche Gesellschaften mehrheitlich oder minderheitlich beteiligt sind, unterliegen den Vorschriften dieses Gesetzes, abgesehen von den in diesem Kapitel vorgesehenen Ausnahmen.

Constituição e Aquisição de Controle

Gründung und Erwerb der Kontrolle

Art. 236 – A constituição de companhia de economia mista depende de prévia autorização legislativa.

Art. 236 – Die Gründung einer gemischtwirtschaftlichen Gesellschaft hängt von vorheriger gesetzlicher Zustimmung ab.

Parágrafo único – Sempre que pessoa jurídica de direito público adquirir, por desapropriação, o controle de companhia em funcionamento, os acionistas terão direito de pedir, dentro de 60 (sessenta) dias da publicação da primeira ata da assembléia geral, realizada após a aquisição do controle, o reembolso das suas ações, salvo se a companhia já se achava sob o controle, direto ou indireto, de outra pessoa jurídica de direito público, ou no caso de concessionária de serviço público.

Einziger Paragraf – Erwirbt eine juristische Person des öffentlichen Rechts die Kontrolle einer tätigen Gesellschaft durch Enteignung, haben die Aktionäre das Recht, innerhalb von 60 (sechzig) Tagen ab Veröffentlichung der Niederschrift über die erste Hauptversammlung, die nach dem Erwerb der Kontrolle abgehalten wurde, die Rückerstattung ihrer Aktien zu verlangen, es sei denn, dass sich die Gesellschaft schon direkt oder indirekt unter der Kontrolle einer anderen juristischen Person des öffentlichen Rechtes befand oder dass es sich um eine Konzessionärin des öffentlichen Dienstes handelt.

Objeto

Gesellschaftszweck

Art. 237 – A companhia de economia mista somente poderá explorar os empreendimentos ou exercer as atividades previstas na lei que autorizou a sua constituição.

Art. 237 – Die gemischtwirtschaftliche Aktiengesellschaft kann nur solche Unternehmungen betreiben oder Tätigkeiten ausüben, die in dem Gesetz, durch das ihre Gründung genehmigt wird, vorgesehen sind.

§ 1º – A companhia de economia mista somente poderá participar de outras sociedades quando autorizada por lei ou no exercício de opção legal para aplicar imposto de renda em investimentos para o desenvolvimento regional ou setorial.

§ 1 – Die gemischtwirtschaftliche Aktiengesellschaft kann sich an anderen Gesellschaften nur beteiligen, wenn sie dazu durch Gesetz ermächtigt ist oder die gesetzliche Option ausübt, Körperschaftsteuermittel in Investitionen für die Entwicklung bestimmter Gebiete oder Wirtschaftszweige anzulegen.

§ 2º – As instituições financeiras de economia mista poderão participar de outras sociedades, observadas as normas estabelecidas pelo Banco Central do Brasil.

§ 2 – Die gemischtwirtschaftlichen Finanzinstitute können sich an anderen Gesellschaften unter Beachtung der von der Zentralbank von Brasilien erlassenen Vorschriften beteiligen.

Acionista Controlador

Beherrschender Aktionär

Art. 238 – A pessoa jurídica que controla a companhia de economia mista tem os deveres e responsabilidades do acionista controlador (artigos 116 e 117), mas poderá orientar as atividades da companhia de modo a atender ao interesse público que justificou a sua criação.

Art. 238 – Diejenige juristische Person, die eine gemischtwirtschaftliche Aktiengesellschaft beherrscht, hat die Pflichten und die Verantwortlichkeiten eines beherrschenden Aktionärs (Art. 116 und 117), sie kann jedoch die Geschäftstätigkeiten der Gesellschaft in der Weise lenken, dass dem öffentlichen Interesse, das ihre Gründung rechtfertigte, entsprochen wird.

Administração

Verwaltung

Art. 239 – As companhias de economia mista terão obrigatoriamente conselho de administração, assegurado à minoria o direito de eleger um dos conselheiros, se maior número não lhes couber pelo processo de voto múltiplo.

Art. 239 – Die gemischtwirtschaftlichen Aktiengesellschaften müssen einen Verwaltungsrat haben, wobei der Minderheit das Recht zusteht, eines seiner Mitglieder zu wählen, wenn ihr nicht aufgrund des Mehrstimmrechtsverfahrens eine größere Anzahl zusteht.

Parágrafo único – Os deveres e responsabilidades dos administradores das companhias de economia mista são os

Einziger Paragraf – Die Pflichten und Verantwortlichkeit der Verwalter der gemischtwirtschaftlichen Aktiengesell-

mesmos dos administradores das companhias abertas.

schaften sind dieselben wie die der Verwalter offener Aktiengesellschaften.

Conselho Fiscal

Art. 240 – O funcionamento do conselho fiscal será permanente nas companhias de economia mista; um dos seus membros, e respectivo suplente, será eleito pelas ações ordinárias minoritárias e outro pelas ações preferenciais, se houver.

Überwachungsrat

Art. 240 – Der Überwachungsrat ist bei den gemischtwirtschaftlichen Aktiengesellschaften ständig tätig; eines seiner Mitglieder und der entsprechende Stellvertreter werden von den Minderheits-Stammaktionären gewählt; ein weiteres Mitglied wird von den Vorzugsaktionären gewählt, sofern diese vorhanden sind.

Correção Monetária

Art. 241 – Revogado

Geldwertberichtigung

Art. 241 – Aufgehoben (durch Art. 31 des Dekret-Gesetzes Nr. 2.287 vom 23.7.1986)

Falência e Responsabilidade Subsidiária

Art. 242 – Revogado

Konkurs und subsidiäre Haftung

Art. 242 – Aufgehoben (durch Gesetz Nr. 10.303 vom 31.10.2001)

Capítulo XX

Sociedades Coligadas, Controladoras e Controladas

Seção I

Informações no Relatório da Administração

Art. 243 – O relatório anual da administração deve relacionar os investimentos da

Kapitel XX

Verbundene, beherrschende und abhängige Gesellschaften

Abschnitt I

Angaben im Bericht der Verwaltung

Art. 243 – Der Jahresbericht der Verwaltung muss die Beteiligungen der

companhia em sociedades coligadas e controladas e mencionar as modificações ocorridas durante o exercício.

§ 1º – São coligadas as sociedades nas quais a investidora tenha influência significativa.

§ 2º – Considera-se controlada a sociedade na qual a controladora, diretamente ou através de outras controladas, é titular de direitos de sócio que lhe assegurem, de modo permanente, preponderância nas deliberações sociais e o poder de eleger a maioria dos administradores.

§ 3º – A companhia aberta divulgará as informações adicionais, sobre coligadas e controladas, que forem exigidas pela Comissão de Valores Mobiliários.

§ 4º – Considera-se que há influência significativa quando a investidora detém ou exerce o poder de participar nas decisões das políticas financeira ou operacional da investida, sem controlá-la.

§ 5º – É presumida influência significativa quando a investidora for titular de 20% (vinte por cento) ou mais do capital votante da investida, sem controlá-la.

Seção II

Participação Recíproca

Art. 244 – É vedada a participação recíproca entre a companhia e suas coligadas

Gesellschaft an verbundenen und abhängigen Gesellschaften aufführen und die während des Geschäftsjahres eingetretenen Änderungen erwähnen.

§ 1 – Verbundene Gesellschaften sind diejenigen, bei denen die Kapitalgeberin einen bedeutenden Einfluss ausübt.

§ 2 – Als abhängig gilt die Gesellschaft, bei der die beherrschende Gesellschaft direkt oder durch andere abhängige Gesellschaften Inhaber von Gesellschafterrechten ist, die ihr ständig ein Übergewicht bei den Gesellschaftsentscheidungen und die Möglichkeit sichern, die Mehrheit der Verwalter zu wählen.

§ 3 – Die offene Aktiengesellschaft hat die von der Wertpapierkommission zusätzlich geforderten Angaben über verbundene und abhängige Gesellschaften bekanntzugeben.

§ 4 –Ein bedeutender Einfluss ist dann vorhanden, wenn die Kapitalgeberin die Befugnis innehat oder ausübt, an den finanz- oder betriebspolitischen Entscheidungen der Gesellschaft, an der sie eine Beteiligung hält, teilzunehmen, ohne sie zu beherrschen.

§ 5 – Ein bedeutender Einfluss ist anzunehmen, wenn die Kapitalgeberin 20 % (zwanzig Prozent) oder mehr des stimmberechtigten Kapitals der Gesellschaft, an der sie eine Beteiligung hält, innehat, ohne sie zu beherrschen.

Abschnitt II

Wechselseitige Beteiligung

Art. 244 – Eine wechselseitige Beteiligung zwischen einer Gesellschaft und den

ou controladas.

mit ihr verbundenen oder von ihr abhängigen Gesellschaften ist verboten.

§ 1º – O disposto neste artigo não se aplica ao caso em que ao menos uma das sociedades participa de outra com observância das condições em que a lei autoriza a aquisição das próprias ações (artigo 30, § 1º, alínea "b").

§ 1 – Die Bestimmung dieses Artikels findet keine Anwendung, wenn sich mindestens eine der Gesellschaften unter Beachtung der Bestimmungen, unter denen das Gesetz den Erwerb von eigenen Aktien zulässt (Art. 30, § 1, Buchst. "b"), an einer anderen Gesellschaft beteiligt.

§ 2º – As ações do capital da controladora, de propriedade da controlada, terão suspenso o direito de voto.

§ 2 – Das Stimmrecht der Aktien des Kapitals der beherrschenden Gesellschaft, die im Eigentum der abhängigen Gesellschaft stehen, ruht.

§ 3º – O disposto no § 2º do artigo 30 aplica-se à aquisição de ações da companhia aberta por suas coligadas e controladas.

§ 3 – Die Vorschrift des Art. 30, § 2 findet auf den Erwerb von Aktien einer offenen Aktiengesellschaft durch die mit ihr verbundenen und von ihr abhängigen Gesellschaften Anwendung.

§ 4º – No caso do § 1º, a sociedade deverá alienar, dentro de 6 (seis) meses, as ações ou quotas que excederem do valor dos lucros ou reservas, sempre que esses sofrerem redução.

§ 4 – Im Falle des § 1 muss die Gesellschaft, immer wenn der Betrag der Gewinne oder Rücklagen eine Verminderung erfährt, innerhalb von 6 (sechs) Monaten die Aktien oder Gesellschaftsanteile veräußern, die den Betrag der Gewinne oder Rücklagen übersteigen.

§ 5º – A participação recíproca, quando ocorrer em virtude de incorporação, fusão ou cisão, ou da aquisição, pela companhia, do controle de sociedade, deverá ser mencionada nos relatórios e demonstrações financeiras de ambas as sociedades, e será eliminada no prazo máximo de 1 (um) ano; no caso de coligadas, salvo acordo em contrário, deverão ser alienadas as ações ou quotas de aquisição mais recente ou, se da mesma data, que representem menor percentagem do capital social.

§ 5 – Wenn eine wechselseitige Beteiligung als Folge einer Inkorporation, Fusion, Spaltung oder des Erwerbs der Kontrolle einer Gesellschaft durch die Aktiengesellschaft eintritt, muss sie in den Berichten und Jahresabschlüssen beider Gesellschaften erwähnt und innerhalb eines Zeitraums von höchstens einem Jahr aufgelöst werden. Vorbehaltlich einer entgegenstehenden Vereinbarung müssen im Falle von verbundenen Unternehmen die zuletzt erworbenen Aktien oder Anteile oder, bei gleichzeitigem Erwerb, diejenigen Aktien oder Anteile, die den geringeren Prozentsatz des Grundkapitals darstellen, veräußert werden.

§ 6º – A aquisição de ações ou quotas de que resulte participação recíproca com violação ao disposto neste artigo importa responsabilidade civil solidária dos administradores da sociedade, equiparando-se, para efeitos penais, à compra ilegal das próprias ações.

§ 6 – Der Erwerb von Aktien oder Anteilen, der zu einer wechselseitigen Beteiligung unter Verletzung der Bestimmung dieses Artikels führt, hat die gesamtschuldnerische zivilrechtliche Haftung der Verwalter der Gesellschaft zur Folge und wird strafrechtlich dem gesetzwidrigen Kauf von eigenen Aktien gleichgestellt.

Seção III

Responsabilidade dos Administradores e das Sociedades Controladoras

Abschnitt III

Verantwortlichkeit der Verwalter und der beherrschenden Gesellschaften

Administradores

Art. 245 – Os administradores não podem, em prejuízo da companhia, favorecer sociedade coligada, controladora ou controlada, cumprindo-lhes zelar para que as operações entre as sociedades, se houver, observem condições estritamente comutativas, ou com pagamento compensatório adequado; e respondem perante a companhia pelas perdas e danos resultantes de atos praticados com infração ao disposto neste artigo.

Verwalter

Art. 245 – Die Verwalter können nicht zum Nachteil der Gesellschaft eine verbundene, beherrschende oder abhängige Gesellschaft begünstigen und müssen dafür sorgen, dass bei Geschäften zwischen den Gesellschaften, falls solche vorgenommen werden, streng wechselseitige Bedingungen beachtet werden oder die Abwicklung mit einer für beide Seiten angemessenen Zahlung erfolgt; die Verwalter haften gegenüber der Gesellschaft für die sich aus Zuwiderhandlungen gegen die Bestimmung dieses Artikels ergebenden Verluste und Schäden.

Sociedade Controladora

Art. 246 – A sociedade controladora será obrigada a reparar os danos que causar à companhia por atos praticados com infração ao disposto nos artigos 116 e 117.

Beherrschende Gesellschaft

Art. 246 – Die beherrschende Gesellschaft ist verpflichtet, der Aktiengesellschaft für die aus Zuwiderhandlungen gegen die Bestimmungen der Art. 116 und 117 verursachten Schäden Ersatz zu leisten.

§ 1º – A ação para haver reparação cabe:

§ 1 – Die Klage auf Schadensersatz steht zu:

a) a acionistas que representem 5% (cinco por cento) ou mais do capital social;

b) a qualquer acionista, desde que preste caução pelas custas e honorários de advogado devidos no caso de vir a ação ser julgada improcedente.

§ 2º – A sociedade controladora, se condenada, além de reparar o dano e arcar com as custas, pagará honorários de advogado de 20% (vinte por cento) e prêmio de 5% (cinco por cento) ao autor da ação, calculados sobre o valor da indenização.

a) Aktionären, die 5 % (fünf Prozent) oder mehr des Grundkapitals vertreten;

b) jedem Aktionär, soweit er für die anfallenden Kosten und Anwaltshonorare, die bei Abweisung der Klage zu zahlen sind, Sicherheit leistet.

§ 2 – Die beherrschende Gesellschaft hat im Falle ihrer Verurteilung, abgesehen von der Schadensersatzleistung und der Kostentragung, das Anwaltshonorar in Höhe von 20 % (zwanzig Prozent) und ein Aufgeld von 5 % (fünf Prozent), berechnet über die Höhe der zugestandenen Entschädigung, an den Kläger zu zahlen.

Seção IV

Demonstrações Financeiras

Notas Explicativas

Art. 247 – As notas explicativas dos investimentos a que se refere o art. 248 desta Lei devem conter informações precisas sobre as sociedades coligadas e controladas e suas relações com a companhia, indicando:

I – a denominação da sociedade, seu capital social e patrimônio líquido;

II – o número, espécies e classes das ações ou quotas de propriedade da companhia, e o preço de mercado das ações, se houver;

III – o lucro líquido do exercício;

Abschnitt IV

Jahresabschlüsse

Erläuternde Anmerkungen

Art. 247 – Die Erläuterungen über die Beteiligungen, auf die sich der Art. 248 dieses Gesetzes bezieht, müssen genaue Angaben über die verbundenen und abhängigen Unternehmen sowie deren Beziehungen zu der Gesellschaft enthalten. Sie müssen angeben:

I – die Firma der Gesellschaft, das Grundkapital und das Eigenkapital;

II – die Anzahl, Arten und Klassen der Aktien oder Anteile, die sich im Eigentum der Gesellschaft befinden, und ggf. den Marktpreis der Aktien;

III – den Nettogewinn des Geschäftsjahres;

IV – os créditos e obrigações entre a companhia e as sociedades coligadas e controladas;

V – o montante das receitas e despesas em operações entre a companhia e as sociedades coligadas e controladas.

Parágrafo único – Considera-se relevante o investimento:

a) em cada sociedade coligada ou controlada, se o valor contábil é igual ou superior a 10% (dez por cento) do valor do patrimônio líquido da companhia;

b) no conjunto das sociedades coligadas e controladas, se o valor contábil é igual ou superior a 15% (quinze por cento) do patrimônio líquido da companhia.

Avaliação do Investimento em Coligadas e Controladas

Art. 248 – No balanço patrimonial da companhia, os investimentos em coligadas ou em controladas e em outras sociedades que façam parte de um mesmo grupo ou estejam sob controle comum serão avaliados pelo método da equivalência patrimonial, de acordo com as seguintes normas:

I – o valor do patrimônio líquido da coligada ou da controlada será determinado com base em balanço patrimonial ou balancete de verificação levantado, com observância das normas desta lei, na mesma data, ou

IV – die Forderungen und Verbindlichkeiten zwischen der Gesellschaft und den verbundenen und abhängigen Gesellschaften;

V – Erträge und Aufwendungen aus Geschäften zwischen der Gesellschaft und den verbundenen und abhängigen Gesellschaften.

Einziger Paragraf – Eine Beteiligung gilt als maßgeblich:

a) in jeder verbundenen oder abhängigen Gesellschaft, wenn der Buchwert 10 % (zehn Prozent) oder mehr des Eigenkapitals der Aktiengesellschaft beträgt;

b) in der Gesamtheit aller verbundenen und abhängigen Gesellschaften, wenn der Buchwert 15 % (fünfzehn Prozent) oder mehr des Eigenkapitals der Aktiengesellschaft beträgt.

Bewertung von Beteiligungen an verbundenen und abhängigen Gesellschaften

Art. 248 – In der Jahresbilanz der Aktiengesellschaft sind die Beteiligungen an verbundenen oder an abhängigen Gesellschaften und an anderen Gesellschaften, die derselben Gruppe angehören oder unter derselben Konrolle stehen, nach der Equity-Methode gemäß den folgenden Regeln zu bewerten:

I – der Wert des Reinvermögens der verbundenen oder abhängigen Gesellschaft wird aufgrund ihrer Jahresbilanz oder einer nicht länger als 60 (sechzig) Tage vor dem Bilanzstichtag der Hauptgesellschaft unter

	até 60 (sessenta) dias, no máximo, antes da data do balanço da companhia; no valor de patrimônio líquido não serão computados os resultados não realizados decorrentes de negócios com a companhia, ou com outras sociedades coligadas à companhia, ou por ela controladas;		Beachtung der Bestimmungen dieses Gesetzes zum Zwecke der Wertermittlung erstellten Zwischenbilanz festgesetzt; bei dem Wert des Reinvermögens werden die noch nicht realisierten Ergebnisse aus Geschäften mit der Hauptgesellschaft oder mit anderen mit ihr verbundenen oder von ihr abhängigen Gesellschaften nicht berechnet;
II –	o valor do investimento será determinado mediante a aplicação, sobre o valor de patrimônio líquido referido no número anterior, da porcentagem de participação no capital da coligada ou controlada;	II –	der Wert der Beteiligung ergibt sich aus dem Prozentsatz der Beteiligung am Kapital der verbundenen oder abhängigen Gesellschaft, bezogen auf den Wert des in der vorherigen Ziffer erwähnten Reinvermögens;
III –	a diferença entre o valor do investimento, de acordo com o número e o custo de aquisição corrigido monetariamente, somente será registrada como resultado do exercício:	III –	die Differenz zwischen dem Wert der Beteiligung gemäß Absatz II und dem geldwertberichtigten[39] Kaufpreis geht in das Ergebnis des Geschäftsjahres nur ein:
a)	se decorrer de lucro ou prejuízo apurado na coligada ou controlada;	a)	wenn sie sich aus bei der verbundenen oder abhängigen Gesellschaft festgestellten Gewinnen oder Verlusten ergibt;
b)	se corresponder, comprovadamente, a ganhos ou perdas efetivos;	b)	wenn sie nachweislich tatsächlichen Gewinnen oder Verlusten entspricht;
c)	no caso de companhia aberta, com observância das normas expedidas pela Comissão de Valores Mobiliários.	c)	bei einer offenen Aktiengesellschaft, wenn sie unter Beachtung der von der Wertpapierkommission erlassenen Bestimmungen ermittelt wurde.

§ 1º – Para efeito de determinar a relevância do investimento, nos casos deste artigo, serão computados como parte do custo de aquisição os saldos de créditos da companhia contra as coligadas e controladas.

§ 1 – Zur Feststellung, ob eine Beteiligung in den Fällen dieses Artikels maßgeblich ist, werden Forderungen der Aktiengesellschaft gegen verbundene und abhängige Gesellschaften als Teil des Kaufpreises der Beteiligung betrachtet.

---

[39] Die Geldwertberichtigung ist durch das Gesetz Nr. 9069 vom 29.06.1995 abgeschafft worden.

§ 2º – A sociedade coligada, sempre que solicitada pela companhia, deverá elaborar e fornecer o balanço ou balancete de verificação previsto no número I.

§ 2 – Auf Ersuchen der Gesellschaft hat die verbundene Gesellschaft jederzeit die in Absatz I erwähnte Bilanz oder Zwischenbilanz zum Zweck der Wertermittlung zu erstellen und vorzulegen.

Demonstrações Consolidadas

Konsolidierte Abschlüsse

Art. 249 – A companhia aberta que tiver mais de 30% (trinta por cento) do valor do seu patrimônio líquido representado por investimentos em sociedades controladas deverá elaborar e divulgar, juntamente com suas demonstrações financeiras, demonstrações consolidadas nos termos do artigo 250.

Art. 249 – Eine offene Aktiengesellschaft, deren Reinvermögen zu mehr als 30 % (dreißig Prozent) aus Beteiligungen an abhängigen Gesellschaften besteht, hat zusammen mit ihren Jahresabschlüssen konsolidierte Abschlüsse gemäß den Bestimmungen des Art. 250 zu erstellen und zu veröffentlichen.

Parágrafo único – A Comissão de Valores Mobiliários poderá expedir normas sobre as sociedades cujas demonstrações devam ser abrangidas na consolidação, e:

a) determinar a inclusão de sociedades que, embora não controladas, sejam financeira ou administrativamente dependentes da companhia;

b) autorizar, em casos especiais, a exclusão de uma ou mais sociedades controladas.

Einziger Paragraf – Die Wertpapierkommission kann Bestimmungen über die Gesellschaften erlassen, deren Abschlüsse in der Konsolidierung enthalten sein müssen, und:

a) die Einbeziehung von Gesellschaften bestimmen, die, obwohl sie nicht abhängig sind, finanz- und verwaltungsmäßig unter der Kontrolle der Gesellschaft stehen;

b) in besonderen Fällen die Nichtberücksichtigung einer oder mehrerer abhängiger Gesellschaften genehmigen.

Normas sobre Consolidação

Konsolidierungsvorschriften

Art. 250 – Das demonstrações financeiras consolidadas serão excluídas:

I – as participações de uma sociedade em outra;

Art. 250 – In die konsolidierten Abschlüsse sind nicht aufzunehmen:

I – die Beteiligung einer Gesellschaft an einer anderen;

II – os saldos de quaisquer contas entre as sociedades;

III – as parcelas dos resultados do exercício, dos lucros ou prejuízos acumulados e do custo de estoques ou do ativo não circulante que corresponderem a resultados, ainda não realizados, de negócios entre as sociedades.

§ 1º – A participação dos acionistas não controladores no patrimônio líquido e no lucro do exercício será destacada, respectivamente, no balanço patrimonial e na demonstração do resultado do exercício.

§ 2 º – A parcela do custo de aquisição do investimento em controlada, que não for absorvida na consolidação, deverá ser mantida no ativo não circulante, com dedução da provisão adequada para perdas já comprovadas, e será objeto de nota explicativa.

§ 3º – O valor da participação que exceder do custo de aquisição constituirá parcela destacada dos resultados de exercícios futuros até que fique comprovada a existência de ganho efetivo.

§ 4º – Para fins deste artigo, as sociedades controladas, cujo exercício social termine mais de 60 (sessenta) dias antes da data do encerramento do exercício da companhia, elaborarão, com observância das normas desta Lei, demonstrações financeiras extraordinárias em data compreendida nesse prazo.

II – die Salden aller gegenseitig bestehenden Konten;

III – die Teile der Jahresergebnisse, der Gewinn- oder Verlustvorträge, der Anschaffungskosten von Vorräten oder von Aktivposten, die nicht Bestandteil des Umlaufvermögens sind, welche noch nicht realisierten Ergebnissen aus Geschäften zwischen den Gesellschaften entsprechen.

§ 1 – Der Anteil der nicht beherrschenden Aktionäre am Nettovermögen und Nettogewinn des Geschäftsjahres muss in der Bilanz und im Jahresabschluss gesondert dargestellt werden.

§ 2 – Der Teil des Kaufpreises der Beteiligung an der abhängigen Gesellschaft, der bei der Konsolidierung nicht absorbiert wird, muss unter Abzug eines angemessenen Abschlags für bereits erwiesene Verluste weiterhin als Aktivposten, nicht Bestandteil des Umlaufvermögens, geführt werden und muss Gegenstand einer erläuternden Anmerkung sein.

§ 3 – Der Wert der Beteiligung, der die Anschaffungskosten übersteigt, ist in den Ergebnissen zukünftiger Geschäftsjahre solange getrennt auszuweisen, bis insoweit ein tatsächlicher Gewinn erwiesen ist.

§ 4 – Zur Erfüllung der Vorschriften dieses Artikels haben die abhängigen Gesellschaften, deren Geschäftsjahr mehr als 60 (sechzig) Tage vor dem Abschluss des Geschäftsjahres der Hauptgesellschaft endet, unter Beachtung der Bestimmungen dieses Gesetzes Sonderabschlüsse zu einem Stichtag innerhalb dieses Zeitraums zu erstellen.

Seção V

Subsidiária Integral

Art. 251 – A companhia pode ser constituída, mediante escritura pública, tendo como único acionista sociedade brasileira.

§ 1º – A sociedade que subscrever em bens o capital de subsidiária integral deverá aprovar o laudo de avaliação de que trata o artigo 8º, respondendo nos termos do § 6º do artigo 8º e do artigo 10 e seu parágrafo único.

§ 2º – A companhia pode ser convertida em subsidiária integral mediante aquisição, por sociedade brasileira, de todas as suas ações, ou nos termos do artigo 252.

Incorporação de Ações

Art. 252 – A incorporação de todas as ações do capital social ao patrimônio de outra companhia brasileira, para convertê-la em subsidiária integral, será submetida à deliberação da assembléia geral das duas companhias mediante protocolo e justificação, nos termos dos artigos 224 e 225.

§ 1º – A assembléia geral da companhia incorporadora, se aprovar a operação, deverá autorizar o aumento do capital, a ser realizado com as ações a serem incorporadas e nomear os peritos que as avaliarão; os acionistas não terão direito de

Abschnitt V

Hundertprozentige Tochtergesellschaft

Art. 251 – Durch öffentliche Urkunde kann eine Gesellschaft errichtet werden, die als einzigen Aktionär eine brasilianische Gesellschaft hat.

§ 1 – Die Gesellschaft, die das Kapital der hundertprozentigen Tochtergesellschaft in Form von Sacheinlagen zeichnet, muss dem in Art. 8 behandelten Bewertungsgutachten zustimmen und haftet gemäß den Bestimmungen des Art. 8, § 6 und Art. 10 und seines einzigen Paragrafen.

§ 2 – Eine Gesellschaft kann gemäß den Bestimmungen des Art. 252 oder bei Erwerb ihrer gesamten Aktien durch eine brasilianische Gesellschaft in eine hundertprozentige Tochtergesellschaft umgewandelt werden.

Übernahme von Aktien

Art. 252 – Die Übernahme aller Aktien des Grundkapitals in das Vermögen einer anderen brasilianischen Gesellschaft zwecks Umwandlung in eine hundertprozentige Tochtergesellschaft ist der Hauptversammlung beider Gesellschaften gemäß den Bestimmungen der Art. 224 und 225 mit Begründung zur Beschlussfassung vorzulegen, wobei diese zu protokollieren ist.

§ 1 – Die Hauptversammlung der übernehmenden Gesellschaft muss, wenn sie dem Vorgang zustimmt, die Kapitalerhöhung, die mit den zu übernehmenden Aktien durchzuführen ist, genehmigen und die Sachverständigen für die Bewertung

preferência para subscrever o aumento de capital, mas os dissidentes poderão retirar-se da companhia observado o disposto no Art. 137, II, mediante o reembolso do valor de suas ações, nos termos do artigo 230.

ernennen; die Aktionäre haben kein Bezugsrecht, die Kapitalerhöhung zu zeichnen; jedoch können die nicht zustimmenden Aktionäre aus der Gesellschaft mittels Rückerstattung ihrer Aktien unter Beachtung der Vorschriften des Art. 137 II gemäß den Bestimmungen des Art. 230 ausscheiden.

§ 2º – A assembléia geral da companhia cujas ações houverem de ser incorporadas somente poderá aprovar a operação pelo voto de metade, no mínimo, das ações com direito a voto, e se a aprovar, autorizará a diretoria a subscrever o aumento do capital da incorporadora, por conta dos seus acionistas; os dissidentes da deliberação terão direito de retirar-se da companhia, observado o disposto no Art. 137, II, mediante o reembolso do valor de suas ações, nos termos do artigo 230.

§ 2 – Die Hauptversammlung der Gesellschaft, deren Aktien übernommen werden sollen, muss dem Vorgang mit mindestens der Hälfte der stimmberechtigten Aktien zustimmen; stimmt sie zu, muss sie den Vorstand ermächtigen, die Erhöhung des Kapitals der übernehmenden Gesellschaft für Rechnung ihrer Aktionäre zu zeichnen; die dem Beschluss nicht zustimmenden Aktionäre haben das Recht, aus der Gesellschaft gegen Rückerstattung ihrer Aktien gem. den Bestimmungen des Art. 230 und unter Beachtung der Vorschriften des Art. 137 II auszuscheiden.

§ 3º – Aprovado o laudo de avaliação pela assembléia geral da incorporadora, efetivar-se-á a incorporação e os titulares das ações incorporadas receberão diretamente da incorporadora as ações que lhes couberem.

§ 3 – Sobald das Bewertungsgutachten von der Hauptversammlung der übernehmenden Gesellschaft gebilligt wird, wird die Übernahme wirksam und die Inhaber der übernommenen Aktien erhalten die ihnen zustehenden Aktien direkt von der übernehmenden Gesellschaft.

§ 4º – A Comissão de Valores Mobiliários estabelecerá normas especiais de avaliação e contabilização aplicáveis às operações de incorporação de ações que envolvam companhia aberta.

§ 4 – Die Wertpapierkommission wird besondere Normen der Bewertung und Verbuchung festlegen, die anzuwenden sind auf Vorgänge der Inkorporation von Aktien, welche die offene Aktiengesellschaft betreffen.

Admissão de Acionistas em Subsidiária Integral

Art. 253 – Na proporção das ações que possuírem no capital da companhia, os

Aufnahme von Aktionären bei einer hundertprozentigen Tochtergesellschaft

Art. 253 – Die Aktionäre haben im Verhältnis der Aktien, die sie am Kapital der

acionistas terão direito de preferência para:

I – adquirir ações do capital da subsidiária integral, se a companhia decidir aliená-las no todo ou em parte; e

II – subscrever aumento de capital da subsidiária integral, se a companhia admitir outros acionistas.

Parágrafo único – As ações ou o aumento de capital de subsidiária integral serão oferecidos aos acionistas da companhia em assembléia geral convocada para esse fim, aplicando-se à hipótese, no que couber, o disposto no artigo 171.

Aktiengesellschaft besitzen, folgende Bezugsrechte:

I – Aktien der hundertprozentigen Tochtergesellschaft zu erwerben, wenn die Hauptgesellschaft beschließt, diese ganz oder teilweise zu veräußern; und

II – eine Kapitalerhöhung der hundertprozentigen Tochtergesellschaft zu zeichnen, wenn die Hauptgesellschaft beschließt, andere Aktionäre aufzunehmen.

Einziger Paragraf – Die Aktien oder die Kapitalerhöhung der hundertprozentigen Tochtergesellschaft sind den Aktionären der Hauptgesellschaft in einer zu diesem Zweck einzuberufenden Hauptversammlung anzubieten, wobei, soweit zutreffend, die Regelung des Art. 171 anzuwenden ist.

Seção VI

Alienação de Controle

Divulgação

Art. 254 – Revogado

Art. 254-A. – A alienação, direta ou indireta, do controle de companhia aberta somente poderá ser contratada sob a condição, suspensiva ou resolutiva, de que o adquirente se obrigue a fazer oferta pública de aquisição das ações com direito a voto de propriedade dos demais acionistas da companhia, de modo a lhes assegurar o preço no mínimo igual a 80% (oitenta por cento) do valor pago por ação

Abschnitt VI

Veräußerung einer beherrschenden Aktienmehrheit

Bekanntmachung

Art. 254 – Aufgehoben[40]

Art. 254-A. – Die unmittelbare oder mittelbare Veräußerung der Kontrolle einer offenen Aktiengesellschaft darf nur unter der aufschiebenden oder auflösenden Bedingung vertraglich vereinbart werden, dass der Erwerber sich verpflichtet, ein öffentliches Angebot bezüglich des Erwerbs der im Eigentum der übrigen Aktionäre der Aktiengesellschaft befindlichen Aktien mit Stimmrecht in der Weise zu

[40] Das Gesetz 9.457/97 hat diese Bestimmung widerrufen

com direito a voto, integrante do bloco de controle.

machen, dass diesen ein Preis zugesichert wird, der mindestens 80 % (achtzig Prozent) des für eine Aktie mit Stimmrecht gezahlten Wertes gleichkommt, die Bestandteil des Kontrollblocks ist.

§ 1º – Entende-se como alienação de controle a transferência, de forma direta ou indireta, de ações integrantes do bloco de controle, de ações vinculadas a acordos de acionistas e de valores mobiliários conversíveis em ações com direito a voto, cessão de direitos de subscrição de ações e de outros títulos ou direitos relativos a valores mobiliários conversíveis em ações que venham a resultar na alienação de controle acionário da sociedade.

§ 1 – Unter Veräußerung der Kontrolle versteht man die unmittelbar oder mittelbar erfolgende Übertragung von Aktien, die Bestandteil des Kontrollblocks sind, von an Aktionärsvereinbarungen gebundenen Aktien und von in Aktien mit Stimmrecht umwandelbaren Wertpapieren, und von sonstigen Titeln und Rechten an in Aktien umwandelbaren Wertpapieren, die zur Veräußerung der Aktienkontrolle der Gesellschaft führen.

§ 2º – A Comissão de Valores Mobiliários autorizará a alienação de controle de que trata o "caput", desde que verificado que as condições da oferta pública atendem aos requisitos legais.

§ 2 – Die Wertpapierkommission wird die im Eingang zu diesem Artikel behandelte Veräußerung genehmigen, sofern die Feststellung erfolgt ist, dass die Bedingungen des öffentlichen Angebots den gesetzlichen Erfordernissen genügen.

§ 3º – Compete à Comissão de Valores Mobiliários estabelecer normas a serem observadas na oferta pública de que trata o "caput".

§ 3 – Es obliegt der Wertpapierkommission, Regeln aufzustellen, die durch das im Eingang zu diesem Artikel behandelte öffentliche Angebot zu beachten sind.

§ 4º – O adquirente do controle acionário de companhia aberta poderá oferecer aos acionistas minoritários a opção de permanecer na companhia, mediante o pagamento de um prêmio equivalente à diferença entre o valor de mercado das ações e o valor pago por ação integrante do bloco de controle.

§ 4 – Der Veräußerer der Aktionärskontrolle einer offenen Aktiengesellschaft kann den Minderheitsaktionären die Option anbieten, mittels Zahlung einer Prämie, die der Differenz zwischen dem Marktwert der Aktien und dem Betrag gleichkommt, der pro Aktie des Kontrollblocks gezahlt wird, in der Aktiengesellschaft zu verbleiben.

Companhia Aberta Sujeita à Autorização

Genehmigungspflichtige offene Aktiengesellschaften

Art. 255 – A alienação do controle de companhia aberta que dependa de autori-

Art. 255 – Die Veräußerung einer beherrschenden Aktienmehrheit einer offenen

zação do governo para funcionar está sujeita à prévia autorização do órgão competente para aprovar a alteração do seu estatuto.

Aktiengesellschaft, die zu ihrer Tätigkeit der Genehmigung der Regierung bedarf, benötigt die vorherige Zustimmung des zur Änderung ihrer Satzung zuständigen Organs.

Aprovação pela Assembléia Geral da Compradora

Art. 256 – A compra, por companhia aberta, do controle de qualquer sociedade mercantil, dependerá de deliberação da assembléia geral da compradora, especialmente convocada para conhecer da operação, sempre que:

I – o preço de compra constituir, para a compradora, investimento relevante (Art. 247, parágrafo único); ou

II – o preço médio de cada ação ou quota ultrapassar uma vez e meia o maior dos 3 (três) valores a seguir indicados:

a) cotação média das ações em bolsa ou no mercado de balcão organizado, durante os 90 (noventa) dias anteriores à data da contratação;

b) valor de patrimônio líquido (artigo 248) da ação ou quota, avaliado o patrimônio a preços de mercado (artigo 183, § 1º);

c) valor do lucro líquido da ação ou quota, que não poderá ser superior a 15 (quinze) vezes o lucro líquido anual por ação (artigo 187, nº VII) nos 2 (dois) últimos exercícios

Zustimmung der Hauptversammlung der Käuferin

Art. 256 – Der Erwerb einer beherrschenden Aktienmehrheit einer Handelsgesellschaft durch eine offene Aktiengesellschaft unterliegt der Beschlussfassung einer Hauptversammlung der Käuferin, die zur Kenntnisnahme von diesem Vorgang besonders einzuberufen ist, immer wenn:

I – der Kaufpreis für die Käuferin eine maßgebliche Beteiligung (Art. 247, Einziger Paragraf) darstellt; oder

II – der Durchschnittspreis jeder Aktie oder jedes Geschäftsanteils das Anderthalbfache des höchsten der 3 (drei) folgenden Werte übersteigt:

a) die durchschnittliche Notierung der Aktien an der Börse oder im geregelten Freiverkehr während der letzten 90 (neunzig) Tage vor dem Vertragsabschluss;

b) den auf eine Aktie oder einen Gesellschaftsanteil entfallenden Wert des Reinvermögens (Art. 248), wobei das Vermögen zu Marktpreisen zu bewerten ist (Art. 183, § 1);

c) den Wert des geldwertberichtigten[41] Nettogewinns pro Aktie oder Gesellschaftsanteil, der nicht höher als der 15 (fünfzehn) -fache Betrag des jährlichen Nettogewinns pro Aktie

[41] Die Geldwertberichtigung ist durch das Gesetz Nr. 9069 vom 29.06.1995 abgeschafft worden.

sociais, atualizado monetariamente.

(Art. 187, Absatz VII) in den letzten 2 (zwei) Geschäftsjahren sein darf.

§ 1º – A proposta ou o contrato de compra, acompanhado de laudo de avaliação, observado o disposto no Art. 8º, §§ 1º e 6º, será submetido à prévia autorização da assembléia geral, ou à sua ratificação, sob pena de responsabilidade dos administradores, instruído com todos os elementos necessários à deliberação.

§ 1 – Das Angebot oder der Kaufvertrag ist unter Beifügung des Wertgutachtens und unter Beachtung des Art. 8, §§ 1 und 6 der Hauptversammlung zur vorherigen Zustimmung oder, unter Verantwortlichkeit der Verwalter, zur Genehmigung vorzulegen, wobei alle für eine Beschlussfassung notwendigen Unterlagen beizufügen sind.

§ 2º – Se o preço da aquisição ultrapassar uma vez e meia o maior dos três valores de que trata o inciso II do *caput*, o acionista dissidente da deliberação da assembléia que a aprovar terá o direito de retirar-se da companhia mediante reembolso do valor de suas ações, nos termos do Art. 137, observado o disposto em seu inciso II.

§ 2 – Falls der Kaufpreis das Anderthalbfache des höchsten der drei unter Absatz II behandelten Werte übersteigt, steht dem Aktionär, der den zustimmenden Beschluss der Hauptversammlung nicht billigt, das Recht zu, aus der Gesellschaft gegen Rückerstattung des Wertes seiner Aktien gemäß den Bestimmungen des Art. 137, unter Beachtung dessen Absatz II auszuscheiden.

Seção VII

Aquisição de Controle Mediante Oferta Pública

Abschnitt VII

Erwerb einer beherrschenden Aktienmehrheit mittels öffentlichen Angebots

Requisitos

Erfordernisse

Art. 257 – A oferta pública para aquisição de controle de companhia aberta somente poderá ser feita com a participação de instituição financeira que garanta o cumprimento das obrigações assumidas pelo ofertante.

Art. 257 – Das öffentliche Angebot zum Erwerb einer beherrschenden Aktienmehrheit einer offenen Aktiengesellschaft kann nur unter Beteiligung eines Finanzinstituts erfolgen, das die Erfüllung der von dem Anbietenden übernommenen Verpflichtungen gewährleistet.

§ 1º – Se a oferta contiver permuta, total ou parcial, dos valores mobiliários, somente poderá ser efetuada após prévio

§ 1 – Falls das Angebot einen vollständigen oder teilweisen Umtausch der Wertpapiere enthält, kann es nur nach

registro na Comissão de Valores Mobiliários.

vorheriger Eintragung bei der Wertpapierkommission durchgeführt werden.

§ 2º – A oferta deverá ter por objeto ações com direito a voto em número suficiente para assegurar o controle da companhia e será irrevogável.

§ 2 – Das Angebot muss Aktien mit Stimmrecht in so ausreichender Anzahl zum Gegenstand haben, dass die Kontrolle der Gesellschaft sichergestellt ist, und muss unwiderruflich sein.

§ 3º – Se o ofertante já for titular de ações votantes do capital da companhia, a oferta poderá ter por objeto o número de ações necessário para completar o controle, mas o ofertante deverá fazer prova, perante a Comissão de Valores Mobiliários, das ações de sua propriedade.

§ 3 – Wenn der Anbietende schon Inhaber von Aktien mit Stimmrecht des Kapitals der Aktiengesellschaft ist, kann das Angebot die Anzahl von Aktien zum Gegenstand haben, die zur Erreichung einer beherrschenden Aktienmehrheit notwendig sind, jedoch muss der Anbietende der Wertpapierkommission gegenüber sein Eigentum an den Aktien nachweisen.

§ 4º – A Comissão de Valores Mobiliários poderá expedir normas sobre oferta pública de aquisição de controle.

§ 4 – Die Wertpapierkommission kann Bestimmungen über das öffentliche Angebot zum Erwerb einer beherrschenden Aktienmehrheit erlassen.

Instrumento da Oferta de Compra

Kaufangebot

Art. 258 – O instrumento de oferta de compra, firmado pelo ofertante e pela instituição financeira que garante o pagamento, será publicado na imprensa e deverá indicar:

I – o número mínimo de ações que o ofertante se propõe a adquirir e, se for o caso, o número máximo;

II – o preço e as condições de pagamento;

III – a subordinação da oferta ao número mínimo de aceitantes e a forma de rateio entre os aceitantes, se o número deles ultrapassar o máximo fixado;

Art. 258 – Die von dem Anbietenden und dem Finanzinstitut, das die Zahlung gewährleistet, unterschriebene Urkunde über das Kaufangebot ist in der Presse zu veröffentlichen und muss folgendes enthalten:

I – die Mindest- und gegebenenfalls die Höchstzahl der Aktien, die der Anbietende zu kaufen beabsichtigt;

II – den Preis und die Zahlungsbedingungen;

III – die Abhängigkeit des Angebots von einer Mindestzahl von Annehmenden und die Form der verhältnismäßigen Aufteilung unter ihnen, wenn ihre Zahl die festgelegte Höchstzahl übersteigt;

IV – o procedimento que deverá ser adotado pelos acionistas aceitantes para manifestar a sua aceitação e efetivar a transferência das ações;

V – o prazo de validade da oferta que não poderá ser inferior a 20 (vinte) dias;

VI – informações sobre o ofertante.

Parágrafo único – A oferta será comunicada à Comissão de Valores Mobiliários dentro de 24 (vinte e quatro) horas da primeira publicação.

IV – das Verfahren, wodurch die annehmenden Aktionäre die Annahme des Angebots zum Ausdruck bringen und die Aktienübertragung vornehmen müssen;

V – die Frist für die Gültigkeit des Angebots, die nicht kürzer als 20 (zwanzig) Tage sein darf;

VI – Auskünfte über den Anbietenden.

Einziger Paragraf – Das Angebot ist der Wertpapierkommission innerhalb von 24 (vierundzwanzig) Stunden nach der ersten Veröffentlichung mitzuteilen.

Instrumento de Oferta de Permuta

Art. 259 – O projeto de instrumento de oferta de permuta será submetido à Comissão de Valores Mobiliários com o pedido de registro prévio da oferta e deverá conter, além das referidas no artigo 258, informações sobre os valores mobiliários oferecidos em permuta e as companhias emissoras desses valores.

Parágrafo único – A Comissão de Valores Mobiliários poderá fixar normas sobre o instrumento de oferta de permuta e o seu registro prévio.

Umtauschangebot

Art. 259 – Der Entwurf der Urkunde über das Umtauschangebot ist der Wertpapierkommission mit dem Antrag auf Eintragung des Angebots vorzulegen und hat neben den in Art. 258 aufgeführten Punkten Auskünfte über die zum Umtausch angebotenen Wertpapiere und über die Gesellschaften, die sie ausgegeben haben, zu enthalten.

Einziger Paragraf – Die Wertpapierkommission kann Bestimmungen bezüglich der Urkunde über das Umtauschangebot und ihre vorherige Eintragung festlegen.

Sigilo

Art. 260 – Até a publicação da oferta, o ofertante, a instituição financeira intermediária e a Comissão de Valores Mobiliários devem manter sigilo sobre a oferta projetada, respondendo o infrator pelos danos que causar.

Geheimhaltung

Art. 260 – Bis zur Veröffentlichung des Angebots haben der Anbietende, das eingeschaltete Finanzinstitut und die Wertpapierkommission das geplante Angebot geheimzuhalten; der Zuwiderhandelnde haftet für von ihm verursachte Schäden.

Processamento da Oferta

Art. 261 – A aceitação da oferta deverá ser feita nas instituições financeiras ou no mercado de valores mobiliários indicadas no instrumento de oferta e os aceitantes deverão firmar ordens irrevogáveis de venda ou permuta, nas condições ofertadas, ressalvado o disposto no § 1º do Art. 262.

§ 1º – É facultado ao ofertante melhorar, uma vez, as condições de preço ou forma de pagamento, desde que em porcentagem igual ou superior a 5% (cinco por cento) e até 10 (dez) dias antes do término do prazo da oferta; as novas condições se estenderão aos acionistas que já tiverem aceito a oferta.

§ 2º – Findo o prazo da oferta, a instituição financeira intermediária comunicará o resultado à Comissão de Valores Mobiliários e, mediante publicação pela imprensa, aos aceitantes.

§ 3º – Se o número de aceitantes ultrapassar o máximo, será obrigatório o rateio, na forma prevista no instrumento da oferta.

Abwicklung des Angebots

Art. 261 – Die Annahme des Angebots hat bei den Finanz- oder Wertpapiermarktinstituten zu erfolgen, die in der Angebotsurkunde erwähnt sind; die Annehmenden müssen, vorbehaltlich der Bestimmung des Art. 262, § 1, unwiderrufliche Verkaufs- oder Umtauschanweisungen zu den angebotenen Bedingungen unterzeichnen.

§ 1 – Dem Anbietenden steht es frei, die Preisbedingungen oder die Zahlungsform einmal um 5 % (fünf Prozent) oder mehr bis zu 10 (zehn) Tagen vor dem Ablauf der Angebotsfrist zu verbessern; die neuen Bedingungen gelten auch für die Aktionäre, die das Angebot bereits angenommen haben.

§ 2 – Nach Ablauf der Angebotsfrist hat das eingeschaltete Finanzinstitut das Ergebnis der Wertpapierkommission und durch Veröffentlichung in der Presse den Annehmenden mitzuteilen.

§ 3 – Falls die Zahl der Annehmenden die Höchstzahl überschreitet, muss die verhältnismäßige Aufteilung, wie in der Urkunde über das Angebot vorgesehen, erfolgen.

Oferta Concorrente

Art. 262 – A existência de oferta pública em curso não impede oferta concorrente, desde que observadas as normas desta seção.

§ 1º – A publicação de oferta concorrente torna nulas as ordens de venda que já tenham sido firmadas em aceitação de oferta

Konkurrenzangebot

Art. 262 – Das Vorhandensein eines laufenden öffentlichen Angebots schließt ein Konkurrenzangebot nicht aus, wenn die Bestimmungen dieses Abschnitts beachtet werden.

§ 1 – Die Veröffentlichung eines Konkurrenzangebots führt zur Nichtigkeit der Verkaufsaufträge, die bereits bei der

anterior.

§ 2º – É facultado ao primeiro ofertante prorrogar o prazo de sua oferta até fazê-lo coincidir com o da oferta concorrente.

Negociação Durante a Oferta

Art. 263 – A Comissão de Valores Mobiliários poderá expedir normas que disciplinem a negociação das ações objeto da oferta durante o seu prazo.

Seção VIII

Incorporação de Companhia Controlada

Art. 264 – Na incorporação, pela controladora, de companhia controlada, a justificação, apresentada à assembléia geral da controlada, deverá conter, além das informações previstas nos arts. 224 e 225, o cálculo das relações de substituição das ações dos acionistas não controladores da controlada com base no valor do patrimônio liquido das ações da controladora e da controlada, avaliados os dois patrimônios segundo os mesmos critérios e na mesma data, a preços de mercado, ou com base em outro critério aceito pela Comissão de Valores Mobiliários, no caso de companhias abertas.

§ 1º – A avaliação dos dois patrimônios será feita por 3 (três) peritos ou empresa

Annahme des vorherigen Angebots unterzeichnet worden waren.

§ 2 – Dem ersten Anbieter steht es frei, die Frist seines Angebots so zu verlängern, dass sie mit der des Konkurrenzangebots übereinstimmt.

Handel während der Laufzeit des Angebots

Art. 263 – Die Wertpapierkommission kann Bestimmungen erlassen, die den Handel mit Aktien, die Gegenstand des Angebots sind, während dessen Laufzeit regeln.

Abschnitt VIII

Inkorporation einer abhängigen Gesellschaft

Art. 264 – Bei der Einverleibung einer abhängigen Aktiengesellschaft durch die beherrschende Aktiengesellschaft hat die der Hauptversammlung der beherrschten Aktiengesellschaft vorzulegende Begründung neben den in den Art. 224 und 225 vorgesehenen Angaben die Berechnung der Umtauschverhältnisse der Aktien unter Zugrundelegung des Eigenkapitalwertes der Aktien der Beherrschenden und der Abhängigen zu enthalten, wobei beide Vermögen zu Marktpreisen nach den gleichen Kriterien und zum selben Zeitpunkt, oder im Falle von offenen Aktiengesellschaften unter Zugrundelegung eines anderen, von der Wertpapierkommission angenommenen Kriteriums zu bewerten sind.

§ 1 – Die Bewertung der beiden Vermögen wird von 3 (drei) Sachverständigen oder

especializada e, no caso de companhias abertas, por empresa especializada.

einem spezialisierten Unternehmen, und im Falle offener Gesellschaften von einem spezialisierten Unternehmen durchgeführt.

§ **2º** – Para efeito da comparação referida neste artigo, as ações do capital da controlada de propriedade da controladora serão avaliadas, no patrimônio desta, em conformidade com o disposto no "caput".

§ **2** – Zur Durchführung des in diesem Artikel erwähnten Vergleichs werden die Aktien der abhängigen Gesellschaft, die im Eigentum der beherrschenden Gesellschaft stehen, im Vermögen der letzteren in Übereinstimmung mit den im Eingang zu diesem Artikel enthaltenen Bestimmungen bewertet.

§ **3º** – Se as relações de substituição das ações dos acionistas não controladores, previstas no protocolo da incorporação, forem menos vantajosas que as resultantes da comparação prevista neste artigo, os acionistas dissidentes da deliberação da assembléia geral da controlada que aprovar a operação, poderão optar, no prazo previsto no Art. 230, entre o valor de reembolso fixado nos termos do Art. 45 e o valor apurado em conformidade com o disposto no "caput", observado o disposto no Art. 137, inciso II.

§ **3** – Sollten die im Einverleibungsprotokoll vorgesehenen Umtauschverhältnisse für die den nicht beherrschenden Aktionären gehörenden Aktien weniger vorteilhaft sein als die, die sich aus dem in diesem Artikel vorgesehenen Vergleich ergeben, so können diejenigen Aktionäre, die dem das Verfahren billigenden Beschluss der Hauptversammlung der Abhängigen widersprechen, innerhalb der in Art. 230 vorgesehenen Frist unter Beachtung der Vorschrift von Art. 137, Absatz II zwischen dem gemäß den Bestimmungen des Art. 45 festgelegten Rückerstattungswert und dem Wert wählen, der in Übereinstimmung mit den im Eingang zu diesem Artikel enthaltenen Bestimmungen berechnet wurde.

§ **4º** – Aplicam-se as normas previstas neste artigo à incorporação de controladora por sua controlada, à fusão de companhia controladora com a controlada, à incorporação de ações de companhia controlada ou controladora, à incorporação, fusão e incorporação de ações de sociedades sob controle comum.

§ **4** – Die in diesem Artikel vorgesehenen Bestimmungen finden auf die Einverleibung der beherrschenden durch die von ihr abhängige Gesellschaft, auf die Verschmelzung der beherrschenden mit der abhängigen Aktiengesellschaft, auf die Einverleibung von Aktien der beherrschenden oder abhängigen Aktiengesellschaft, auf die Einverleibung, Verschmelzung und Einverleibung von Aktien von unter gemeinsamer Beherrschung stehenden Gesellschaften Anwendung.

§ 5º – O disposto neste artigo não se aplica no caso de as ações do capital da controlada terem sido adquiridas no pregão da bolsa de valores ou mediante oferta pública nos termos dos artigos 257 a 263.

§ 5 – Die Bestimmung dieses Artikels findet keine Anwendung, wenn die Aktien der abhängigen Gesellschaft im Börsenhandel oder aufgrund öffentlichen Angebots gemäß den Bestimmungen der Art. 257 bis 263 erworben worden sind.

Capítulo XXI

Grupo de Sociedades

Kapitel XXI

Verbundene Unternehmen (Konzern)

Seção I

Características e Natureza

Abschnitt I

Merkmale und Rechtsnatur

Características

Art. 265 – A sociedade controladora e suas controladas podem constituir, nos termos deste capítulo, grupo de sociedades, mediante convenção pela qual se obriguem a combinar recursos ou esforços para a realização dos respectivos objetos, ou a participar de atividades ou empreendimentos comuns.

Merkmale

Art. 265 – Die beherrschende Gesellschaft und die von ihr abhängigen Gesellschaften können durch Vertrag gemäß den Bestimmungen dieses Kapitels einen Konzern bilden, aufgrund dessen sie sich verpflichten, ihre Mittel oder Anstrengungen zur Durchführung der betreffenden Gesellschaftszwecke zu verbinden oder sich an gemeinsamen Geschäftstätigkeiten oder Unternehmungen zu beteiligen.

§ 1º – A sociedade controladora, ou de comando do grupo, deve ser brasileira e exercer, direta ou indiretamente, e de modo permanente, o controle das sociedades filiadas, como titular de direitos de sócio ou acionista, ou mediante acordo com outros sócios ou acionistas.

§ 1 – Die beherrschende oder die den Konzern führende Gesellschaft muss brasilianisch sein und direkt oder indirekt und fortlaufend die Kontrolle der angeschlossenen Gesellschaften als Inhaber von Gesellschafter- oder Aktionärsrechten oder aufgrund einer Vereinbarung mit den anderen Gesellschaftern oder Aktionären ausüben.

§ 2º – A participação recíproca das sociedades do grupo obedecerá ao disposto no Art. 244.

§ 2 – Die wechselseitige Beteiligung der Gesellschaften des Konzerns unterliegt den Bestimmungen des Art. 244.

Natureza

Art. 266 – As relações entre as sociedades, a estrutura administrativa do grupo e a coordenação ou subordinação dos administradores das sociedades filiadas serão estabelecidas na convenção do grupo, mas cada sociedade conservará personalidade e patrimônios distintos.

Rechtsnatur

Art. 266 – Die Beziehungen zwischen den Gesellschaften, die Verwaltungsstruktur des Konzerns und die Koordination oder das Rangverhältnis der Verwalter der angeschlossenen Gesellschaften werden in dem Konzernvertrag festgelegt, jede Gesellschaft behält jedoch ihre Rechtspersönlichkeit und ihr Gesellschaftsvermögen.

Designação

Art. 267 – O grupo de sociedades terá designação de que constarão as palavras "grupo de sociedades" ou "grupo".

Parágrafo único – Somente os grupos organizados de acordo com este capítulo poderão usar designação com as palavras "grupo" ou "grupo de sociedades".

Bezeichnung

Art. 267 – Der Konzern hat eine Bezeichnung zu führen, die das Wort "Konzern" ("grupo de sociedades" oder "grupo") enthält.

Einziger Paragraf – Nur die in Übereinstimmung mit diesem Kapitel gebildeten Konzerne dürfen eine Bezeichnung mit dem Wort "Konzern" ("grupo" oder "grupo de sociedades") führen.

Companhias Sujeitas a Autorização para funcionar

Art. 268 – A companhia que, por seu objeto, depende de autorização para funcionar, somente poderá participar de grupo de sociedades após a aprovação da convenção do grupo pela autoridade competente para aprovar suas alterações estatutárias.

Genehmigungspflichtige Gesellschaften

Art. 268 – Die Gesellschaft, deren Tätigkeit aufgrund ihres Gesellschaftszweckes einer Genehmigung bedarf, kann sich einem Konzern nur nach Billigung des Konzernvertrages durch die für die Genehmigung ihrer Satzungsänderungen zuständige Behörde anschließen.

Seção II

Constituição, Registro e Publicidade

Art. 269 – O grupo de sociedades será constituído por convenção aprovada pelas

Abschnitt II

Errichtung, Eintragung, Veröffentlichung

Art. 269 – Der Konzern wird durch Vertrag der Gesellschaften, die ihn bilden,

sociedades que o componham, a qual deverá conter:

I – a designação do grupo;

II – a indicação da sociedade de comando e das filiadas;

III – as condições de participação das diversas sociedades;

IV – o prazo de duração, se houver, e as condições de extinção;

V – as condições para admissão de outras sociedades e para a retirada das que o componham;

VI – os órgãos e cargos da administração do grupo, suas atribuições e as relações entre a estrutura administrativa do grupo e as das sociedades que o componham;

VII – a declaração da nacionalidade do controle do grupo;

VIII – as condições para alteração da convenção.

Parágrafo único – Para os efeitos do número VII, o grupo de sociedades considera-se sob controle brasileiro se a sua sociedade de comando está sob o controle de:

a) pessoas naturais residentes ou domiciliadas no Brasil;

b) pessoas jurídicas de direito público interno; ou

errichtet; der Vertrag muss folgendes enthalten:

I – die Bezeichnung des Konzerns;

II – die Angabe der führenden Gesellschaft und der angeschlossenen Gesellschaften;

III – die Bedingungen für die Beteiligung der verschiedenen Gesellschaften;

IV – ggf. die Dauer und die Bedingungen des Erlöschens;

V – die Bedingungen für die Aufnahme anderer Gesellschaften und das Ausscheiden der den Konzern bildenden Gesellschaften;

VI – die Organe und Ämter der Verwaltung des Konzerns, ihre Befugnisse und die Beziehungen zwischen der Verwaltungsstruktur des Konzerns und der ihn bildenden Gesellschaften;

VII – die Erklärung über die Nationalität des Inhabers der Kontrolle des Konzerns;

VIII – die Bedingungen für Vertragsänderungen.

Einziger Paragraf – Im Sinne des Absatzes VII wird der Konzern als unter brasilianischer Kontrolle angesehen, wenn seine führende Gesellschaft unter der Kontrolle steht von:

a) in Brasilien ansässigen oder wohnhaften natürlichen Personen;

b) juristische Personen des inländischen öffentlichen Rechts; oder

c) sociedade ou sociedades brasileiras que, direta ou indiretamente, estejam sob o controle das pessoas referidas nas alíneas "a" e "b".

c) einer oder mehreren brasilianischen Gesellschaften, die direkt oder indirekt von unter "a" und "b" erwähnten Personen kontrolliert werden.

Aprovação pelos Sócios das Sociedades

Art. 270 – A convenção de grupo deve ser aprovada com observância das normas para alteração do contrato social ou do estatuto (Art. 136, nº V).

Parágrafo único – Os sócios ou acionistas dissidentes da deliberação de se associar a grupo têm direito, nos termos do artigo 137, ao reembolso de suas ações ou quotas.

Billigung durch die Gesellschafter der Gesellschaften

Art. 270 – Der Konzernvertrag muss unter Beachtung der Bedingungen, die für Gesellschaftsvertrags- oder Satzungsänderungen gelten (Art. 136, Absatz V), gebilligt werden.

Einziger Paragraf – Die dem Anschluss an den Konzern nicht zustimmenden Gesellschafter oder Aktionäre haben das Recht auf Rückerstattung ihrer Aktien oder Gesellschaftsanteile gemäß den Bestimmungen des Art. 137.

Registro e Publicidade

Art. 271 – Considera-se constituido o grupo a partir da data do arquivamento, no registro do comércio da sede da sociedade de comando, dos seguintes documentos:

I – convenção de constituição do grupo;

II – atas das assembléias gerais, ou instrumentos de alteração contratual, de todas as sociedades que tiverem aprovado a constituição do grupo;

III – declaração autenticada do número das ações ou quotas de que a sociedade de comando e as demais sociedades integrantes do grupo são titulares em cada sociedade filiada,

Eintragung und Veröffentlichung

Art. 271 – Der Konzern gilt von dem Zeitpunkt ab als gegründet, in dem beim Handelsregister des Sitzes der führenden Gesellschaft die folgenden Unterlagen eingetragen sind:

I – der Konzernvertrag;

II – die Niederschrift über Hauptversammlungen oder die Urkunden über Änderungen der Gesellschaftsverträge aller Gesellschaften, die der Errichtung des Konzerns zugestimmt haben;

III – beglaubigte Erklärung über die Anzahl der Aktien oder Gesellschaftsanteile der abhängigen Gesellschaften, die die beherrschende Gesellschaft und die übrigen zum Konzern

ou exemplar de acordo de acionistas que assegura o controle de sociedade filiada.

gehörenden Gesellschaften innehaben, oder eine Ausfertigung des Aktionärsvertrags, der die Kontrolle über abhängige Gesellschaften sicherstellt.

§ 1º – Quando as sociedades filiadas tiverem sede em locais diferentes, deverão ser arquivadas no registro do comércio das respectivas sedes as atas de assembléia ou alterações contratuais que tiverem aprovado a convenção, sem prejuízo do registro na sede da sociedade de comando.

§ 1 – Haben die abhängigen Gesellschaften ihren Sitz an verschiedenen Orten, so sind die Niederschriften über die Hauptversammlungen oder die Änderungen der Gesellschaftsverträge, in denen der Konzernvertrag gebilligt worden ist, unbeschadet der Eintragung am Sitz der beherrschenden Gesellschaft beim Handelsregister der betreffenden Orte einzutragen.

§ 2º – As certidões de arquivamento no registro do comércio serão publicadas.

§ 2 – Die amtlichen Bescheinigungen über die Eintragung beim Handelsregister sind zu veröffentlichen.

§ 3º – A partir da data do arquivamento, a sociedade de comando e as filiadas passarão a usar as respectivas denominações acrescidas da designação do grupo.

§ 3 – Ab Datum der Eintragung haben die beherrschende Gesellschaft und die abhängigen Gesellschaften ihre Firmen mit dem Zusatz der Konzernbezeichnung zu führen.

§ 4º – As alterações da convenção do grupo serão arquivadas e publicadas nos termos deste artigo, observando-se o disposto no § 1º do artigo 135.

§ 4 – Die Änderungen des Konzernvertrages sind gemäß diesem Artikel unter Beachtung der Bestimmungen des Art. 135, § 1 einzutragen und zu veröffentlichen.

Seção III

Administração

Abschnitt III

Verwaltung

Administradores do Grupo

Art. 272 – A convenção deve definir a estrutura administrativa do grupo de sociedades, podendo criar órgãos de deliberação colegiada e cargos de direção geral.

Verwalter des Konzerns

Art. 272 – Der Konzernvertrag muss die Verwaltungsstruktur des Konzerns festlegen, wobei Organe gemeinschaftlicher Beschlussfassung und Ämter für eine gemeinsame Geschäftsleitung geschaffen werden können.

Parágrafo único – A representação das sociedades perante terceiros, salvo disposição expressa na convenção do grupo, arquivada no registro do comércio e publicada, caberá exclusivamente aos administradores de cada sociedade, de acordo com os respectivos estatutos ou contratos sociais.

Einziger Paragraf – Die Vertretung der Gesellschaften gegenüber Dritten obliegt, vorbehaltlich einer ausdrücklichen Bestimmung des beim Handelsregister eingetragenen und veröffentlichten Konzernvertrages, ausschließlich den Verwaltern jeder Gesellschaft in Übereinstimmung mit den betreffenden Satzungen oder Gesellschaftsverträgen.

Administradores das Sociedades Filiadas

Art. 273 – Aos administradores das sociedades filiadas, sem prejuízo de suas atribuições, poderes e responsabilidades, de acordo com os respectivos estatutos ou contratos sociais, compete observar a orientação geral estabelecida e as instruções expedidas pelos administradores do grupo que não importem violação da lei ou da convenção do grupo.

Verwalter der abhängigen Gesellschaften

Art. 273 – Die Verwalter der abhängigen Gesellschaften haben ungeachtet ihrer Befugnisse, Zuständigkeiten und Verantwortlichkeiten gemäß der jeweiligen Satzung oder des Gesellschaftsvertrags, die von den Verwaltern des Konzerns festgelegten allgemeinen Richtlinien und deren Einzelweisungen zu beachten, soweit sie nicht das Gesetz oder den Konzernvertrag verletzen.

Remuneração

Art. 274 – Os administradores do grupo e os investidos em cargos de mais de uma sociedade poderão ter a sua remuneração rateada entre as diversas sociedades, e a gratificação dos administradores, se houver, poderá ser fixada, dentro dos limites do § 1º do artigo 152 com base nos resultados apurados nas demonstrações financeiras consolidadas do grupo.

Vergütung

Art. 274 – Die Vergütung der Verwalter des Konzerns und derjenigen, die Ämter in mehr als einer Gesellschaft bekleiden, kann zwischen den verschiedenen Gesellschaften verhältnismäßig aufgeteilt werden; die Gratifikation der Verwalter darf ggf. in den Grenzen des Art. 152, § 1 auf der Grundlage der in den konsolidierten Abschlüssen des Konzerns festgestellten Ergebnisse bestimmt werden.

Seção IV

Demonstrações Financeiras

Art. 275 – O grupo de sociedades publicará, além das demonstrações financeiras referentes a cada uma das companhias que o compõem, demonstrações consolidadas, compreendendo todas as sociedades do grupo, elaboradas com observância do disposto no artigo 250.

§ 1º – As demonstrações consolidadas do grupo serão publicadas juntamente com as da sociedade de comando.

§ 2º – A sociedade de comando deverá publicar demonstrações financeiras nos termos desta Lei, ainda que não tenha a forma de companhia.

§ 3º – As companhias filiadas indicarão, em nota às suas demonstrações financeiras publicadas, o órgão que publicou a última demonstração consolidada do grupo a que pertencer.

§ 4º – As demonstrações consolidadas de grupo de sociedades que inclua companhia aberta serão obrigatoriamente auditadas por auditores independentes registrados na Comissão de Valores Mobiliários, e observarão as normas expedidas por essa Comissão.

Abschnitt IV

Jahresabschlüsse

Art. 275 – Der Konzern hat außer den Abschlüssen jeder den Konzern bildenden Gesellschaft konsolidierte, unter Beachtung der Bestimmungen des Art. 250 erstellte Abschlüsse zu veröffentlichen, die alle Gesellschaften des Konzerns erfassen.

§ 1 – Die konsolidierten Abschlüsse des Konzerns sind zusammen mit denen der beherrschenden Gesellschaft zu veröffentlichen.

§ 2 – Die beherrschende Gesellschaft hat ihre Abschlüsse auch dann nach den Bestimmungen dieses Gesetzes zu veröffentlichen, wenn sie nicht die Rechtsform einer Aktiengesellschaft hat.

§ 3 – Die abhängigen Gesellschaften haben in einer Anmerkung zu ihren veröffentlichten Abschlüssen das Presseorgan anzugeben, in dem der letzte konsolidierte Abschluss des Konzerns, dem sie angehören, veröffentlicht wurde.

§ 4 – Die konsolidierten Abschlüsse des Konzerns, dem eine offene Aktiengesellschaft angehört, müssen durch unabhängige, bei der Wertpapierkommission eingetragene Wirtschaftsprüfer geprüft werden und den von dieser Kommission herausgegebenen Bestimmungen entsprechen.

Seção V

Prejuízos Resultantes de Atos Contrários à Convenção

Art. 276 – A combinação de recursos e esforços, a subordinação dos interesses de uma sociedade aos de outra, ou do grupo, e a participação em custos, receitas ou resultados de atividades ou empreendimentos, somente poderão ser opostos aos sócios minoritários das sociedades filiadas nos termos da convenção do grupo.

§ 1º – Consideram-se minoritários, para os efeitos deste artigo, todos os sócios da filiada, com exceção da sociedade de comando e das demais filiadas do grupo.

§ 2º – A distribuição de custos, receitas e resultados e as compensações entre sociedades, previstas na convenção do grupo, deverão ser determinadas e registradas no balanço de cada exercício social das sociedades interessadas.

§ 3º – Os sócios minoritários da filiada terão ação contra os seus administradores e contra a sociedade de comando do grupo para haver reparação de prejuízos resultantes de atos praticados com infração das normas deste artigo, observado o disposto nos parágrafos do artigo 246.

Abschnitt V

Schäden aus Verstößen gegen den Vertrag

Art. 276 – Die Kombination von Mitteln und Einsatz zur Unterordnung der Interessen einer Gesellschaft unter die einer anderen oder des Konzerns und die Beteiligung an Kosten, Einnahmen oder den Ergebnissen aus Geschäftstätigkeiten oder Unternehmungen können den Minderheitsgesellschaftern der abhängigen Gesellschaften nur im Rahmen des Konzernvertrages entgegengehalten werden.

§ 1 – Mit Ausnahme der beherrschenden Gesellschaft und der abhängigen Gesellschaften gelten im Sinne dieses Artikels alle übrigen Gesellschaften der abhängigen Gesellschaften als Minderheitsgesellschafter.

§ 2 – Die in dem Konzernvertrag vorgesehene Aufteilung von Kosten, Einnahmen und Ergebnissen und Erbringung von Ausgleichsleistungen zwischen Gesellschaften sind in jeder Jahresbilanz der beteiligten Gesellschaften festzustellen und auszuweisen.

§ 3 – Die Minderheitsgesellschafter der abhängigen Gesellschaften können unter Beachtung der Bestimmungen der Paragrafen des Art. 246 gegen deren Verwalter und gegen die beherrschende Gesellschaft Klage auf Ersatz des Schadens erheben, der aus Handlungen, die unter Verletzung der Bestimmungen dieses Artikels begangen wurden, entstanden ist.

Conselho Fiscal das Filiadas

Art. 277 – O funcionamento do conselho fiscal da companhia filiada a grupo, quando não for permanente, poderá ser pedido por acionistas não controladores que representem, no mínimo, 5% (cinco por cento) das ações ordinárias, ou das ações preferenciais sem direito de voto.

§ 1º – Na constituição do conselho fiscal da filiada serão observadas as seguintes normas:

a) os acionistas não controladores votarão em separado, cabendo às ações com direito a voto o direito de eleger 1 (um) membro e respectivo suplente e às ações sem direito a voto, ou com voto restrito, o de eleger outro;

b) a sociedade de comando e as filiadas poderão eleger número de membros, e respectivos suplentes, igual ao dos eleitos nos termos da alínea "a", mais um.

§ 2º – O conselho fiscal da sociedade filiada poderá solicitar aos órgãos de administração da sociedade de comando, ou de outras filiadas, os esclarecimentos ou informações que julgar necessários para fiscalizar a observância da convenção do grupo.

Überwachungsrat der abhängigen Gesellschaften

Art. 277 – Ist der Überwachungsrat einer von dem Konzern abhängigen Gesellschaft nicht als ständige Einrichtung vorgesehen, so kann seine Einrichtung von Aktionären, die nicht die Konzernkontrolle ausüben und mindestens 5 % (fünf Prozent) der Stammaktien oder der stimmrechtslosen Vorzugsaktien halten, gefordert werden.

§ 1 – Bei der Einsetzung des Überwachungsrats einer abhängigen Gesellschaft sind folgende Vorschriften zu beachten:

a) die Aktionäre, die nicht die Konzernkontrolle ausüben, stimmen getrennt ab, wobei den Aktien mit Stimmrecht das Recht zusteht, 1 (ein) Mitglied und dessen Stellvertreter zu wählen, und den Aktien ohne Stimmrecht oder mit eingeschränktem Stimmrecht das Recht auf Wahl eines weiteren Mitglieds zusteht;

b) die beherrschende Gesellschaft und die abhängigen Gesellschaften können, zuzüglich eines weiteren Mitglieds, dieselbe Zahl von Mitgliedern und entsprechenden Stellvertretern wählen, wie gemäß den Bestimmungen des Buchstabens "a" gewählt worden sind;

§ 2 – Der Überwachungsrat einer abhängigen Gesellschaft kann von den Verwaltungsorganen der beherrschenden Gesellschaft oder der abhängigen Gesellschaften die von ihm zur Überwachung der Einhaltung des Konzernvertrags für notwendig gehaltenen Aufklärungen und Informationen fordern.

Capítulo XXII

Consórcio

Art. 278 – As companhias e quaisquer outras sociedades, sob o mesmo controle ou não, podem constituir consórcio para executar determinado empreendimento, observado o disposto neste capítulo.

§ 1º – O consórcio não tem personalidade jurídica e as consorciadas somente se obrigam nas condições previstas no respectivo contrato, respondendo cada uma por suas obrigações sem presunção de solidariedade.

§ 2º – A falência de uma consorciada não se estende às demais, subsistindo o consórcio com as outras contratantes; os créditos que porventura tiver a falida serão apurados e pagos na forma prevista no contrato de consórcio.

Art. 279 – O consórcio será constituído mediante contrato aprovado pelo órgão da sociedade competente para autorizar a alienação de bens do ativo não circulante, do qual constarão:

I – a designação do consórcio, se houver;

II – o empreendimento que constitua o objeto do consórcio;

III – a duração, endereço e foro;

Kapitel XXII

Konsortium (Arbeitsgemeinschaft)

Art. 278 – Aktiengesellschaften und sonstige Gesellschaften, gleich ob sie unter einheitlicher Kontrolle stehen oder nicht, können unter Beachtung der Vorschriften dieses Kapitels ein Konsortium zur Ausführung einer bestimmten Unternehmung bilden.

§ 1 – Das Konsortium hat keine Rechtspersönlichkeit und die Mitglieder des Konsortiums haften nur im Rahmen der Bedingungen des betreffenden Vertrags; jedes Mitglied haftet für seine Verpflichtungen; eine gesamtschuldnerische Haftung wird nicht unterstellt.

§ 2 – Der Konkurs eines Mitglieds des Konsortiums erstreckt sich nicht auf die übrigen Mitglieder, unter denen das Konsortium fortbesteht; Guthaben, die der Konkursschuldner möglicherweise hat, werden gemäß dem Konsortialvertrag festgestellt und ausgezahlt.

Art. 279 – Die Bildung des Konsortiums erfolgt durch einen Vertrag, der von demjenigen Gesellschaftsorgan zu billigen ist, welches für die Genehmigung der Veräußerung von Gegenständen, die nicht Bestandteil des Umlaufvermögens sind, zuständig ist. Der Vertrag muss folgendes enthalten:

I – ggf. die Bezeichnung des Konsortiums;

II – die Unternehmung, welche den Gegenstand des Konsortiums bildet;

III – Dauer, Anschrift und Gerichtsstand;

IV – a definição das obrigações e responsabilidade de cada sociedade consorciada, e das prestações específicas;

V – normas sobre recebimento de receitas e partilha de resultados;

VI – normas sobre administração do consórcio, contabilização, representação das sociedades consorciadas e taxa de administração, se houver;

VII – forma de deliberação sobre assuntos de interesse comum, com o número de votos que cabe a cada consorciado;

VIII – contribuição de cada consorciado para as despesas comuns, se houver.

Parágrafo único – O contrato de consórcio e suas alterações serão arquivados no registro do comércio do lugar da sua sede, devendo a certidão do arquivamento ser publicada.

IV – die Bestimmung der Verpflichtungen und des Haftungsumfanges eines jeden Mitgliedes des Konsortiums und seiner Leistungsanteile;

V – Vorschriften über den Empfang von Einnahmen und die Aufstellung von Ergebnissen;

VI – Vorschriften für die Verwaltung des Konsortiums, Rechnungslegung, Vertretung der Mitglieder des Konsortiums und gegebenenfalls über Verwaltungsgebühren;

VII – die Form der Beschlussfassung über Angelegenheiten von gemeinsamem Interesse mit der Anzahl der Stimmen, die jedem Mitglied des Konsortiums zustehen;

VIII – ggf. den Beitrag eines jeden Mitglieds des Konsortiums zu den gemeinsamen Ausgaben.

Einziger Paragraf – Der Konsortiumvertrag und seine Änderungen sind bei dem Handelsregister des Sitzes des Konsortiums einzutragen; die amtliche Bescheinigung der Eintragung ist zu veröffentlichen.

Capítulo XXIII

Sociedades em Comandita por Ações

Art. 280 – A sociedade em comandita por ações terá o capital dividido em ações e reger-se-á pelas normas relativas às companhias ou sociedades anônimas, sem prejuízo das modificações constantes deste capítulo.

Kapitel XXIII

Kommanditgesellschaften auf Aktien

Art. 280 – Das Kapital der Kommanditgesellschaft auf Aktien ist in Aktien eingeteilt; auf sie finden die für die Aktiengesellschaften oder Gesellschaften mit Inhaberaktien geltenden Bestimmungen Anwendung, vorbehaltlich der sich aus diesem Kapitel ergebenden Abweichungen.

Art. 281 – A sociedade poderá comerciar sob firma ou razão social, da qual só farão parte os nomes dos sócios diretores ou gerentes. Ficam limitada e solidariamente responsáveis, nos termos desta Lei, pelas obrigações sociais, os que, por seus nomes, figurarem na firma ou razão social.

Art. 281 – Die Gesellschaft kann ihre Handelstätigkeit unter einer Firma betreiben, die nur aus den Namen derjenigen Gesellschafter, die Vorstandsmitglieder oder Geschäftsführer sind, besteht. Wer namentlich in der Firma erscheint, haftet für die Verbindlichkeiten der Gesellschaft gemäß den Bestimmungen dieses Gesetzes unbeschränkt und gesamtschuldnerisch.

Parágrafo único – A denominação ou a firma deve ser seguida das palavras "comandita por ações", por extenso ou abreviadamente.

Einziger Paragraf – Der Firma müssen die Worte "Kommanditgesellschaft auf Aktien" ("comandita por ações"), ausgeschrieben oder abgekürzt, beigefügt werden.

Art. 282 – Apenas o sócio ou acionista tem qualidade para administrar ou gerir a sociedade e, como diretor ou gerente, responder subsidiária, mas ilimitada e solidariamente, pelas obrigações da sociedade.

Art. 282 – Nur ein Gesellschafter oder Aktionär ist befugt, die Gesellschaft zu verwalten oder ihre Geschäfte zu führen; als Vorstandsmitglied oder Geschäftsführer haftet er hilfsweise, jedoch unbeschränkt und gesamtschuldnerisch, für die Verpflichtungen der Gesellschaft.

§ 1º – Os diretores ou gerentes serão nomeados, sem limitação de tempo, no estatuto da sociedade, e somente poderão ser destituídos por deliberação de acionistas que representem dois terços, no mínimo, do capital social.

§ 1 – Die Vorstandsmitglieder oder Geschäftsführer werden in der Satzung der Gesellschaft auf unbestimmte Dauer ernannt und können nur auf Beschluss von Aktionären abberufen werden, die mindestens zwei Drittel des Gesellschaftskapitals vertreten.

§ 2º – O diretor ou gerente que for destituído ou se exonerar continuará responsável pelas obrigações sociais contraídas sob sua administração.

§ 2 – Vorstandsmitglieder oder Geschäftsführer, die abgesetzt werden oder zurücktreten, haften weiterhin für die während ihrer Amtszeit eingegangenen Verbindlichkeiten der Gesellschaft.

Art. 283 – A assembléia geral não pode, sem o consentimento dos diretores ou gerentes, mudar o objeto essencial da sociedade, prorrogar-lhe o prazo de duração, aumentar ou diminuir o capital social, emitir debêntures ou criar partes beneficiárias nem aprovar a participação em grupo

Art. 283 – Ohne Zustimmung der Vorstandsmitglieder oder Geschäftsführer kann die Hauptversammlung nicht den wesentlichen Gesellschaftszweck ändern, die Dauer der Gesellschaft verlängern, das Grundkapital erhöhen oder herabsetzen, Schuldverschreibungen ausgeben oder

de sociedade.

Genussscheine schaffen sowie die Beteiligung an einem Konzern beschließen.

Art. 284 – Não se aplica à sociedade em comandita por ações o disposto nesta Lei sobre conselho de administração, autorização estatutária de aumento de capital e emissão de bônus de subscrição.

Art. 284 – Auf die Kommanditgesellschaft auf Aktien finden die Bestimmungen dieses Gesetzes über den Verwaltungsrat, die Ermächtigung zur Kapitalerhöhung in der Satzung und die Ausgabe von Zeichnungsboni keine Anwendung.

Capítulo XXIV

Prazos de Prescrição

Kapitel XXIV

Verjährungsfristen

Art. 285 – A ação para anular a constituição da companhia por vício ou defeito, prescreve em 1 (um) ano, contado da publicação dos atos constitutivos.

Art. 285 – Das Recht auf Klage auf Anfechtung der Gründung der Aktiengesellschaft wegen Fehlern oder Mängeln verjährt in 1 (einem) Jahr ab Veröffentlichung der Gründungsakte.

Parágrafo único – Ainda depois de proposta a ação, é lícito à companhia por deliberação da assembléia geral, providenciar para que seja sanado o vício ou defeito.

Einziger Paragraf – Auch nach Klageerhebung kann die Gesellschaft durch Beschlussfassung der Hauptversammlung dafür Sorge tragen, dass Fehler oder Mängel geheilt werden.

Art. 286 – A ação para anular as deliberações tomadas em assembléia geral ou especial, irregularmente convocada ou instalada, violadoras da lei ou do estatuto, ou eivadas de erro, dolo, fraude ou simulação prescreve em 2 (dois) anos, contados da deliberação.

Art. 286 – Das Recht auf Klage auf Anfechtung von Beschlüssen, die in einer nicht ordnungsgemäß einberufenen oder zusammengetretenen Haupt- oder Sonderversammlung getroffen wurden, sowie von Beschlüssen, die gegen das Gesetz oder die Satzung verstoßen oder auf Irrtum, Arglist, Betrug oder Täuschung beruhen, verjährt in 2 (zwei) Jahren ab Beschlussfassung.

Art. 287 – Prescreve

I – em 1 (um) ano:

a) a ação contra peritos e subscritores do capital, para deles haver reparação civil pela avaliação de bens, contado o prazo da publicação da ata

Art. 287 – Es verjähren:

I – in 1 (einem) Jahr:

a) das Recht auf Klage gegen Sachverständige und Zeichner von Kapital auf zivilrechtliche Entschädigung wegen der Bewertung von

da assembléia geral que aprovar o laudo;

b) a ação dos credores não pagos contra os acionistas e os liquidantes, contado o prazo da publicação da ata de encerramento da liquidação da companhia;

II – em 3 (três) anos:

a) a ação para haver dividendos, contado o prazo da data em que tenham sido postos à disposição do acionista;

b) a ação contra os fundadores, acionistas, administradores, liquidantes, fiscais ou sociedades de comando, para deles haver reparação civil por atos culposos ou dolosos, no caso de violação da lei, do estatuto ou da convenção do grupo, contado o prazo:

1) para os fundadores, da data da publicação dos atos constitutivos da companhia;

2) para acionistas, administradores, fiscais e sociedades de comando, da data da publicação da ata que aprovar o balanço referente ao exercício em que a violação tenha ocorrido;

3) para os liquidantes, da data da publicação da ata da primeira as-

Vermögensgegenständen, gerechnet ab dem Datum der Veröffentlichung der Niederschrift über die Hauptversammlung, die das Gutachten gebilligt hat;

b) das Recht auf Klage der nicht befriedigten Gläubiger gegen die Aktionäre und Liquidatoren, gerechnet ab Datum der Veröffentlichung des Protokolls über die Beendigung der Liquidation der Gesellschaft;

II – in 3 (drei) Jahren:

a) das Recht auf Klage auf Zahlung von Dividenden, gerechnet ab dem Datum, an dem diese dem Aktionär zur Verfügung gestellt worden sind;

b) das Recht auf Klage gegen die Gründer, Aktionäre, Verwalter, Liquidatoren, Mitglieder des Überwachungsrats oder gegen die konzernführende Gesellschaft auf zivilrechtliche Entschädigung wegen fahrlässiger oder vorsätzlicher Handlungen im Falle von Verstößen gegen das Gesetz, die Satzung oder den Konzernvertrag, wie folgt gerechnet:

1) gegen die Gründer ab Datum der Veröffentlichung der Gründungsakte der Gesellschaft;

2) gegen die Aktionäre, Verwalter, Mitglieder des Überwachungsrats und die konzernführenden Gesellschaften ab Datum der Veröffentlichung der Niederschrift, in der die Bilanz des Geschäftsjahres, in dem der Verstoß geschehen ist, gebilligt wurde;

3) gegen die Liquidatoren ab Datum der Veröffentlichung der

sembléia geral posterior à violação;

Niederschrift über die erste Hauptversammlung nach dem Verstoß;

c) a ação contra acionista para restituição de dividendos recebidos de má-fé, contado o prazo da data da publicação da ata da assembléia geral ordinária do exercício em que os dividendos tenham sido declarados;

c) das Recht auf Klage gegen Aktionäre auf Rückerstattung von Dividenden, die sie bösgläubig empfangen haben, ab Datum der Veröffentlichung der Niederschrift über die ordentliche Hauptversammlung des Geschäftsjahres, in dem die Dividenden festgestellt worden sind;

d) a ação contra os administradores ou titulares de partes beneficiárias para restituição das participações no lucro recebidas de má-fé, contado o prazo da data da publicação da ata da assembléia geral ordinária do exercício em que as participações tenham sido pagas;

d) das Recht auf Klage gegen die Verwalter oder Inhaber von Genussscheinen auf Rückerstattung ihrer Gewinnbeteiligung, die sie bösgläubig empfangen haben, ab Datum der Veröffentlichung der Niederschrift über die ordentliche Hauptversammlung des Geschäftsjahres, in dem die Beteiligungen gezahlt worden sind;

e) a ação contra o agente fiduciário de debenturistas ou titulares de partes beneficiárias para dele haver reparação civil por atos culposos ou dolosos, no caso de violação da lei ou da escritura de emissão, a contar da publicação da ata da assembléia geral que tiver tomado conhecimento da violação;

e) das Recht auf Klage gegen den Treuhänder von Schuldverschreibungsinhabern oder Genussscheinen auf zivilrechtliche Entschädigung wegen fahrlässiger oder vorsätzlicher Handlungen im Falle von Verstößen gegen das Gesetz oder Vorschriften der Ausgabeurkunde, ab Datum der Veröffentlichung der Niederschrift über die Hauptversammlung, die von dem Verstoß Kenntnis genommen hat;

f) a ação contra o violador do dever de sigilo de que trata o artigo 260 para dele haver reparação civil, a contar da data da publicação da oferta;

f) das Recht auf Klage auf zivilrechtliche Entschädigung gegen denjenigen, der die Geheimhaltungspflicht gem. Art. 260 verletzt, gerechnet ab Datum der Veröffentlichung des Angebots;

g) a ação movida pelo acionista contra a companhia, qualquer que seja o seu fundamento.

g) die vom Aktionär gegen die Gesellschaft angestrengte Klage, ungeachtet ihrer Begründung.

Art. 288 – Quando a ação se originar de fato que deva ser apurado no juízo criminal, não ocorrerá a prescrição antes da respectiva sentença definitiva, ou da prescrição da ação penal.

Art. 288 – Falls die Klage ihren Ursprung in einem Tatbestand hat, der in einem Strafverfahren geklärt werden muss, tritt die Verjährung nicht vor dem betreffenden rechtskräftigen Urteil oder der Verjährung der Strafverfolgung ein.

Capítulo XXV

Disposições Gerais

Kapitel XXV

Allgemeine Vorschriften

Art. 289 – As publicações ordenadas pela presente Lei serão feitas no órgão oficial da União ou do Estado ou do Distrito Federal, conforme o lugar em que esteja situada a sede da companhia e em outro jornal de grande circulação editado na localidade em que está situada a sede da companhia.

Art. 289 – Die von diesem Gesetz vorgeschriebenen Veröffentlichungen haben in dem amtlichen Mitteilungsblatt des Bundes oder des Landes oder des Bundesdistrikts, entsprechend dem Sitz der Gesellschaft, und in einer anderen am Sitz der Gesellschaft herausgegebenen Zeitung mit hoher Auflage zu erfolgen.

§ 1º – A Comissão de Valores Mobiliários poderá determinar que as publicações ordenadas por esta Lei sejam feitas, também, em jornal de grande circulação nas localidades em que os valores mobiliários da companhia sejam negociados em bolsa ou em mercado de balcão, ou disseminadas por algum outro meio que assegure sua ampla divulgação e imediato acesso às informações.

§ 1 – Die Wertpapierkommission kann bestimmen, dass die in diesem Gesetz angeordneten Veröffentlichungen außerdem in einer Zeitung mit hoher Auflage, die in den Orten erscheint, in denen die Wertpapiere der Gesellschaft an der Börse oder im geregelten Freiverkehr gehandelt werden, erfolgen müssen, oder durch ein anderes Medium verbreitet werden, das eine weite Verbreitung und den sofortigen Zugang zu den Informationen sicherstellt.

§ 2º – Se no lugar em que estiver situada a sede da companhia não for editado jornal, a publicação se fará em órgão de grande circulação local.

§ 2 – Wenn in dem Ort, an dem sich der Sitz der Gesellschaft befindet, keine Zeitung erscheint, erfolgt die Veröffentlichung in einem Organ mit weiter örtlicher Verbreitung.

§ 3º – A companhia deve fazer as publicações previstas nesta Lei sempre no mesmo jornal, e qualquer mudança deverá ser precedida de aviso aos acionistas no extrato da ata da assembléia geral

§ 3 – Die Gesellschaft hat die im Gesetz vorgesehenen Veröffentlichungen immer in derselben Zeitung vorzunehmen; jeder Änderung hat eine Mitteilung an die Aktionäre im Auszug der Niederschrift über

ordinária.

die ordentliche Hauptversammlung vorauszugehen.

§ 4º – O disposto no final do § 3º não se aplica à eventual publicação de atas ou balanços em outros jornais.

§ 4 – Die Bestimmung am Ende des § 3 findet keine Anwendung auf eine eventuelle Veröffentlichung der Niederschriften oder Bilanzen in anderen Zeitungen.

§ 5º – Todas as publicações ordenadas nesta Lei deverão ser arquivadas no registro do comércio.

§ 5 – Alle in diesem Gesetz angeordneten Veröffentlichungen sind beim Handelsregister einzutragen.

§ 6º – As publicações do balanço e da demonstração de lucros e perdas poderão ser feitas adotando-se como expressão monetária o milhar de reais.

§ 6 – Die Veröffentlichungen der Bilanz und der Gewinn- und Verlustrechnung können in der Geldeinheit Tausend Reais ausgedrückt werden.

§ 7º – Sem prejuízo do disposto no "caput" deste artigo, as companhias abertas poderão, ainda, disponibilizar as referidas publicações pela rede mundial de computadores.

§ 7 – Unbeschadet der Bestimmungen im Eingang zu diesem Artikel können die offenen Aktiengesellschaften darüber hinaus die angeführten Veröffentlichungen über ein weltweites Computernetz verfügbar machen.

Art. 290 – A indenização por perdas e danos em ações com fundamento nesta Lei será corrigida monetariamente até o trimestre civil em que for efetivamente liquidada.

Art. 290 – Der Betrag des Schadensersatzes aus Klagen aufgrund dieses Gesetzes wird bis zu dem Kalendervierteljahr, in dem der Anspruch tatsächlich befriedigt wird, geldwertberichtigt.[42]

Art. 291 – A Comissão de Valores Mobiliários poderá reduzir, mediante fixação de escala em função do valor do capital social, a porcentagem mínima aplicável às companhias abertas, estabelecida no Art. 105; na alínea "c" do parágrafo único do Art. 123; no "caput" do Art. 141 ; no § 1º do Art. 157; no § 4º do Art. 159; no § 2° do Art. 161; no § 6º do Art. 163; na alínea "a" do § 1º do Art. 246; e no Art. 277.

Art. 291 – Die Wertpapierkommission kann mittels Festlegung einer Abstufung nach der Höhe des Grundkapitals den auf die offenen Aktiengesellschaften anzuwendenden, in Art. 105; Art. 123, Einziger Paragraf, Buchstabe "c"; Eingang zu Art. 141 , Art 157, § 1; Art. 159, § 4; Art. 161, § 2; Art. 163, § 6; Art. 246, § 1, Buchstabe "a" und Art. 277 festgesetzten Mindestprozentsatz herabsetzen.

Parágrafo único – A Comissão de Valores Mobiliários poderá reduzir a

Einziger Paragraf – Die Wertpapierkommission kann den in Art. 249 behandelten

[42] Die Geldwertberichtigung ist durch das Gesetz Nr. 9069 vom 29.06.1995 abgeschafft worden.

porcentagem de que trata o Art. 249.

Prozentsatz herabsetzen.

Art. 292 – As sociedades de que trata o artigo 62 da Lei nº 4.728, de 14 de julho de 1965, podem ter suas ações ao portador.

Art. 292 – Die in Art. 62 des Gesetzes Nr. 4.728 vom 14.7.1965 erwähnten Gesellschaften dürfen ihre eigenen Inhaberaktien[43] besitzen.

Art. 293 – A Comissão de Valores Mobiliários autorizará as bolsas de valores a prestar os serviços previstos nos artigos 27; 34, § 2º; 39, § 1º; 40; 41; 42; 43; 44; 72; 102 e 103.

Art. 293 – Die Wertpapierkommission hat die Wertpapierbörsen zu ermächtigen, die in den Art. 27; 34, § 2; 39, § 1; 40; 41; 42; 43; 44; 72; 102 und 103 vorgesehenen Dienstleistungen zu erbringen.

Parágrafo único – As instituições financeiras não poderão ser acionistas das companhias a que prestarem os serviços referidos nos artigos 27; 34, § 2º; 41; 42; 43 e 72.

Einziger Paragraf – Die Finanzinstitute können nicht Aktionäre der Gesellschaften sein, denen sie die in den Art. 27; 34, § 2; 41; 42; 43 und 72 vorgesehenen Dienstleistungen erbringen.

Art. 294 – A companhia fechada que tiver menos de vinte acionistas, com patrimônio líquido inferior a R$ 1.000.000,00 (um milhão de reais), poderá:

I – convocar assembléia geral por anúncio entregue a todos os acionistas, contra recibo, com a antecedência prevista no artigo 124; e

II – deixar de publicar os documentos de que trata o artigo 133, desde que sejam, por cópias autenticadas, arquivados no registro de comércio, juntamente com a ata da assembléia que sobre eles deliberar.

Art. 294 – Die geschlossene Aktiengesellschaft mit einem unter R$ 1.000.000,00 (eine Million Reais) liegenden Eigenkapital, die weniger als 20 (zwanzig) Aktionäre hat, kann:

I – Hauptversammlungen durch eine an alle Aktionäre gegen Empfangsbescheinigung gerichtete Mitteilung mit der in Art. 124 vorgesehenen Frist einberufen; und

II – von einer Veröffentlichung der in Art. 133 behandelten Unterlagen absehen, sofern diese in Form von beglaubigten Abschriften beim Handelsregister zusammen mit der Niederschrift über die Hauptversammlung, die darüber Beschluss fasst, eingetragen sind.

§ 1º – A companhia deverá guardar os recibos de entrega dos anúncios de convocação e arquivar no registro de comércio, juntamente com a ata da assembléia, cópia

§ 1 – Die Gesellschaft muss die Empfangsbescheinigungen über die Einberufungsmitteilungen aufbewahren und von diesen eine beglaubigte Abschrift

[43] Alle Bestimmungen über Inhaberaktien haben aufgrund der Änderung des Gesetzes Nr. 8.021 vom 12.4.1990 ihre Relevanz verloren, da danach keine Inhaberaktien mehr existieren.

autenticada dos mesmos.

zusammen mit der Hauptversammlungsniederschrift beim Handelsregister eintragen lassen.

§ 2º – Nas companhias de que trata este artigo, o pagamento da participação dos administradores poderá ser feito sem observância do disposto no § 2º do artigo 152, desde que aprovada pela unanimidade dos acionistas.

§ 2 – Die in diesem Artikel aufgeführten Gesellschaften sind hinsichtlich der Zahlung von Gewinnbeteiligungen an Mitglieder der Verwaltungsorgane von den Beschränkungen des Art. 152, § 2 befreit, wenn die Festsetzung der Gewinnbeteiligung durch einstimmigen Beschluss der Aktionäre erfolgte.

§ 3º – O disposto neste artigo não se aplica à companhia controladora de grupo de sociedade, ou a ela filiadas.

§ 3 – Die Bestimmung dieses Art. findet auf die beherrschende Gesellschaft eines Konzerns oder die von ihm abhängigen Gesellschaften keine Anwendung.

Capítulo XXVI

Disposições Transitórias

Kapitel XXVI

Übergangsvorschriften

Art. 295 – A presente Lei entrará em vigor 60 (sessenta) dias após a sua publicação, aplicando-se, todavia, a partir da data da publicação, às companhias que se constituírem.

Art. 295 – Dieses Gesetz tritt 60 (sechzig) Tage nach seiner Veröffentlichung in Kraft, findet jedoch auf die Errichtung neuer Gesellschaften vom Tag seiner Veröffentlichung an Anwendung.

§ 1º – O disposto neste artigo não se aplica às disposições sobre:

a) elaboração das demonstrações financeiras, que serão observadas pelas companhias existentes a partir do exercício social que se iniciar após 1º de janeiro de 1978;

b) a apresentação, nas demonstrações financeiras, de valores do exercício anterior (Art. 176, § 1º) , que será obrigatório a partir do balanço do exercício social subseqüente ao

§ 1 – Die Bestimmungen dieses Artikels finden keine Anwendung auf die Vorschriften über:

a) die Erstellung des Jahresabschlusses, die von den bestehenden Gesellschaften ab dem nach dem 1.1.1978 beginnenden Geschäftsjahr zu beachten sind;

b) die Angabe der Werte des vorangegangenen Geschäftsjahres in dem Jahresabschluss (Art. 176, §1); diese Angabe ist verbindlich von der Bilanz des Geschäftsjahres an, das dem

referido na alínea anterior;

c) elaboração e publicação de demonstrações financeiras consolidadas, que somente serão obrigatórias para os exercícios iniciados a partir de 1º de janeiro de 1978.

§ 2º – A participação dos administradores nos lucros sociais continuará a regular-se pelas disposições legais e estatutárias em vigor, aplicando-se o disposto nos §§ 1º e 2º do artigo 152 a partir do exercício social que se iniciar no curso do ano de 1977.

§ 3º – A restrição ao direito de voto das ações ao portador (artigo 112) só vigorará a partir de 1 (um) ano a contar da data em que esta Lei entrar em vigor.

Art. 296 – As companhias existentes deverão proceder à adaptação do seu estatuto aos preceitos desta Lei no prazo de 1 (um) ano a contar da data em que ela entrar em vigor, devendo para esse fim ser convocada assembléia geral dos acionistas.

§ 1º – Os administradores e membros do Conselho Fiscal respondem pelos prejuízos que causarem pela inobservância do disposto neste artigo.

§ 2º – O disposto neste artigo não prejudicará os direitos pecuniários conferidos por partes beneficiárias e debêntures em circulação na data da publicação desta Lei, que somente poderão ser modificados ou reduzidos com observância do disposto no artigo 51 e no § 5º do artigo 71.

in dem vorhergehenden Buchstaben erwähnten Geschäftsjahr folgt;

c) die Feststellung und Veröffentlichung von konsolidierten Abschlüssen, die erst für die ab 1.1.1978 beginnenden Geschäftsjahre verbindlich sind.

§ 2 – Die Beteiligung der Verwalter an den Gesellschaftsgewinnen unterliegt weiterhin den geltenden Gesetzes- und Satzungsbestimmungen, wobei die Vorschriften des Art. 152, §§ 1 und 2 ab dem Geschäftsjahr anzuwenden sind, das im Verlauf des Jahres 1977 beginnt.

§ 3 – Die Einschränkung des Stimmrechts der Inhaberaktien (Art. 112) gilt erst 1 (ein) Jahr vom Datum des Inkrafttretens dieses Gesetzes an.

Art. 296 – Die bereits bestehenden Gesellschaften müssen ihre Satzung den Vorschriften dieses Gesetzes innerhalb eines Jahres, vom Datum des Inkrafttretens dieses Gesetzes an gerechnet, anpassen, wozu eine Hauptversammlung der Aktionäre einzuberufen ist.

§ 1 – Die Verwalter und Mitglieder des Überwachungsrats haften für die durch Nichtbeachtung der Bestimmung dieses Artikels verursachten Schäden.

§ 2 – Die Bestimmung dieses Artikels beeinträchtigt nicht die sich aus im Zeitpunkt der Veröffentlichung dieses Gesetzes in Umlauf befindlichen Genussscheinen und Schuldverschreibungen ergebenden Ansprüche in Geld, die nur unter Beachtung der Bestimmungen des Art. 51 und des Art. 71, § 5 geändert oder herabgesetzt werden können.

§ **3º** – As companhias existentes deverão eliminar, no prazo de 5 (cinco) anos, a contar da data da entrada em vigor desta Lei, as participações recíprocas vedadas pelo artigo 244 e seus parágrafos.

§ **3** – Die bereits bestehenden Gesellschaften müssen innerhalb von 5 (fünf) Jahren ab Datum des Inkrafttretens dieses Gesetzes die nach Art. 244 und dessen Paragrafen verbotenen wechselseitigen Beteiligungen auflösen.

§ **4º** – As companhias existentes, cujo estatuto for omisso quanto à fixação do dividendo, ou que o estabelecer em condições que não satisfaçam aos requisitos do § 1º do artigo 202, poderão, dentro do prazo previsto neste artigo, fixá-lo em porcentagem inferior à prevista no § 2º do artigo 202, mas os acionistas dissidentes dessa deliberação terão direito de retirar-se da companhia, mediante reembolso do valor de suas ações, com observância do disposto nos artigos 45 e 137.

§ **4** – Die bestehenden Gesellschaften, deren Satzungen über die Festsetzung der Dividende schweigen oder sie zu Bedingungen festlegen, die nicht den Anforderungen des Art. 202, § 1 entsprechen, können innerhalb der in diesem Artikel festgelegten Frist die Dividende prozentmäßig niedriger festsetzen, als in Art. 202, § 2 vorgesehen, jedoch haben die diesem Beschluss nicht zustimmenden Aktionäre das Recht, gegen Rückerstattung des Wertes ihrer Aktien unter Beachtung der Vorschriften der Art. 45 und 137 aus der Gesellschaft auszuscheiden.

§ **5º** – O disposto no artigo 199 não se aplica às reservas constituídas e aos lucros acumulados em balanços levantados antes de 1º de janeiro de 1977.

§ **5** – Die Vorschrift des Art. 199 findet keine Anwendung auf die Rücklagen und die Gewinnvorträge, die in vor dem 1. Januar 1977 erstellten Bilanzen gebildet wurden.

§ **6º** – O disposto nos §§ 1º e 2º do artigo 237 não se aplica às participações existentes na data da publicação desta Lei.

§ **6** – Die Vorschriften des Art. 237, §§ 1 und 2 finden auf Beteiligungen, die im Zeitpunkt der Veröffentlichung dieses Gesetzes bestehen, keine Anwendung.

Art. 297 – As companhias existentes que tiverem ações preferenciais com prioridade na distribuição de dividendo fixo ou mínimo ficarão dispensadas do disposto no artigo 167 e seu § 1º, desde que no prazo de que trata o artigo 296 regulem no estatuto a participação das ações preferenciais na correção anual do capital social, com observância das seguintes normas:

Art. 297 – Die bereits bestehenden Gesellschaften mit Vorzugsaktien, die einen Vorrang bei der Ausschüttung von Fest- oder Mindestdividenden genießen, brauchen die Vorschriften des Art. 167 und seines § 1 nicht anzuwenden, sofern sie innerhalb der in Art. 296 behandelten Frist in ihren Satzungen die Beteiligung der Vorzugsaktien an der jährlichen Berichtigung des Grundkapitals unter Beachtung der folgenden Vorschriften regeln:

I – o aumento de capital poderá ficar na dependência de deliberação da assembléia geral, mas será obrigatório quando o saldo da conta de que trata o § 3º do artigo 182 ultrapassar 50% (cinqüenta por cento) do capital social;

II – a capitalização da reserva poderá ser procedida mediante aumento do valor nominal das ações ou emissões de novas ações bonificadas, cabendo à assembléia geral escolher, em cada aumento de capital, o modo a ser adotado;

III – em qualquer caso, será observado o disposto no § 4º do artigo 17.

IV – as condições estatutárias de participação serão transcritas nos certificados das ações da companhia.

Art. 298 – As companhias existentes, com capital inferior a Cr$ 5.000.000,00 (cinco milhões de cruzeiros), poderão, no prazo de que trata o artigo 296, deliberar, pelo voto de acionistas que representem 2/3 (dois terços) do capital social, a sua transformação em sociedade por quotas, de responsabilidade limitada observadas as seguintes normas:

I – na deliberação da assembléia a cada ação caberá 1 (um) voto, independentemente de espécie ou classe;

II – a sociedade por quotas resultante da transformação deverá ter o seu capital integralizado e o seu contrato social assegurará aos sócios a livre

I – die Kapitalerhöhung kann von dem freien Beschluss der Hauptversammlung abhängen, muss jedoch vorgenommen werden, wenn der Saldo des in Art. 182, § 3 behandelten Kontos 50 % (fünfzig Prozent) des Grundkapitals übersteigt;

II – die Kapitalisierung der Rücklage kann durch Erhöhung des Nennwerts der Aktien oder durch Ausgabe von neuen Gratisaktien erfolgen, wobei die Hauptversammlung bei jeder Kapitalerhöhung das anzuwendende Verfahren auswählt;

III – in jedem Fall ist die Bestimmung des Artikels 17, § 4 zu beachten;

IV – die Satzungsbestimmungen über die Beteiligung sind in die Aktienurkunden der Gesellschaft aufzunehmen.

Art. 298 – Bestehende Aktiengesellschaften mit einem Kapital unter Cr$ 5.000.000,00 (fünf Millionen Cruzeiros)[44] können innerhalb der Frist des Art. 296 mit den Stimmen von Aktionären, die 2/3 (zwei Drittel) des Grundkapitals vertreten, unter Beachtung der folgenden Bestimmungen die Umwandlung in eine Gesellschaft mit beschränkter Haftung beschließen:

I – bei dem Hauptversammlungsbeschluss steht jeder Aktie unabhängig von ihrer Art oder Klasse 1 (eine) Stimme zu;

II – das Kapital der sich aus der Umwandlung ergebenden Gesellschaft mit beschränkter Haftung muss eingezahlt sein und der Gesellschafts-

44 Die Währung "Cruzeiro (Cr$)" wurde abgeschafft. Die aktuelle brasilianische Währung "Real" ist seit dem 1.7.1994 im Umlauf.

transferência das quotas, entre si ou para terceiros;

vertrag muss den Gesellschaftern die freie Übertragbarkeit ihrer Anteile unter sich oder auf Dritte zusichern;

III – o acionista dissidente da deliberação da assembléia poderá pedir o reembolso das ações pelo valor de patrimônio líquido a preços de mercado, observado o disposto nos artigos 45 e 137;

III – der Aktionär, der dem Hauptversammlungsbeschluss nicht zustimmt, kann die Rückerstattung seiner Aktien gemäß dem Wert des Reinvermögens zu Marktpreisen unter Beachtung der Bestimmungen der Art. 45 und 137 verlangen;

IV – o prazo para o pedido de reembolso será de 90 (noventa) dias a partir da data da publicação da ata da assembléia, salvo para os titulares de ações nominativas, que será contado da data do recebimento de aviso por escrito da companhia.

IV – die Frist für den Antrag auf Rückerstattung beträgt 90 (neunzig) Tage ab Datum der Veröffentlichung der Hauptversammlungsniederschrift, ausgenommen für die Inhaber von Namensaktien, bei denen die Frist ab Datum des Empfangs der schriftlichen Benachrichtigung durch die Gesellschaft läuft.

Art. 299 – Ficam mantidas as disposições sobre sociedades por ações, constantes de legislação especial sobre a aplicação de incentivos fiscais na áreas da SUDENE, SUDAM, SUDEPE, EMBRATUR e Reflorestamento, bem como todos os dispositivos das Leis n°s 4.131, de 3 de setembro de 1962, e 4.390, de 29 de agosto de 1964.

Art. 299 – Die Bestimmungen über Aktiengesellschaften, die in der besonderen Gesetzgebung über die Anwendung von Steuervergünstigungen in den Bereichen "SUDENE, SUDAM, SUDEPE, EMBRATUR und Reflorestamento" enthalten sind, bleiben ebenso wie alle Bestimmungen der Gesetze Nr. 4.131 vom 3.9.1962 und Nr. 4.390 vom 29.8.1964 in Kraft.

Art. 299-A. – O saldo existente em 31 de dezembro de 2008 no ativo diferido que, pela sua natureza, não puder ser alocado a outro grupo de contas, poderá permanecer no ativo sob essa classificação até sua completa amortização, sujeito à análise sobre a recuperação de que trata o § 3o do art. 183 desta Lei.

Art. 299-A. – Der am 31. Dezember 2008 in den aktiven Rechnungsabgrenzungsposten vorhandene Saldo, der aufgrund seiner Art nicht einer anderen Kontengruppe zugeordnet werden kann, kann bis zu seiner vollständigen Amortisation unter dieser Klassifizierung verbleiben, und ist der in § 3 des Art. 183 behandelten Untersuchung der Wiedererlangung unterworfen.

Art. 299-B. – O saldo existente no resultado de exercício futuro em 31 de

Art. 299-B. – Der am 31. Dezember 2008 im Ergebnis zukünftiger Geschäftsjahre

dezembro de 2008 deverá ser reclassificado para o passivo não circulante em conta representativa de receita diferida.

Parágrafo único. – O registro do saldo de que trata o caput deste artigo deverá evidenciar a receita diferida e o respectivo custo diferido.

Art. 300 – Ficam revogados o Decreto-Lei nº 2.627, de 26 de setembro de 1940, com exceção dos artigos 59 a 73, e demais disposições em contrário.

Brasília, 15 de dezembro de 1976;

155º da Independência e 88º da República.

Ernesto Geisel

Mário Henrique Simonsen

vorhandene Saldo ist neu als nicht kurzfristiger Passivposten zu klassifizieren und in einem Konto auszuweisen, das die Abgrenzung des Ergebnisses darstellt.

Einziger Paragraf – Die Buchung des Saldos, der im Hauptteil dieses Artikels behandelt wird, muss die Abgrenzung des Ergebnisses und die diesbezügliche Kostenabgrenzung hervorheben.

Art. 300 – Das Gesetzesdekret Nr. 2.627 vom 26.9.1940, mit Ausnahme der Art. 59 bis 73, sowie alle sonstigen entgegenstehenden Bestimmungen werden aufgehoben.

Brasília, den 15. Dezember 1976;

im 155. Jahr der Unabhängigkeit und im 88. Jahr der Republik.

Ernesto Geisel

Mário Henrique Simonsen

Decreto-Lei nº 2.627, de 26 de setembro de 1940. Artigos 59 a 73

Dekret-Gesetz Nr. 2.627 vom 26. September 1940 Artikel 59 – 73

De acordo com o artigo 300, continuam em vigor os artigos 59 a 73 do Decreto-Lei n.º 2.627, de 26 de setembro de 1940, que vêm reproduzidos a seguir. A tradução foi extraída da obra "Die Aktiengesellschaft im brasilianischen Recht" – Frankfurt am Main – Berlin 1956 – por gentil permissão de seu autor, Dr. Carl W. Amberger.

Laut Art. 300 gelten weiterhin nachstehende Art. 59 bis 73 des Dekretgesetzes Nr. 2.627 vom 26. September 1940. Die Übersetzung wurde dem Werk "Die Aktiengesellschaft im brasilianischen Recht" von Dr. Carl W. Amberger – Frankfurt am Main – Berlin 1956 mit freundlicher Genehmigung des Verfassers entnommen.

Capítulo VIII

Achter Abschnitt

Da sociedade anônima ou companhia cujo funcionamento depende de autorização do Governo, sociedades anônimas ou companhias nacionais e estrangeiras

Von der Gesellschaft mit Inhaberaktien oder Aktiengesellschaft, deren Tätigkeit von der Genehmigung der Regierung abhängt, nationale und ausländische Aktiengesellschaften oder Gesellschaft mit Inhaberaktien

Art. 59 – A sociedade anônima ou companhia que dependa de autorização do Governo para funcionar, reger-se-á por esta Lei, sem prejuízo do que estabelecer a lei especial.

Art. 59 – Die Gesellschaft mit Inhaberaktien oder Aktiengesellschaft, die zu ihrer Tätigkeit die Genehmigung der Regierung benötigt, regelt sich nach diesem Gesetz, unbeschadet der Vorschriften des Sondergesetzes.

Parágrafo único – A competência para a autorização é sempre do Governo Federal.

Einziger Paragraf – Für die Genehmigung ist immer die Bundesregierung zuständig.

Art. 60 – São nacionais as sociedades organizadas na conformidade da lei brasileira e que tem no país a sede de sua administração.

Art. 60 – National sind diejenigen Gesellschaften, die in Übereinstimmung mit dem brasilianischen Gesetz organisiert sind und die im Inland den Sitz ihrer Verwaltung haben.

Parágrafo único – Quando a lei exigir que todos os acionistas ou certo número

Einziger Paragraf – Wenn das Gesetz verlangt, dass alle Aktionäre oder eine deles sejam brasileiros, as ações da companhia ou sociedade anônima revestirão a forma nominativa. Na sede da sociedade ficará arquivada uma cópia autêntica do documento comprobatório da nacionalidade.

Art. 61 – O requerimento ou pedido de autorização das sociedades nacionais deve ser acompanhado:

a) do projeto dos estatutos;

b) da lista dos subscritores, organizada como se prescreve no Art. 42;

c) do documento comprobatório do depósito em dinheiro, da décima parte do capital, se maior percentagem não for exigida pela lei especial (artigo 38);

d) de cópia autêntica da ata da assembléia de constituição ou certidão da escritura pública, se por essa forma se houver constituído a sociedade.

§ 1º – O Governo poderá determinar alterações ou aditamentos nos estatutos da sociedade. Verificada tal hipótese, os fundadores convocarão os subscritores, a fim de que deliberem, em assembléia, que funcionará na forma prevista no artigo 44, sobre as alterações ou aditamentos exigidos pelo Governo; aprovadas as alterações ou aditamentos, os fundadores juntarão ao processo de autorização cópia autêntica da ata.

§ 2º – O Governo poderá ordenar que a sociedade, cumpridas as formalidades

bestimmte Anzahl derselben brasilianische Staatsangehörige sein müssen, dann müssen die Aktien der Aktiengesellschaft Namensaktien sein. Am Sitz der Gesellschaft wird eine beglaubigte Zweitschrift des Dokuments archiviert, das die Staatsangehörigkeit beweist.

Art. 61 – Das Gesuch oder der Antrag um Genehmigung für nationale Gesellschaften muss begleitet sein:

a) von dem Entwurf der Statuten;

b) von der Liste der Zeichner, die gemäß Art. 42 aufgemacht sein muss;

c) von dem beweiskräftigen Dokument für die Hinterlegung des zehnten Teils des Kapitals in Geld, sofern durch Sondergesetz keine höhere Teilsumme verlangt wird (Art. 38);

d) von der beglaubigten Zweitschrift des Protokolls der Gründungsversammlung oder von der amtlichen Abschrift der öffentlichen Urkunde, sofern die Gesellschaft auf diese Art gegründet wurde.

§ 1 – Die Regierung kann Änderungen oder Zusätze zu den Gesellschaftsstatuten verlangen. Ist dies der Fall, dann haben die Gründer die Zeichner zusammenzurufen, damit diese in einer Versammlung, die sich in der in Art. 44 beschriebenen Weise abwickelt, über die Änderungen oder Zusätze beschließen, die von der Regierung verlangt wurden; wurde den Änderungen oder Zusätzen zugestimmt, dann haben die Gründer dem Genehmigungsverfahren eine beglaubigte Zweitschrift des Protokolls beizufügen.

§ 2 – Die Regierung kann anordnen, dass die Gesellschaft, sofern die gesetzlichen

legais para o seu funcionamento, promova, na Bolsa de Valores da Capital da República, a cotação de seus títulos. Essa determinação é obrigatória para as sociedades que gozem, ou venham a gozar, de favores do Governo Federal.

Formalitäten für ihre Tätigkeit erfüllt sind, an der Effektenbörse der Hauptstadt der Republik die Kursfestsetzung ihrer Aktien beantragt. Diese Vorschrift ist zwingend für diejenigen Gesellschaften, die Vergünstigungen seitens der Bundesregierung genießen oder genießen werden.

§ 3º – Concedida a autorização, o respectivo decreto e os demais atos a que alude este artigo deverão, mediante certidões passadas pela repartição competente e dentro de 30 (trinta) dias, depois de pagos os emolumentos e impostos devidos, ser publicados no órgão oficial da União, do qual se arquivará um exemplar no Registro do Comércio da sede da sociedade.

§ 3 – Ist die Genehmigung erteilt worden, müssen das entsprechende Dekret und die sonstigen Dokumente, auf die sich dieser Artikel bezieht und die von der zuständigen Behörde nach Zahlung der Gebühren und Steuern in amtlicher Abschrift ausgestellt worden sind, innerhalb von 30 (dreißig) Tagen im amtlichen Organ des Bundes veröffentlicht werden, von dem eine Nummer beim Handelsregister am Sitz der Gesellschaft archiviert wird.

§ 4º – A certidão do arquivamento será publicada no referido órgão oficial.

§ 4 – Die amtliche Abschrift der Archivierung muss im erwähnten amtlichen Organ veröffentlicht werden.

§ 5º – Qualquer alteração ou modificação dos estatutos sociais dependerá de aprovação do Governo Federal.

§ 5 – Irgendwelche Abänderungen der Gesellschaftsstatuten hängen von der Zustimmung der Bundesregierung ab.

Art. 62 – O Governo Federal poderá recusar a autorização pedida, se a sociedade anônima ou companhia não satisfizer as condições econômicas, financeiras ou jurídicas especificadas na lei, ou quando sua criação contrariar os interesses da economia nacional.

Art. 62 – Die Bundesregierung kann die nachgesuchte Genehmigung verweigern, wenn die Gesellschaft mit Inhaberaktien oder Aktiengesellschaft die im Gesetz niedergelegten wirtschaftlichen, finanziellen oder rechtlichen Bedingungen nicht erfüllen wird oder wenn ihre Errichtung den Interessen der nationalen Wirtschaft zuwiderläuft.

Art. 63 – As sociedades anônimas ou companhias, que dependem de autorização do Governo para funcionar, não poderão constituir-se sem prévia autorização, quando seus fundadores pretenderem recorrer à subscrição pública para a formação do capital.

Art. 63 – Die nationalen Gesellschaften mit Inhaberaktien oder Aktiengesellschaften, deren Tätigkeit von der Genehmigung der Regierung abhängt, können nicht ohne vorherige Genehmigung errichtet werden, wenn ihre Gründer zur Bildung des Kapitals auf die öffentliche Zeichnung zurückgreifen wollen.

Parágrafo único – Os fundadores deverão juntar ao seu requerimento cópias autênticas do projeto dos estatutos e do prospecto (artigo 40, I e II), observando-se o disposto nos §§ 1º e 2º do artigo 61. Obtida a autorização e constituída a sociedade, serão os respectivos atos arquivados e publicados, como dispõem os artigos 51 a 54.

Einziger Paragraf – Die Gründer müssen ihrem Gesuch beglaubigte Zweitschriften des Statutenentwurfs und des Prospektes (Art. 40, I und II) beifügen und die Vorschrift der §§ 1 und 2 des Art. 61 beachten. Wurde die Genehmigung erteilt und die Gesellschaft gegründet, dann werden die entsprechenden Dokumente gemäß Art. 51 bis 54 archiviert und veröffentlicht.

Art. 64 – As sociedades anônimas ou companhias estrangeiras, qualquer que seja o seu objeto, não podem, sem autorização do Governo Federal, funcionar no País, por si mesmas, ou por filiais, sucursais, agências, ou estabelecimentos que as representem, podendo, todavia, ressalvados os casos expressos em lei, ser acionistas de sociedade anônima brasileira (artigo 60).

Art. 64 – Die ausländischen Gesellschaften mit Inhaberaktien oder Aktiengesellschaften, ohne Rücksicht auf ihren Gegenstand, können ohne Genehmigung der Bundesregierung im Inland ihre Tätigkeit nicht ausüben, sei es durch sich selbst oder durch Filialen, Zweigniederlassungen, Agenturen oder Betriebe, durch die sie vertreten werden; jedoch können sie, sofern in bestimmten Fällen das Gesetz nicht ausdrücklich anders bestimmt, Aktionäre einer brasilianischen Gesellschaft mit Inhaberaktien sein (Art. 60).

Parágrafo único – O pedido ou requerimento de autorização deve ser instruído com:

a) prova de achar-se a sociedade constituída conforme a lei de seu país;

b) o inteiro teor dos estatutos;

c) a lista dos acionistas, com os nomes, profissões, domicílios e número de ações de cada um, salvo quando, por serem as ações ao portador for impossível cumprir tal exigência,

d) cópia da ata da assembléia geral que autorizou o funcionamento no Brasil e fixou o capital destinado às operações no território nacional;

Einziger Paragraf – Das Gesuch oder die Eingabe um Genehmigung muss enthalten:

a) den Nachweis, dass die Gesellschaft gemäß dem Gesetz ihres Landes errichtet ist;

b) den gesamten Wortlaut der Statuten;

c) die Liste der Aktionäre mit Angaben über Name, Beruf, Wohnsitz und die Anzahl der Aktien eines jeden, es sei denn, dass diese Vorschrift nicht erfüllt werden kann, weil die Aktien auf den Inhaber lauten;

d) die Zweitschrift des Protokolls der Generalversammlung, die die Tätigkeit in Brasilien autorisierte und die das für die Geschäfte im brasilianischen Staatsgebiet bestimmte Kapital festsetzte;

e) prova de nomeação do representante no Brasil, ao qual devem ser concedidos poderes para aceitar as condições em que é dada a autorização;

e) den Nachweis der Ernennung des Vertreters in Brasilien, dem Vollmachten gewährt werden müssen, damit er die Bedingungen annehmen kann, unter denen die Genehmigung gegeben wird;

f) o último balanço.

f) die letzte Bilanz.

Todos os documentos devem estar autenticados, na conformidade da lei nacional da sociedade anônima requerente, e legalizados no Consulado Brasileiro da sede respectiva.

Alle Dokumente müssen nach den Bestimmungen des Gesetzes des Landes der antragstellenden Gesellschaft mit Inhaberaktien beglaubigt und vom zuständigen brasilianischen Konsulat legalisiert sein. Mit den Originaldokumenten müssen die entsprechenden Übersetzungen in der Landessprache eingereicht werden, die von einem vereidigten öffentlichen Übersetzer angefertigt wurden.

Art. 65 – O Governo Federal, na autorização, poderá estabelecer as condições que julgar convenientes à defesa dos interesses nacionais, além das exigidas por lei especial, inclusive a constante do artigo 61, § 2º. Aceitas as condições pelo representante da sociedade anônima requerente, o Governo expedirá o decreto de autorização, observando-se, em seguida, as prescrições dos §§ 3º e 4º do Art. 61.

Art. 65 – Die Bundesregierung kann in der Genehmigung die Bedingungen festsetzen, die sie zum Schutze der nationalen Interessen für angebracht hält, unbeschadet der durch Sondergesetz verlangten Bedingungen, einschließlich der Vorschrift des Art. 61, § 2. Sind diese Bedingungen von dem Vertreter der antragstellenden Gesellschaft mit Inhaberaktien angenommen worden, dann fertigt die Regierung das Dekret der Genehmigung aus, wobei anschließend die Vorschriften der §§ 3 und 4 des Art. 61 erfüllt werden müssen.

Parágrafo único – Será também arquivado o documento comprobatório do depósito em dinheiro, da parte do capital destinado às operações no país, capital que o Governo fixará no decreto de autorização.

Einziger Paragraf – Ebenfalls archiviert werden muss das Dokument, das die in Geld erfolgte Hinterlegung des für die Geschäfte in Brasilien bestimmten Teils des Kapitals nachweist, und zwar setzt die Regierung dieses Kapital im Genehmigungsdekret fest.

Art. 66 – As sociedades anônimas estrangeiras funcionarão no território nacional com a mesma denominação que tiverem no seu país de origem, podendo, entretanto, acrescentar as palavras "do Brasil" ou "para o Brasil".

Art. 66 – Die ausländischen Gesellschaften mit Inhaberaktien können im nationalen Staatsgebiet unter derselben Firma arbeiten, die sie in ihrem Ursprungsland führen, wobei es ihnen jedoch erlaubt ist, die Worte "von Brasilien" oder "für Brasilien" hinzuzufügen.

Art. 67 – As sociedades anônimas estrangeiras autorizadas a funcionar, são obrigadas a ter, permanentemente, representante no Brasil, com plenos poderes para tratar de quaisquer questões e resolvê-las definitivamente, podendo ser demandado e receber citação inicial pela sociedade.

Art. 67 – Die ausländischen Gesellschaften mit Inhaberaktien, die die Genehmigung für ihre Tätigkeit erhalten haben, müssen einen ständigen Vertreter in Brasilien haben, der alle Vollmachten besitzt, um irgendwelche Streitfragen zu behandeln und sie endgültig zu lösen, wobei er im Namen der Gesellschaft verklagt und vor Gericht geladen werden kann.

Parágrafo único – Só depois de arquivado no Registro do Comércio o instrumento de sua nomeação, poderá o representante entrar em relação com terceiros.

Einziger Paragraf – Nur nachdem das Dokument seiner Ernennung beim Handelsregister archiviert worden ist, kann der Vertreter in Beziehungen zu dritten Personen treten.

Art. 68 – As sociedades anônimas estrangeiras autorizadas a funcionar ficarão sujeitas às leis e aos tribunais brasileiros quanto aos atos ou operações que praticarem no Brasil.

Art. 68 – Die ausländischen Gesellschaften mit Inhaberaktien, die die Genehmigung für ihre Tätigkeit erhalten haben, sind hinsichtlich der Handlungen und Geschäfte, die sie in Brasilien vornehmen, den brasilianischen Gesetzen und den brasilianischen Gerichten unterworfen.

Art. 69 – Qualquer alteração que a sociedade anônima estrangeira fizer nos seus estatutos dependerá de aprovação do Governo Federal para produzir efeitos em território brasileiro.

Art. 69 – Bei irgendwelchen Abänderungen, die die ausländische Gesellschaft mit Inhaberaktien in ihren Statuten macht, hängt deren Wirksamkeit im brasilianischen Staatsgebiet von der Zustimmung der Bundesregierung ab.

Art. 70 – As sociedades anônimas estrangeiras devem, sob pena de ser-lhes cassada a autorização para funcionar no País, reproduzir no órgão oficial da União, e do Estado, se for o caso (artigo 173), as publicações que, segundo a sua lei nacional ou de origem, sejam obrigadas a fazer relativamente ao balanço, conta de lucros e

Art. 70 – Bei Strafe des Entzugs der Genehmigung ihrer Tätigkeit im Inland müssen die ausländischen Gesellschaften mit Inhaberaktien im amtlichen Organ des Bundes und des Gliedstaats, sofern dies der Fall ist (Art. 173), die Veröffentlichungen wiederholen, die sie hinsichtlich der Bilanz, der Verlust- und Gewinn-

perdas e atos de sua administração.

rechnung und der Tätigkeit ihrer Verwaltung nach den Gesetzen ihres Ursprungslandes machen müssen.

Parágrafo único – Sob a mesma pena, deverão as referidas sociedades publicar o balanço anual e a conta de lucros e perdas das sucursais, filiais ou agências existentes no País.

Einziger Paragraf – Unter Androhung der gleichen Strafe müssen die betreffenden Gesellschaften die jährliche Bilanz und die Verlust- und Gewinnrechnung der in Brasilien bestehenden Zweigniederlassungen, Filialen oder Agenturen veröffentlichen.

Art. 71 – A sociedade anônima estrangeira, autorizada a funcionar no País, pode, mediante autorização do Governo Federal, nacionalizar-se, transferindo sua sede para o Brasil.

Art. 71 – Die ausländische Gesellschaft mit Inhaberaktien, die die Genehmigung für ihre Tätigkeit in Brasilien erhalten hat, kann sich vermittels einer Genehmigung der Bundesregierung nationalisieren, indem sie ihren Sitz nach Brasilien verlegt.

§ 1º – Para esse fim deverá, por seus representantes habilitados, oferecer com o requerimento, os documentos exigidos no artigo 64, parágrafo único, letras "a", "b", "c", sem a exceção admitida nesta letra, e "f", a prova de realização do capital, pela forma declarada nos estatutos, e a ata da assembléia geral em que foi resolvida a nacionalização.

§ 1 – Zu diesem Zweck muss sie durch ihre ermächtigten Vertreter mit dem Gesuch die in Art. 64, Einziger Paragraf, Buchstabe "a", "b", "c" (ohne die in diesen Buchstaben zugelassenen Ausnahmen) und "f" verlangten Dokumente, den Nachweis der Aufbringung des Kapitals in der in den Statuten vorgesehenen Form und das Protokoll der Generalversammlung, in der die Nationalisierung beschlossen wurde, einreichen.

§ 2º – O Governo Federal poderá impor as condições que julgar convenientes à defesa dos interesses nacionais.

§ 2 – Die Bundesregierung kann die Bedingungen auferlegen, die sie zum Schutze der nationalen Interessen für angebracht hält.

§ 3º – Aceitas pelo representante habilitado as condições, expedirá o Governo Federal o decreto de nacionalização, observando-se, em seguida, o disposto nos §§ 3º e 4º do artigo 61.

§ 3 – Sind die Bedingungen vom bevollmächtigten Vertreter angenommen worden, dann stellt die Bundesregierung das Nationalisierungsdekret aus, wobei anschließend die Vorschriften der §§ 3 und 4 des Art. 61 zu beachten sind.

Art. 72 – A sociedade anônima ou companhia brasileira somente poderá mudar de nacionalidade mediante o consentimento unânime dos acionistas.

Art. 72 – Die brasilianische Gesellschaft mit Inhaberaktien oder Aktiengesellschaft kann ihre Nationalität nur mit Zustimmung aller Aktionäre ändern.

Art. 73 – O Governo Federal poderá, a qualquer tempo, e sem prejuízo da responsabilidade penal que couber, cassar a autorização concedida às sociedades anônimas nacionais ou estrangeiras, quando infringirem disposição de ordem pública, ou praticarem atos contrários aos fins declarados nos estatutos ou nocivos à economia nacional.

Art. 73 – Die Bundesregierung kann zu jeder Zeit und unbeschadet eines strafrechtlichen Verfahrens, sofern ein solches eingeleitet werden kann, die den nationalen oder ausländischen Gesellschaften mit Inhaberaktien gewährte Genehmigung widerrufen, wenn Vorschriften der öffentlichen Ordnung übertreten oder Handlungen begangen wurden, die den in den Statuten niedergelegten Zielen widersprechen oder der nationalen Wirtschaft schädlich sind.

LEI Nº 12.441, DE 11 DE JULHO DE 2011.

Altera a Lei nº 10.406, de 10 de janeiro de 2002 (Código Civil), para permitir a constituição de empresa individual de responsabilidade limitada.

A PRESIDENTA DA REPÚBLICA Faço saber que o Congresso Nacional decreta e eu sanciono a seguinte Lei:

Art. 1º – Esta Lei acrescenta inciso VI ao art. 44, acrescenta art. 980-A ao Livro II da Parte Especial e altera o parágrafo único do art. 1.033, todos da Lei nº 10.406, de 10 de janeiro de 2002 (Código Civil), de modo a instituir a empresa individual de responsabilidade limitada, nas condições que especifica.

Art. 2º – A Lei nº 10.406, de 10 de janeiro de 2002 (Código Civil), passa a vigorar com as seguintes alterações:

"**Art. 44** ....

....

VI – as empresas individuais de responsabilidade limitada.

...." (NR)

GESETZ NR. 12.441 VOM 11. JULI 2011

zur Änderung des Gesetzes Nr. 10.406 vom 10. Januar 2002 (Bürgerliches Gesetzbuch), um die Gründung von Einpersonengesellschaften mit beschränkter Haftung zu ermöglichen.

DIE PRÄSIDENTIN DER REPUBLIK Ich gebe zur Kenntnis, dass vom Nationalkongress das folgende Gesetz verabschiedet wurde und von mir sanktioniert wird:

Art. 1 – Das Gesetz Nr. 10.406 vom 10. Januar 2002 wird durch dieses Gesetz in Art. 44 um einen Absatz VI und im Buch II des Sonderteils um einen Art. 980-A ergänzt sowie im einzigen Paragrafen von Art. 1033 geändert, damit gemäß der folgenden Vorschriften eine Einpersonengesellschaft mit beschränkter Haftung eingeführt wird.

Art. 2 – Das Gesetz Nr. 10.406 vom 10. Januar 2002 (Bürgerliches Gesetzbuch) wird von nun an mit den folgenden Änderungen in Kraft sein:

"**Art. 44** ....

....

VI – die Einpersonengesellschaften mit beschränkter Haftung.

...." (neue Fassung)

"LIVRO II

....

TÍTULO I-A

DA EMPRESA INDIVIDUAL DE RESPONSABILIDADE LIMITADA

Art. 980-A. – A empresa individual de responsabilidade limitada será constituída por uma única pessoa titular da totalidade do capital social, devidamente integralizado, que não será inferior a 100 (cem) vezes o maior salário-mínimo vigente no País.

§ 1º – O nome empresarial deverá ser formado pela inclusão da expressão "EIRELI" após a firma ou a denominação social da empresa individual de responsabilidade limitada.

§ 2º – A pessoa natural que constituir empresa individual de responsabilidade limitada somente poderá figurar em uma única empresa dessa modalidade.

§ 3º – A empresa individual de responsabilidade limitada também poderá resultar da concentração das quotas de outra modalidade societária num único sócio, independentemente das razões que motivaram tal concentração.

§ 4º – (VETADO).

"BUCH II

....

TITEL I-A

EINPERSONENGESELLSCHAFT MIT BESCHRÄNKTER HAFTUNG

Art. 980-A. – Die Einpersonengesellschaft mit beschränkter Haftung wird gegründet durch eine einzige Person, welche die Gesamtheit des Gesellschaftskapitals hält. Das Gesellschaftskapital ist vorschriftsmäßig einzubezahlen und muss mindestens dem 100fachen Betrag des in Brasilien gültigen Mindestlohns entsprechen.

§ 1 – Die Firma der Einpersonengesellschaft mit beschränkter Haftung muss nach dem Firmenkern[45] den Zusatz "EIRELI" enthalten.

§ 2 – Eine natürliche Person, die eine Einpersonengesellschaft mit beschränkter Haftung gründet, kann nur in einer einzigen Gesellschaft dieser Art Gesellschafterin sein.

§ 3 – Die Einpersonengesellschaft mit beschränkter Haftung kann auch durch die Vereinigung aller Anteile an einer Gesellschaft anderer Rechtsform in einer Hand entstehen, unabhängig von den Gründen, die diese Zusammenfassung bewirkten.

§ 4 – (ENTFALLEN)

---

[45] Das brasilianische Gesetz unterscheidet zwischen "firma" und "denominação social". Die "firma" enthält immer den Namen des verantwortlichen Gesellschafters, wohingegen die "denominação social" einen Fantasienamen erlaubt.

§ **5º** – Poderá ser atribuída à empresa individual de responsabilidade limitada constituída para a prestação de serviços de qualquer natureza a remuneração decorrente da cessão de direitos patrimoniais de autor ou de imagem, nome, marca ou voz de que seja detentor o titular da pessoa jurídica, vinculados à atividade profissional.

§ **5** – Der Einpersonengesellschaft mit beschränkter Haftung, welche zur Erbringung von Dienstleistungen irgendwelcher Art gegründet wurde, kann die Vergütung zugesprochen werden, die sich aus der Verwertung abgetretener Vermögensrechte an immaterialgüterrechtlich geschützten Werken, Bildern, Namen, Marken oder Stimmen ergibt, sofern ihr Inhaber der Alleingesellschafter der juristischen Person ist und dessen berufliche Aktivität mit diesen Rechten verknüpft ist.

§ **6º** – Aplicam-se à empresa individual de responsabilidade limitada, no que couber, as regras previstas para as sociedades limitadas.

§ **6** – Für die Einpersonengesellschaft mit beschränkter Haftung gelten im Übrigen, soweit zutreffend, die Vorschriften für Beschränkte Gesellschaften.

.... ”

.... ”

“**Art. 1.033.** ....

....

“**Art. 1.033.** ....

....

Parágrafo único. – Não se aplica o disposto no inciso IV caso o sócio remanescente, inclusive na hipótese de concentração de todas as cotas da sociedade sob sua titularidade, requeira, no Registro Público de Empresas Mercantis, a transformação do registro da sociedade para empresário individual ou para empresa individual de responsabilidade limitada, observado, no que couber, o disposto nos arts. 1.113 a 1.115 deste Código.” (NR)

Einziger Paragraf – Absatz IV ist nicht anzuwenden, wenn der verbleibende Gesellschafter, einschließlich des Falles der Vereinigung aller Gesellschaftsanteile in einer Hand, beim öffentlichen Registeramt der Handelsunternehmen die Änderung der Eintragung der Gesellschaft in eine Einzelunternehmung oder in eine Einpersonengesellschaft mit beschränkter Haftung beantragt. Vorbehalten bleiben, soweit zutreffend, die Art. 1.113 bis Art. 1.115 dieses Gesetzes.” (neue Fassung)[46]

Art. 3º – Esta Lei entra em vigor 180 (cento e oitenta) dias após a data de sua publicação.

Art. 3 – Dieses Gesetz tritt 180 (einhundertachtzig) Tage nach dem Datum seiner Veröffentlichung in Kraft.

[46] Abgedruckt im Anschluss an dieses Gesetz.

Brasília, 11 de julho de 2011; 190º da Independência e 123º da República.

Brasília, den 11. Juli 2011, 190. Jahr der Unabhängigkeit und 123. Jahr der Republik.

DILMA ROUSSEFF
José Eduardo Cardozo
Nelson Henrique Barbosa Filho
Paulo Roberto dos Santos Pinto
Luis Inácio Lucena Adams

DILMA ROUSSEFF
José Eduardo Cardozo
Nelson Henrique Barbosa Filho
Paulo Roberto dos Santos Pinto
Luis Inácio Lucena Adams

Auszug aus dem Gesetz Nr. 10.406 vom 10. Januar 2002 (Bürgerliches Gesetzbuch)

Zur Ergänzung und zum besseren Verständnis sind nachstehend die in der Neufassung des Art. 1.033 – Einziger Paragraf erwähnten Artikel 1.113 bis 1.115 des brasilianischen BGB mit Übersetzung wiedergegeben:

Art. 1.113 – O ato de transformação independe de dissolução ou liquidação da sociedade, e obedecerá aos preceitos reguladores da constituição e inscrição próprios do tipo em que vai converter-se.

Art. 1.113 – Die Umwandlung erfolgt ohne Auflösung oder Liquidation der bisherigen Gesellschaft und richtet sich nach den Regeln über die Gründung und Registrierung der neuen Gesellschaftsform.

Art. 1.114 – A transformação depende do consentimento de todos os sócios, salvo se prevista no ato constitutivo, caso em que o dissidente poderá retirar-se da sociedade, aplicando-se, no silêncio do estatuto ou do contrato social, o disposto no art. 1.031.

Art. 1.114 – Die Umwandlung bedarf der Zustimmung aller Gesellschafter, sofern die Gründungssatzung nichts anderes bestimmt, wobei sich in diesem Fall der nicht zustimmende Gesellschafter aus der Gesellschaft zurückziehen kann; bei Stillschweigen der Satzung oder des Gesellschaftsvertrages findet Art. 1.031 Anwendung.

Art. 1.115 – A transformação não modificará nem prejudicará, em qualquer caso, os direitos dos credores.

Art. 1.115 – In jedem Fall werden die Rechte der Gläubiger durch die Umwandlung weder verändert noch beeinträchtigt.

Parágrafo único – A falência da sociedade transformada somente produzirá efeitos em relação aos sócios que, no tipo anterior, a eles estariam sujeitos, se o pedirem os titulares de créditos anteriores à transformação, e somente a estes beneficiará.

Einziger Paragraf – Der Konkurs der umgewandelten Gesellschaft wirkt sich nur auf diejenigen Gesellschafter positiv wie negativ aus, die ihm auch in der früheren Gesellschaftsform ausgesetzt gewesen wären, wenn die Gläubiger von vor der Umwandlung begründeten Forderungen ihre Rechte geltend machen.

Sachverzeichnis

A

T

U

V